DU

SÉNATUS-CONSULTE VELLÉIEN

ET DE

L'INCAPACITÉ DE LA FEMME MARIÉE

THÈSE POUR LE DOCTORAT

Présentée et soutenue le vendredi 27 juillet 1860, à 2 heures

PAR

Jean-Ambroise-Ernest DUBOIS

Né à SENS (Yonne)

Le 9 décembre 1837

DE LA CONDITION LÉGALE DES FEMMES

SOUS LE RAPPORT DU

SÉNATUS-CONSULTE VELLÉIEN

EN DROIT ROMAIN

ET DE

L'INCAPACITÉ DE LA FEMME MARIÉE

EN DROIT FRANÇAIS

Président : MM. Bonnier,
Suffragants : Pellat, *Doyen*,   *Professeurs.*
Valette,
Colmet-Daage,
Demangeat,   *Suppléant.*

PARIS

TYPOGRAPHIE DE FIRMIN DIDOT FRÈRES, FILS ET Cᵉ

IMPRIMEURS DE L'INSTITUT, RUE JACOB, 56

1860

FACULTÉ DE DROIT DE PARIS

THÈSE

POUR LE DOCTORAT

FACULTÉ DE DROIT DE PARIS

Doyen :

MM. PELLAT, O. ✳. ̄ . . . . . Droit romain.

Professeurs :

BUGNET ✳. . . . . Code Napoléon.
ROYER-COLLARD ✳. . . . Droit des gens.
BRAVARD-VEYRIÈRES ✳. . Code de commerce.
VALETTE ✳. . . . . . . Code Napoléon.
OUDOT ✳. . . . . Code Napoléon.
ORTOLAN ✳. . . . . . . Droit criminel et législation pénale comparée.
PERREYVE ✳. . . . . . . Code Napoléon.
BONNIER ✳. . . . . . . Législation criminelle et procédure civile et criminelle.
COLMET-DAAGE ✳. . . . Procédure civile.
DE VALROGER ✳. . . . . Histoire du droit.
MACHELARD. . . . . . . Droit romain.
VUATRIN.. . . . . Droit administratif.
GIRAUD, C. ✳. . . . . . Droit romain.
DURANTON (Fréd.) . . . . Code Napoléon.
DUVERGER. . . . . Code Napoléon.
CHAMBELLAN ✳. . . . . Droit français étudié dans ses origines féodales et coutumières.

Professeur honoraire :

DURANTON père ✳.

Professeurs suppléants :

FERRY.   MM. RATAUD.
COLMET DE SANTERRE.   BATBIE.
DEMANGEAT.

Agrégés :

BUFNOIR.   MM. VERNET.
LABBÉ.   GIDE.

A Mon Père.

A Ma Mère.

A Mon Frère.

AVANT-PROPOS

Présenter un exposé général et complet de la condition légale de la femme d'après les lois françaises ; déterminer les droits qui lui sont reconnus et les devoirs qui lui sont imposés comme fille, comme épouse et comme mère; rapprocher du droit français actuel les lois qui nous régissaient autrefois, celles qui sont en vigueur aujourd'hui chez les autres nations et celles dont les principaux peuples de l'antiquité nous ont laissé des traces ; comparer entre elles ces législations au point de vue philosophique et moral, et poser les principes du droit naturel : tel était le sujet que je me proposais d'abord de traiter. Je n'ai point tardé à reconnaître qu'il dépassait de beaucoup les proportions qui conviennent à une thèse, et qu'il exigeait une somme de connais-

sances, une profondeur de vues et surtout une ma-
turité d'esprit, telles qu'il ne m'était point permis
de l'aborder aujourd'hui sans témérité. Puisse-t-il
m'être réservé de remplir, dans un âge plus avancé,
l'ensemble du plan conçu dans ma jeunesse ! J'en ai
seulement détaché deux parties, empruntées, l'une au
droit romain, la théorie du sénatus-consulte Velléien,
l'autre au droit français actuel, la théorie de l'incapacité de la femme mariée.

Ces deux sujets n'ont de commun que d'avoir trait
tous deux à la condition légale de la femme. Mais
ce n'est point, comme on le voit souvent dans les
thèses, l'examen, au point de vue du droit français,
de principes tirés de la législation romaine avec
plus ou moins de modifications. La théorie du sénatus-consulte Velléien est celle-ci : toutes les femmes,
mariées ou non, qui peuvent, en général, contracter
et s'obliger, comme bon leur semble, ne peuvent
cependant point s'obliger pour autrui d'une manière
efficace. En droit français, l'incapacité de la femme
mariée consiste en ce que la femme doit obtenir
l'autorisation de son mari ou celle de la justice pour
figurer valablement dans un grand nombre d'actes
juridiques.

La méthode que j'ai suivie n'est point absolument
la même dans les deux parties de cette thèse. Les

textes du droit romain sont nombreux et explicatifs,
on sent que l'on a sous les yeux des extraits de jurisconsultes. Je m'y suis attaché presque exclusivement, et n'ai fait qu'assez rarement des citations
d'auteurs. Il en est autrement des textes du droit
français, purement impératifs et qui laissent beaucoup à faire à la doctrine et à la jurisprudence. Aussi
n'ai-je point craint de faire un plus grand usage de
citations, tant des opinions des auteurs que des décisions judiciaires.

PREMIÈRE PARTIE

DROIT ROMAIN

DU

SÉNATUS-CONSULTE VELLÉIEN

ou

DE L'INTERCESSION DES FEMMES

Sources. — Sentences de Paul, liv. II, tit. XI. *Ad se-natus-consultum Velleianum.* — Digeste ou Pandectes, liv. XVI, titr. I. *Ad senatus-consultum Velleianum.* — Code de Justinien, liv. IV, tit. XXIX. *Ad senatus-con-sultum Velleianum.* — Novelle CXXXIV, chap. VIII. *De intercessionibus mulierum.*

LISTE DES TEXTES DE DROIT ROMAIN

AVEC RENVOI AUX §§ OU ILS SE TROUVENT CITÉS OU EXPLIQUÉS DANS CETTE THÈSE.

Sentences de Paul.

Liv. II, tit. XI, nos 1.   § 8.
  2.   § 14.

Digeste ou Pandectes.

Liv. XVI, tit. Ier. L. 1, pr.   § 6, 7.
  § 1.   § 4.

Liv. XVI, tit. Ier. L. 1.   § 2.   § 27, 28.
                       L. 2,   pr.   § 1, 2, 7, 32.
                                 § 1.   § 2, 3, 7.
                                 § 2.   § 4.
                                 § 3.   § 4, 8.
                                 § 4.   § 6.
                                 § 5.   § 8, 10, 20.
                       L. 3.   § 16.
                       L. 4.   pr.   § 19.
                                 § 1.   § 13, 14, 20, 24.
                       L. 5.   § 13, 20, 24.
                       L. 6.   § 19, 23.
                       L. 7.   § 23.
                       L. 8.   pr.   § 11, 13.
                                 § 1.   § 6, 14.
                                 § 2.   § 16.
                                 § 3.   § 13, 24.
                                 § 4.   § 13, 23.
                                 § 5.   § 13, 17.
                                 § 6.   § 13.
                                 § 7.   § 26, 27.
                                 § 8.   § 26, 27.
                                 § 9.   § 26, 27.
                                 § 10.   § 27.
                                 § 11.   § 28.
                                 § 12.   § 26, 27.
                                 § 13.   § 18, 26, 27, 28.
                                 § 14.   § 10, 27.
                                 § 15.   § 8, 10.
                       L. 9.   § 8, 28.
                       L. 10.   § 26, 28, 29.
                       L. 11.   § 10, 19.
                       L. 12.   § 10, 19.
                       L. 13,   pr.   § 15, 16.
                                 § 1.   § 27, 28.
                                 § 2.   § 26, 29.
                       L. 14.   § 28, 29.
                       L. 15.   § 14.

Liv. XVI, tit. Ier. L. 32.   § 4.   § 20.
                         § 5.   § 8, 28.

Code de Justinien.

Liv. IV, tit. XIX.	L. 1.		§ 6, 10, 13, 19, 24.
	L. 2.		§ 16.
	L. 3.		§ 8.
	L. 4.		§ 6, 10, 11. 13, 24.
	L. 5.		§ 8, 18.
	L. 6.	pr.	§ 6, 14.
		§ 1.	§ 8, 14.
		§ 2.	§ 9.
	L. 7.		§ 8, 24.
	L. 8.		§ 8, 26.
	L. 9.		§ 13, 24.
	L. 10.		§ 14.
	L. 11.		§ 13.
	L. 12.		§ 18.
	L. 13.		§ 14, 19.
	L. 14.		§ 8, 23.
	L. 15.		§ 8, 23.
	L. 16.		§ 21, 26.
	L. 17.		§ 19.
	L. 18.		§ 6, 18.
	L. 19.		§ 10.
	L. 20.		§ 23.
	L. 21.		§ 13.
Auth.: sive a me.			§ 18.
	L. 22.		§ 18, 20, 30.
Auth.: si qua mulier.			§ 18, 30, 32.
	L. 23.	pr.	§ 16, 20, 30, 31.
		§ 1.	§ 16, 30.
		§ 2.	§ 30, 31.
	L. 24.		§ 18, 30, 31.
	L. 25.		§ 18, 30, 31.

Novelle CXXXIV.

Ch. VIII,   § 7, 18, 30, 32.

CHAPITRE PREMIER

Préliminaires.

§ 1er. ORIGINE DU SÉNATUS-CONSULTE VELLÉIEN.

Les femmes, dans les premiers siècles de Rome, étaient légalement soumises à une dépendance absolue. Toute leur existence se résumait dans ces trois institutions : puissance paternelle, *manus*, et tutelle perpétuelle. Les mœurs, en se modifiant, adoucirent ce joug sévère imposé par les lois. La révolution dans la condition des femmes, déjà fort avancée vers la fin de la République, aboutit, dans les premiers siècles de l'Empire, à une indépendance à peu près complète. Toutefois le souvenir des anciennes institutions ne s'effaça pas tout à fait. Plusieurs esprits y demeurèrent attachés : ils s'efforcèrent d'en conserver quelque chose, et de refuser aux femmes non-seulement la capacité politique, mais encore la capacité civile dans toutes les affaires auxquelles pourrait se rattacher quelque idée politique ou civique. Ces tendances furent justifiées par l'abus que firent alors les femmes de leur liberté ; car on sait qu'elles passèrent brusquement de la tyrannie à la licence. Tel est d'ailleurs le cours naturel des choses.

Les idées anciennes trouvèrent une application particulière aux opérations par lesquelles une femme s'immisçait dans des affaires qui ne la concernaient pas. Toutefois, comme ce refus de capacité n'était pas consacré par la loi, on comprend qu'il se soit élevé des manières de voir opposées, et que l'on ait soutenu que les femmes, pouvant faire librement les actes mêmes les plus préjudiciables à leurs intérêts, devaient également pouvoir intervenir dans les affaires d'autrui, par exemple, s'obliger pour un débiteur et se porter caution. Pour faire cesser toute controverse à ce sujet, une disposition législative était nécessaire. Le cas qui avait besoin d'une plus prompte solution, parce qu'il était le plus fréquent dans la pratique, c'était celui où les femmes mariées se portaient cautions ou intervenaient d'une manière quelconque en faveur de leurs maris. Ce point est sans contredit le plus délicat de cette matière au point de vue philosophique, ou du droit naturel. C'est sur cette question que les raisons de douter se présentaient avec le plus de force, et le dissentiment dut être à cet égard vif et profond, puisque de nos jours encore, parmi nous, cette question, envisagée d'une manière spéculative (1), divise les meilleurs esprits. Elle fut résolue dès le commencement de l'Empire par Auguste, dans le sens de la prohibition,

---

(1) Elle ne peut chez nous être envisagée autrement, car nos lois positives, loin de renfermer aucune défense aux femmes de s'obliger pour leurs maris, supposent plusieurs fois de pareilles opérations, et rien n'est plus fréquent dans la pratique.

qui fut renouvelée par Claude peu de temps après. La défense *ne feminæ pro viris suis intercederent* portée par Auguste ne fut-elle donc pas obéie, que Claude dut la réitérer au bout de quelques années ? On ne peut faire là-dessus que des conjectures. Nous ne connaissons ces édits d'Auguste et de Claude que par la mention d'Ulpien dont le passage a été reproduit sans autre explication dans les Pandectes. (Loi 2 Princ. Dig. *Hujus tituli*, 16, 1.) Sans ce texte d'Ulpien on n'aurait pas pu soupçonner qu'avant le sénatus-consulte Velléien, il eût existé un droit spécial concernant les femmes mariées.

Les édits des deux empereurs ne prohibant que l'intercession des femmes pour leurs maris, le champ resta libre à la controverse sur les autres intercessions. Quelques-uns argumentaient *a contrario,* et disaient : Il n'est défendu aux femmes d'intercéder que pour leurs maris, donc il leur est permis d'intercéder pour d'autres. Mais le plus grand nombre, plus pénétré de l'influence et des souvenirs du vieux droit, raisonnait, d'une manière toute différente : s'immiscer dans les affaires d'autrui, *intercedere pro alio,* ce n'est pas un acte pour lequel il suffise de la même capacité que pour la gestion de ses propres affaires ; c'est un acte qui doit être mis sur la même ligne que l'accomplissement des fonctions de juge ou l'exercice d'une magistrature ; il n'est pas compatible avec la retenue que doivent observer les femmes ; c'est un *officium publicum*, c'est un *officium virile*. Ces idées furent adoptées par la jurisprudence ; elle continua à maintenir l'incapacité des femmes à cet égard, malgré les doutes qu'on essayait d'élever

pour les y soustraire. Les choses étaient dans cet
état quand fut rendu le sénatus-consulte Velléien.
Son origine est dans la jurisprudence préexistante à
laquelle le sénat est venu donner une confirmation
solennelle.

§ 2. DATE DU SÉNATUS-CONSULTE VELLÉIEN.

On ne sait pas d'une manière précise sous quel
empereur a été rendu le sénatus-consulte Velléien.
La loi 2, § 1, D. h. t. nous donne seulement les
noms des deux consuls qui en ont fait la proposition
au sénat, à savoir Marcus Silanus et Velleius Tutor.
Précisément les noms de ces consuls ne se trouvent
point dans les fastes consulaires. Mais on y voit désignés M. Junius Silanus et Velleius Rufus comme
les consuls de l'année 46 sous le règne de Claude,
et il est fort à croire que ce sont les deux consuls
indiqués par Ulpien.

Dans tous les cas, la date du sénatus-consulte est
nécessairement renfermée dans l'espace de temps qui
sépare l'avénement de Claude de la mort de Vespasien ; ce qui comprend un peu moins de quarante
années, Claude étant devenu empereur en 41 et Vespasien étant mort en 79. Il est certain, d'un côté,
que le sénatus-consulte Velléien n'est pas antérieur
à Claude, car Ulpien (Loi 2 Pr. et § 1, D. h. t.),
après nous avoir dit : *Et primo quidem temporibus
divi Augusti, mox deinde Claudii, edictis eorum erat in-
terdictum ne feminæ pro viris suis intercederent,* ajoute:
Postea factum est senatusconsultum. Il est constant,
d'un autre côté, que ce sénatus-consulte n'est pas

postérieur au règne de Vespasien ; cela résulte de la combinaison de la loi 16, § 1, D. h. t. avec la loi 2, § 47, D. de Origine juris, 1, 2. La loi 16, § 1, prouve que Gaïus Cassius connaissait ce sénatus-consulte, et la loi 2, § 47, nous apprend que ce jurisconsulte mourut sous Vespasien.

Pour moi, je pense que, si l'on se refuse à supposer une erreur de noms dans le Digeste ou dans les Fastes consulaires, et, en conséquence, à admettre la date de l'année 46, le sénatus-consulte Velléien doit cependant être plutôt rapporté au temps de Claude qu'à celui des empereurs qui lui succédèrent jusqu'à Titus, car nous rencontrons sous le règne de Claude plusieurs autres dispositions législatives concernant les femmes.

§ 3. TEXTE DU SÉNATUS-CONSULTE VELLÉIEN.

Le texte même du sénatus-consulte nous a été conservé par Ulpien. (Loi 2, § 1, D. h. t.)

Attendu que Marcus Silanus et Velléius Tutor, consuls, nous ont soumis, concernant les obligations des femmes qui se constitueraient débitrices pour d'autres, une proposition réglant ce qu'il faut décider à ce sujet, nous y avons ainsi statué par délibération : en ce qui touche *les fidéjussions et les emprunts* pour d'autres par lesquels les femmes intercéderaient, quoique déjà auparavant le droit semble avoir été fixé en ce sens que l'on ne donne contre elles à ce titre ni action réelle ni action personnelle, puisqu'il n'est pas juste que les femmes remplissent

Quod Marcus Silanus, et Velleius Tutor, consules, verba fecerunt de obligationibus feminarum, quæ pro aliis reæ fierint, quid de ea re fieri oportet, de ea re ita consuluerunt : quod ad *fidejussiones et mutui dationes* pro aliis quibus intercesserint feminæ, pertinet, tametsi ante videtur ita jus dictum esse, ne eo nomine ab his petitio, neve in eas actio detur, cum eas virilibus officiis fungi et ejus generis obligationibus obstringi non sit æquum, arbitrari senatum, recte atque des charges viriles et soient liées par des obligations du même genre, le sénat estime que ceux devant qui on se présentera en justice en pareils cas, agiront sagement et régulièrement en veillant *à ce que la volonté du sénat sur ce point soit observée.*

ordine facturos, ad quos de ea re in jure aditum erit, si dederint operam, *ut in ea re senatus voluntas servetur.*

La rédaction de ce sénatus-consulte est assez embarrassée. On n'y trouve même point, à proprement parler, de décision expressément formulée, et, à ces expressions finales : *à ce que la volonté du sénat sur ce point soit observée,* il faut nécessairement suppléer, ce qui du reste va de soi, *volonté conforme au droit antérieur qui vient d'être rappelé.* De même encore à ces termes du sénatus-consulte : *les fidéjussions et les emprunts,* il faut évidemment ajouter, *ainsi que tous les autres actes.* Cela est une preuve que le sénatus-consulte n'est qu'une confirmation de la jurisprudence préexistante à laquelle on se réfère, et que l'on a simplement voulu mettre à l'abri de toute controverse.

§ 4. MOTIFS DU SÉNATUS-CONSULTE VELLÉIEN.

De l'esprit dans lequel il a été conçu. — Ce qu'est devenu plus tard cet esprit.

Une incapacité particulière et considérable résulte pour les femmes du sénatus-consulte Velléien. Sur quoi repose cette incapacité?

Est-elle fondée sur le droit naturel? Est-ce que la raison découvre dans la nature de l'intercession ou dans le caractère des femmes des motifs qui l'expliquent et la justifient? Je ne peux examiner d'une manière approfondie si la nature des actes d'*inter-cession*, entraînant facilement avec eux l'espoir de rendre un service qui peut-être ne coûtera rien, rapprochée de l'ignorance des affaires où sont les femmes, de la faiblesse et de la générosité de leur cœur, n'exigerait pas rationnellement quelque protection spéciale du législateur, dans certaines situations où serait surtout à craindre le danger d'une résolution imprévoyante. Pour moi, je ne le pense point, et je préférerais dire que les femmes ne doivent être soumises à aucune incapacité civile de s'obliger, qui serait fondée sur la seule considération de leur sexe. Mais, quelle que soit l'opinion que l'on se forme à cet égard, il est certain que le sénatus-consulte Velléien aurait dépassé le but; l'incapacité qu'il prononce a une étendue que l'on ne peut s'expliquer philosophiquement.

Ce n'est donc point dans le droit naturel qu'il faut chercher le fondement du sénatus-consulte Velléien. Quels sont ses motifs? Dans quel esprit a-t-il été conçu? Est-ce une faveur qu'il a voulu accorder aux femmes, une protection qu'il leur a assurée; ou bien est-ce, au contraire, une incapacité dont il a voulu les frapper, une inégalité qu'il a consacrée entre leur condition et celle des hommes? C'est ce que l'on a diversement apprécié.

Beaucoup de jurisconsultes y voient exclusivement une idée de protection. Plusieurs, afin de prouver la nécessité de cette protection, se livrent à des appréciations du caractère féminin que l'on trouvera peut-être exagérées. Témoin Vinnius : « Ut est sexus « avarus quidem, dit-il, sed incautus, non prospi-

« ciens damnum quod ante oculos positum non est »
(*Selectarum juris quæstionum*, lib. I, cap. XLVIII);
ce que Merlin reproduit ainsi dans son *Répertoire
de jurisprudence*, v° Sénatus-consulte Velléien,
§ 1er, I : « Ce sexe a une certaine propension à l'ava-
« rice, qui semble le garantir de tout ce qui peut
« un jour atténuer sa fortune ; mais aussi la légèreté
« qui lui est propre ne lui permet pas de faire tou-
« jours de profondes réflexions, l'empêche d'être
« frappé des menaces d'un danger qui n'est pas sous
« ses yeux, et le livre entièrement à la discrétion du
« captateur adroit. »

Cette idée de protection est vivement repoussée
par M. Troplong, qui tombe dans l'excès contraire
(Cautionnement, n°s 176-181). Selon lui, la pensée
du sénatus-consulte Velléien est toute politique ; elle
repose uniquement sur cette idée : la femme est incapable de tout office civil ou public.

Ces deux manières de voir exclusives et diamétra-
lement opposées me semblent devoir être également
rejetées. Je n'approuve pas plus ceux qui ne tiennent
aucun compte de l'idée de protection que ceux qui
n'en tiennent aucun de l'idée politique. Pour apprécier d'une manière complète l'esprit du sénatus-
consulte Velléien, il faut accepter à la fois les deux
ordres d'idées, tout en reconnaissant que c'est celui
que signale M. Troplong qui dominait lors de la rédaction du sénatus-consulte. Je formule ma pensée
de la manière suivante : L'esprit du sénatus-consulte
est surtout politique et hostile aux femmes ; on veut
les exclure de la participation à des actes que l'on
considère comme devant être réservés aux hommes,

officia virilia. Mais on veut aussi protéger les femmes contre un danger auquel on les trouve plus exposées que les hommes.

Je justifie ces deux propositions par le rapprochement des textes que voici :

L'idée politique domine. Cela résulte d'abord de ces expressions remarquables du sénatus-consulte : *Cum eas virilibus officiis fungi et ejus generis obligationibus obstringi non sit æquum*. J'ajoute dans le même sens : 1° La loi 2, *de Regulis juris*, D. 50, 17. Elle est tirée du Commentaire d'Ulpien sur Sabinus; elle indique bien le vieil esprit du droit romain. Toute participation, même privée, aux affaires d'autrui est considérée comme un office public : *Fœminæ ab omnibus officiis civilibus vel publicis* remotæ *sunt : et ideo nec judices esse possunt, nec Magistratum gerere, nec postulare,* nec pro alio intervenire, *nec procuratores existere*. 2° La loi 1re, § 1, D. h. t. : *Nam sicut moribus civilia officia* adempta *sunt fœminis.... ita multo magis* adimendum *eis fuit officium, in quo non sola opera nudumque ministerium versaretur, sed etiam periculum rei familiaris*. Que l'on remarque bien ces expressions : remotæ, adempta sunt, adimendum. 3° La loi 1re, § 5, *de Postulando*, 3, 1 : *Ne contra pudicitiam sexui congruentem alienis causis se immisceant : ne virilibus officiis fungantur mulieres*. Cpr. encore : loi 12, § 2, D., *de Judiciis*, 5, 1; loi 21 C., *de Procuratoribus*, 2, 13; loi C., *de Arbitris receptis*, 2, 56.

II. Mais l'idée de protection n'est point étrangère. On veut prémunir les femmes contre un danger auquel on les croit particulièrement exposées, celui de prendre à la légère, pour un temps plus ou moins éloigné, des engagements qu'elles espèrent n'être qu'un pur service, un bon office ne devant jamais les entraîner dans aucun déboursé. C'est pourquoi on leur permet de faire en faveur d'autrui les actes qui peuvent porter la plus grave atteinte à leur fortune, si cette atteinte est actuelle, tandis qu'on leur en interdit d'autres moins préjudiciables de leur nature, mais auxquels on se laisse plus facilement déterminer, précisément à cause de cette confiance qu'ils ne feront faire aucun sacrifice réel. Cette idée de protection est exprimée formellement dans plusieurs textes, et elle ressort avec évidence du rapprochement de plusieurs autres dont les dispositions ne peuvent s'expliquer qu'au moyen de cette même idée.

Les principaux textes où elle se trouve expressément indiquée sont les §§ 2 et 3 de la loi 2 D. h. t. : *Opem tulit mulieribus, propter sexus imbecillitatem, multis hujuscemodi casibus suppositis atque objectis... Deceptis opitulatur.... Infirmitas feminarum auxilium meruit.*

Les principaux textes pour l'intelligence desquels cette idée doit nécessairement être présupposée, sont : les lois 4, § 1 ; 8 pr., 21, § 1, D. et 21 C. h. t., rapprochées des lois 17, § 1, D. et 13, C. h. t. (Cpr. ci-dessous les §§ 13, 14 et 17.) Je verrai, à propos de chacun de ces textes, se reproduire la différence, fondamentale et essentielle en notre matière, entre les actes qui entraînent un appauvrissement évident et immédiat, et ceux sur lesquels la femme pourrait se faire quelque illusion et croire trop facilement qu'ils ne lui causeront aucun préjudice réel. La théorie velléienne, uniquement applicable au second, demeure tout à fait étrangère aux premiers.

§ 5. GÉNÉRALITÉS ET DIVISION.

Voici en peu de mots toute la théorie du sénatus-consulte :

L'intercession des femmes, c'est-à-dire leur obligation pour autrui, est rendue inefficace. Les deux conditions *sine qua non* de l'application du sénatus-consulte sont :

1° Que la femme oblige sa personne ou sa chose ;

2° Que cette obligation soit prise dans l'intérêt d'autrui.

D'où il suit :

1° Que les femmes peuvent valablement faire un acte quelconque dans l'intérêt d'autrui, pourvu qu'elles ne s'obligent pas ;

2° Qu'elles ont la même capacité de s'obliger que les hommes, pourvu que l'obligation qu'elles contractent ne soit point prise dans l'intérêt d'autrui.

A cette règle : que le sénatus-consulte Velléien·invalide toute intercession d'une femme, il existe plusieurs exceptions ; ce sont autant de cas où la femme, quoique obligée pour un autre, le sera efficacement.

Hors de ces cas exceptionnels, l'intercession de la femme est invalidée par le sénatus-consulte, dont l'effet varie selon les circonstances. Tantôt l'action contre la femme est *refusée* au créancier qui veut la poursuivre à raison de son intercession ; tantôt l'action lui est bien accordée, mais avec une exception appelée *exceptio senatusconsulti Vellejani ;* tantôt enfin c'est par une *condictio indebiti* ou une *revendication* que le sénatus-consulte permet à la femme de revenir sur son intercession.

Ces différents effets sont relatifs à un point unique: *affranchir la femme de son obligation,* et c'est le seul dont le sénat se soit directement occupé. Mais il reste un autre point à réglementer. Le créancier a perdu ainsi l'action contre la femme dérivant de l'intercession, et dans les cas où il avait déjà, par suite de cette même intercession, perdu son action contre son débiteur primitif, il serait complétement dépouillé ; en sorte qu'au fond le débiteur primitif s'enrichirait à ses dépens. Pour empêcher ce résultat inique, le préteur intervient ; selon son habitude, il comble la lacune, et permet au créancier de *reprendre son action* contre son ancien débiteur. Il ne fait ainsi que donner à la disposition du sénatus-consulte un complément nécessaire.

Préciser ce que c'est que l'*intercession ;* énumérer et classer les diverses opérations où il y a *intercession ;* les bien distinguer d'autres opérations qui leur ressemblent à certains égards, mais où l'on ne trouve point cependant les éléments nécessaires à l'existence d'une intercession ; le principe posé, étudier les cas d'exceptions à la règle : tel sera l'objet d'un premier chapitre, consacré à déterminer l'*application* du sénatus-consulte.

Dans un second chapitre, j'examinerai *les effets* du sénatus-consulte, tant ceux qui résultent directement de ses termes mêmes, que ceux qui ont été introduits par le préteur comme une conséquence logique et équitable.

Justinien a introduit, de son côté, plusieurs innovations dans cette matière. Il en est deux qui ont une importance et une étendue telles que j'ai cru devoir leur consacrer un chapitre spécial.

La première consiste en ce que toute la théorie du sénatus-consulte Velléien, règle et exceptions, ne doit plus recevoir d'application qu'à cette condition: *que l'intercession de la femme soit contenue dans un acte public signé de trois témoins.*

La seconde est relative au cas particulier de l'*intercession d'une femme mariée pour son mari.* L'incapacité, où la femme mariée se trouvait dejà à cet égard en vertu des règles anciennes communes à toutes les femmes, est augmentée par Justinien, à la fois, quant aux cas d'application, qui sont plus nombreux, et quant aux effets de la prohibition, qui est plus rigoureuse.

Je terminerai par quelques mots sur le rôle qu'a joué le sénatus-consulte Velléien dans l'ancien droit français, et sur ce qu'il est devenu dans l'état actuel de notre droit.

CHAPITRE II

De l'application du sénatus-consulte Velléien.

§ 6. SENS DES MOTS INTERCESSIO ET INTERCESSION.

Notion de l'intercession en général et de l'intercession dans le sens du sénatus-consulte Velléien. — Diverses espèces d'intercessions.

D'après la loi 1re Princ. D. h. t., le sénatus-consulte Velléien prohibe toute intercession des femmes : *Velleiano senatus-consulto plenissime comprehensum est, ne pro ullo feminæ intercederent.* La première chose à étudier est donc celle-ci : qu'est-ce que l'intercession.

Voyons d'abord le sens de ce mot, en latin et en français.

Le mot *intercessio* a plusieurs significations dans la langue latine : deux rentrent dans la domaine du droit.

1° Opposition que tout magistrat peut former à l'exécution d'un acte quelconque émanant d'un magistrat de rang égal ou inférieur. Les historiens nous rapportent plusieurs exemples de l'exercice de ce droit de *veto*, mis en usage surtout par les tribuns du peuple.

2° L'acte par lequel une personne, traitant avec le

créancier, prend sur elle une obligation étrangère. —
C'est ici l'acception que nous lui donnerons dans
tout le cours de cette thèse.

Dans la langue française, les mots *intercession,
intercéder,* ne s'emploient généralement que dans le
sens de *prière.* Je les prendrai cependant en dehors
de leur signification vulgaire, dans un sens technique
correspondant à celui des mots latins *intercessio* et
intercedere. Je me décide à leur donner cette acception, qui, à la rigueur, n'est point française, parce
que je ne trouve point d'autres expressions dont je
puisse me servir pour rendre d'une manière convenable et satisfaisante l'idée générale d'*obligation
pour autrui.* Les mots *intervention* et *intervenir* ne
valent rien, parce qu'ils ont, dans la langue du droit,
une signification propre et différente.

Je définis l'intercession : *toute opération par laquelle
une personne traitant avec le créancier devient débitrice d'une obligation étrangère.* Ce que l'on exprime
généralement par ces mots : *toute obligation pro alio.*

Cette définition large convient non-seulement à
l'intercession dans le sens du sénatus-consulte Velléien, mais encore à l'intercession en général.

Aucune idée de l'intercession prise d'une manière
générale ne se trouve dans les textes, où il est seulement parlé de l'intercession des femmes au point
de vue du sénatus-consulte Velléien. Cela se comprend très-bien, parce que c'est seulement lorsque
l'intercession émane d'une femme qu'il y a lieu de
s'en occuper comme d'une classe d'actes à part.
En dehors de l'application de ce sénatus-consulte,
quand, par exemple, l'intercession serait faite par

un homme, le législateur n'a point à y attacher spécialement son attention. C'est donc à la doctrine à construire une théorie de l'intercession. Or, lorsqu'on envisage cette opération d'une manière générale, on reconnaît qu'elle est caractérisée par le concours de trois conditions :

1° Que celui qui veut intercéder devienne débiteur ;

2° Qu'il prenne une obligation étrangère ;

3° Qu'il traite avec le créancier.

Dès que ces trois éléments se trouvent en présence, il y a une intercession, quelles que soient d'ailleurs les circonstances dans lesquelles l'opération se produise ; quand bien même, par exemple, l'intercédant agirait dans son propre intérêt, et non dans l'intérêt du débiteur ou du créancier.

Telle est *l'intercession en général ;* mais, lorsqu'on envisage l'intercession au point de vue du sénatus-consulte Velléien, il faut se reporter au double but que s'est proposé le sénat : 1° écarter les femmes de la participation aux affaires d'autrui; 2° les prémunir contre leur entraînement à prendre des engagements qu'elles espéraient ne devoir pas exiger d'elles le moindre déboursé. D'où il ressort que certains actes qui constituent bien, au fond, de véritables intercessions, parce qu'ils en réunissent les trois caractères essentiels, ne sont cependant pas des *intercessions dans le sens du sénatus-consulte Velléien.* Il en est ainsi des opérations par lesquelles la femme, en prenant sur elle la dette d'autrui, gère au fond sa propre affaire, *suum negotium gerit.* (Loi 27, § 2, D. h. t. et l. 6 pr. C. h. t.) (Voir les développements

au § 16 infra.) Il en est encore de même des intercessions *privatives* faites par la femme *animo donandi.*
(Voir, pour l'explication de ce point, le § 17 infra,
où j'établis en outre que les intercessions *cumulatives,* faites aussi *animo donandi,* rentrent au contraire
dans la sphère du sénatus-consulte Velléien.)

Je viens de me servir des expressions *intercessions
privatives* et *intercessions cumulatives.* J'indique ainsi
la division générale qui comprend les diverses *espèces
du genre intercession,* c'est-à-dire tous les actes qui
constituent une intercession. Ces actes sont très-
nombreux, et, comme le dit Ulpien dans la loi 2,
§ 4, **D. h. t.,** peu importe comment l'obligation a
pris naissance : *omnis omnino obligatio senatusconsulto
Velleiano comprehenditur ; sive verbis, sive re, sive
quocumque alio contractu intercesserint.*

Il y a *intercession privative* lorsque l'intercédant
est obligé au lieu et place du débiteur primitif, lequel
est libéré.

Il y a *intercession cumulative* lorsque l'intercédant
est obligé concurremment avec ·le débiteur originaire.

L'intercession cumulative se subdivise elle-même
en *principale* et en *accessoire.* Elle est *principale,*
quand le créancier peut poursuivre comme son débiteur principal *celui des deux qu'il lui plaît de choisir,* de l'intercédant ou du débiteur primitif. Elle
est *accessoire,* quand le créancier ne peut poursuivre
l'intercédant que *subsidiairement,* et dans le cas où
il aurait déjà poursuivi le débiteur originaire, mais
sans en obtenir satisfaction.

Cette division me fournit la marche que je suivrai

dans l'examen des divers cas où il y a intercession. On ne la trouve point chez les jurisconsultes romains; je l'adopterai cependant, car elle me semble la plus simple et en même temps la plus scientifique. Elle me paraît aussi avoir été étrangère à nos anciens jurisconsultes français, tels que Cujas, Doneau et Pothier, mais elle est généralement répandue en Allemagne. (Voir, entre autres, M. de Vangerow, tome III, § 577, *in fine,* de son *Lehrbuch der Pandekten,* 6ᵉ édition, 1856. Les cinq premières éditions de cet ouvrage ont paru sous le titre de *Leitfaden für Pandekten-Vorlesungen.*)

Plusieurs autres méthodes ont été suivies par les auteurs dans le classement des intercessions. Les principales se réduisent à ceci :

I. On intercède de deux manières : *en obligeant sa chose* et *en obligeant sa personne.* On oblige sa chose d'une seule manière, par un simple pacte. On oblige sa personne de trois manières : 1. en prenant sur soi une obligation étrangère; 2. en participant à une obligation étrangère; 3. en se constituant dès le principe débiteur à la place d'un autre, dispensé par là de le devenir lui-même.

II. On intercède de deux manières, dit-on encore en se plaçant à un autre point de vue : *en se chargeant d'une obligation ancienne,* et *en se chargeant d'une obligation nouvelle.* On se charge d'une obligation ancienne : 1. quand on transporte sur soi-même une obligation préexistante; 2. quand on participe à une obligation étrangère. On se charge d'une obligation nouvelle en se constituant dès le principe débiteur à la place d'un autre.

On peut trouver les germes de ces divisions jusque chez les jurisconsultes romains eux-mêmes. (Cpr. les lois 8, § 1, D. 1re, 4 et 18, C. h. t.)

§ 7. A QUELLES PERSONNES LE SÉNATUS-CONSULTE DÉFEND D'INTERCÉDER.

A toutes les femmes, sans distinguer si elles sont mariées ou si elles ne le sont point. Je ne dis pas, comme je l'ai vu soutenir, que le sénatus-consulte ne peut s'appliquer qu'aux femmes nubiles (*viri-potentes*), attendu que, si les femmes sont encore *impuberes,* il n'y a pas besoin d'une loi spéciale pour leur interdire un acte qu'elles ne peuvent déjà pas faire à cause de l'imperfection de leur âge. Car ce que l'impuberté rend impossible aux femmes, aussi bien qu'aux hommes, c'est de s'obliger sans l'autorisation de leur tuteur. Mais on n'a qu'à supposer uue fille *sui juris,* âgée de moins de douze ans, intercédant *tutore auctore,* pourquoi le sénatus-consulte Velléien ne s'appliquerait-il pas? Je n'en aperçois aucune raison : sans doute un tel fait ne se présentera pas souvent dans la pratique, mais ce n'est point un motif pour dire que le sénatus-consulte Velléien n'a pu avoir en vue que les femmes nubiles.

Le sénatus-consulte établit donc une règle égale pour les filles, les femmes mariées et les veuves. Les expressions *feminæ, mulieres,* dont se servent les textes (voir notamment les lois 1re Pr. et 2 Pr., et § 1, D. h. t.) sont synonymes et comprennent toute personne du sexe féminin, sans distinction d'âge ou de condition, comme le montrent les lois

25, § 9 D. *de Auro, argento...*, 34., 2 ; 81, § 1, D. *de Legatis* 3°, 32 ; et 13 pr. D. *de Verborum significatione,* 50, 16.

Avant le sénatus-consulte Velléien, il en avait été différemment : les édits d'Auguste et de Claude, dont j'ai parlé au § 3, avaient uniquement prohibé d'une manière expresse les intercessions des femmes mariées pour leurs maris. Cinq siècles plus tard, à partir de Justinien, les femmes mariées furent de nouveau régies par un droit spécial plus rigoureux, mais toujours seulement quant aux intercessions qu'elles feraient pour leurs maris. C'est la disposition de la novelle 134, chapitre 8, sur laquelle je m'arrêterai, au § 32, avec une attention particulière.

§ 8.   POUR QUEL DÉBITEUR LE SÉNATUS-CONSULTE DÉFEND D'INTERCÉDER.

La femme ne peut s'obliger pour *aucun* débiteur, quel qu'il soit.

Voilà le principe : les textes, en faisant des applications particulières, nous montrent qu'elle ne peut s'obliger :

1° Ni pour son mari. (L. 2, § 5, D. h. t.) ...*neque maritum...* (L. 5, 7, 14 et 15 C. h. t.)

2° Ni pour son père. (L. 2, § 5, D. h. t.) ...*neque patrem* (L. 8, C. h. t.)

3° Ni pour son fils. (L. 2, § 5, D. h. t.) ...*neque filium* (L. 3 et 6, § 1, C. h. t.)

4° Ni pour une autre femme. (*Paul, sentences* h. t. II, XI, 1.)

5° Ni pour l'esclave d'autrui. (L. 9 et 32, § 5, D. h. t.)

6° Ni pour son propre esclave. (L. 25, § 1, D. h. t.) Ce qui n'empêche en aucune façon que, si elle ordonne à son esclave d'emprunter, elle soit tenue de l'action *quod jussu*. (L. 25, pr. D.) Elle s'oblige alors pour elle-même, elle n'intercède pas, puisqu'elle acquiert immédiatement l'argent qu'on prête à son esclave.

7° Ni pour un pupille. Cela ressort avec évidence de la loi 8, § 15, D. h. t., puisque le jurisconsulte Ulpien se demande alors si l'action restitutoire doit être donnée contre le pupille.

8° Ni pour un mineur de vingt-cinq ans. Même loi 8, § 15. Sauf à ce mineur à demander ensuite l'*in integrum restitutio*.

9° Ni pour des magistrats qui auraient nommé aux enfants d'une femme les tuteurs que celle-ci leur avait demandés. L. 1ʳᵉ C. *Si mater indemnitatem promiserit*. 5, 46. Cette loi est un rescrit d'Alexandre Sévère : *suo potius periculo magistratus tutores, quos petisti, dederunt, quam tu,* dit-il en s'adressant à Brutia qui le consultait dans l'espèce, *contra sexus conditionem... obstricta es.* Dioclétien et Maximien ont rendu une décision semblable dans la loi 3, C. du même titre, *si mat. ind.;* mais ils indiquent un cas où, malgré le sénatus-consulte, la femme serait obligée. C'est lorsqu'un décret du préteur porte expressément que la mère a demandé le tuteur à ses risques et périls : *nisi specialiter ejus periculo dari decreto fuerit comprehensum.* Ce décret n'était rendu que lorsqu'une mère voulait qu'on nommât le tuteur qu'elle présentait, et il est juste, dit Doneau, tome VIII, col. 192, que, si ce tuteur est nommé, les magistrats ne soient point victimes de l'erreur où cette mère les aurait fait tomber. On peut appliquer ici ce que porte la loi 2, § 3, D. h. t. : *Deceptis, non decipientibus opitulatur.*

§ 9. ENVERS QUEL CRÉANCIER LE SÉNATUS-CONSULTE DÉFEND DE S'OBLIGER.

La femme ne peut s'obliger pour autrui envers *aucun* créancier, quel qu'il soit.

Par application de ce principe, les textes déclarent invalide l'obligation contractée *pro alio* par une femme :

1° Envers un pupille. L. 6, § 2, C. h. t. La mère, qui a spontanément cautionné le tuteur qu'elle a demandé est protégée par le sénatus-consulte contre l'engagement qu'elle a pris envers le pupille de lui payer ce qu'il ne pourrait pas obtenir du tuteur. Mais il faut rapprocher ici la loi 3 C. *si mat. indem. prom.* 5, 46, dont je viens de parler à la fin du paragraphe précédent, et d'où il résulte que la mère sera tenue, malgré le sénatus-consulte, s'il est intervenu un décret du préteur.

2° Envers un mineur de vingt-cinq ans. L'action qu'il intente contre la femme intercédante doit, en principe, être repoussée par l'action du sénatus-consulte, et cela ne préjudicie pas au mineur, puisqu'on lui rend son action contre le débiteur primitif. Loi 12, D. *de Minoribus.* 4. 4. Mais il en serait toutefois autrement si ce débiteur était devenu insolvable, la restitution de l'action étant dès lors illusoire ; pour empêcher le mineur de faire une perte, on a admis ici une exception au sénatus-consulte, et la femme reste tenue de son obligation envers le mineur, quoique cette obligation soit une intercession. V. infra le § 18.

3° Envers un esclave. Voici l'espèce, soumise à Papinien, qui se trouve rapportée dans la loi 27, § 1. D. h. t. Des esclaves, préposés à un commerce, avaient accepté une femme pour débitrice à la place d'un tiers avec lequel ils avaient conclu une affaire. L'action de ces esclaves contre la femme intercédante est acquise à leur maître; mais, quand celui-ci poursuit la femme, il est repoussé au moyen de l'exception du sénatus-consulte Velléien.—Ce résultat semble au premier abord contraire au principe que la condition d'un maître ne peut être détériorée par le fait de son esclave. L. 133. D. *de Regulis juris,* 50. 17. A quoi Papinien répond : La condition du maître n'est pas rendue pire, seulement elle n'est pas rendue meilleure; il n'a rien acquis. C'est pour lui comme si son esclave avait acheté un fonds litigieux ou un homme libre.

§ 10. DES CAS OU IL Y A INTERCESSION PRIVATIVE.

J'ai défini l'intercession privative : celle où l'intercédant est obligé au lieu et place du véritable débiteur, lequel est délibéré.

C'est ce qui a lieu dans le cas de l'*expromission* (*lato sensu*), et de l'*intervention* (*hoc sensu*).

I. DE L'EXPROMISSION. L'expromission *lato sensu* est toute espèce de *novation* qui s'opère par *changement de débiteur*. La *première* obligation, celle dont était tenu celui pour qui l'intercession a lieu, est *éteinte :* voilà le caractère général de la *novation.* Elle est remplacée par une obligation dont se trouve tenu un *nouveau* débiteur : voilà le caractère propre de l'*expromission.* Nous avons ainsi les deux conditions auxquelles on reconnaît une intercession privative. Le véritable débiteur est libéré. — A son lieu et place est obligé l'intercédant.

Il va de soi que la novation ne peut constituer une intercession que lorsqu'elle est opérée par le changement de débiteur. Les deux autres manières dont peut s'opérer la novation, le changement de créancier et le changement d'objet ou de quelque autre chose dans l'obligation, ne sauraient évidemment donner lieu à une intercession, puisque l'opération ne donnerait pas naissance à une obligation pour autrui.

Le terme d'expromission, pris dans le sens large, comprend :

a. L'expromission proprement dite, ou *stricto sensu.* C'est l'espèce de novation qui a lieu quand l'intercédant se présente spontanément et sans mandat du débiteur primitif. Dans ce sens restreint, expromission est pris par opposition à délégation.

b. La délégation. C'est l'espèce de novation qui a lieu quand l'intercédant s'oblige par suite d'un mandat que lui a donné le débiteur primitif.

c. La *defensio pro alio.* L'intercédant se présente en justice pour jouer le rôle de défendeur au lieu et place du débiteur. Que cette prise de la défense d'autrui constitue une intercession, c'est ce dont il est impossible de douter. Ulpien le dit positivement dans la loi 2, § 5 : *Sed etsi mulier defensor alicujus exstiterit, procul dubio intercedit.* On ne peut pas davantage hésiter à y voir une intercession privative, car le débiteur pour lequel défend la femme est libéré par la litiscontestation, L. 23. D. *de Solutionibus*, 46, 3, et c'est dès lors la femme qui sera condamnée : *Quippe cum ex ea re subeat condemnationem*, ajoute Ulpien dans cette loi 2, § 5.

d. La réponse à une *interrogatio in jure* par laquelle l'intercédant se serait chargé d'une dette dont un autre était réellement tenu. Les textes nous en donnent deux exemples. 1° Une femme a ainsi répondu parce qu'elle se croyait héritière. L. 23. D. h. t. — 2° Elle s'est déclarée propriétaire d'un esclave au nom duquel on allait intenter une action noxale, alors que cet esclave ne lui appartenait pas ou n'était pas par elle possédé de bonne foi. L. 26. D. h. t. Il y a intercession dans ces deux hypothèses, puisque la femme est obligée pour un autre ; et l'intercession est privative, puisque cet autre, le véritable héritier ou le véritable propriétaire ou possesseur de l'esclave, est libéré. Ces cas présentent beaucoup d'analogie avec celui de la défense en justice.

e. Le compromis fait par la femme au nom d'un autre. L. 32, § 2. D. de *receptis*. 4. 8. Il est évident que la femme s'obligerait ainsi au lieu et place de celui au nom duquel elle aurait compromis et que ce dernier serait libéré : c'est donc une intercession privative.

II. DE L'INTERVENTION. J'appelle proprement intervention cette espèce d'intercession qui a lieu lorsque l'intercédant, au lieu de se charger d'une obligation préexistante reposant déjà sur la tête d'un autre, contracte lui-même, en qualité de personne interposée, pour cet autre auquel le bénéfice de l'opération parvient en définitive, mais qui est ainsi dispensé de contracter lui-même l'engagement. L'obligation est contractée pour un autre, il y a donc intercession, seulement elle est déguisée, car l'intercédant paraît contracter pour lui-même; aussi ce cas donne-t-il lieu à des règles particulières. C'est un de ceux où l'opération ne devient une intercession que par la *collusion* du créancier. L'intercession est privative puisque celui qui recueille en réalité l'utilité du contrat n'est nullement obligé : l'interposition de l'intercédant l'a dispensé de traiter avec le créancier.

Cette espèce d'intercession est une de celles où la femme est dite se charger d'une obligation nouvelle. C'est là l'opération que prévoit le sénatus-consulte par ces termes : *Mutui dationes pro aliis.* Des exemples en sont rapportés dans les lois 8, §§ 14 et 15, 11-12, 28, § 1 et 29 pr. D. et 1ʳᵉ, 4 et 19 C. h. t.

§ 11. DES CAS OU IL Y A INTERCESSION CUMULATIVE.

L'intercession *cumulative* est celle où l'intercédant est obligé concurremment avec le débiteur primitif. Elle se subdivise, ai-je dit, en *principale* et en *accessoire.*

I. De l'intercession cumulative principale.

Il y a intercession cumulative principale lorsque l'intercédant est obligé de telle façon que le créancier peut poursuivre, à son choix, comme débiteur principal, soit l'intercédant lui-même, soit le débiteur primitif. C'est ce qui arrive :

a. Lorsque l'intercédant s'oblige en qualité de *correus debendi* avec le débiteur originaire. Cette intercession est cumulative et principale, cela saute aux yeux.

b. Dans plusieurs cas du *constitut pro alio.* Il y a *constitut pro alio*, lorsqu'on promet par simple pacte de payer la dette d'autrui. Le constitut de la dette d'autrui est une intercession cumulative; cela ne peut souffrir de doute, car les textes nous disent clairement que le débiteur dont le constituant a promis de payer la dette n'est pas libéré. L. 28, D. *de Pecunia constituta*, 13, 5, L. 15, D. de *in rem verso*, 15, 3.

Mais cette intercession cumulative est-elle principale ou accessoire? En d'autres termes, le constituant, poursuivi d'abord par le créancier, peut-il renvoyer celui-ci à la discussion préalable du débiteur originaire? C'est ce qu'il n'est point aussi facile de décider. Il semble, à première vue, qu'un texte tranche cette question, et donne au constituant le droit de faire discuter le débiteur primitif, en sorte que l'intercession ne serait alors qu'accessoire. Ce texte est la novelle 4, chapitre 1er, qui accorde le bénéfice de discussion aux fidéjusseurs, aux mandants et aux constituants. C'est en effet par *constituant* que doivent se traduire les mots grecs : ὁ ἀντιφωνητής, ὁ ἀντιφωνήσας, ὁ τὴν ἀντιφώνησιν. La Vulgate a traduit par *sponsor, qui sponsioni se subjecerit,* deux expressions bien maladroitement choisies, et qui sont d'ailleurs, d'après la Vulgate elle-même, synonymes des mots :

constituens, constitutæ pecuniæ reus, puisque c'est par ces derniers termes qu'elle traduit les mêmes mots grecs : ἀντιφωνητάς, ἀντιφώνησιν, lorsqu'elle les retrouve dans la Novelle 115, chap. 6, et dans la novelle 136, préf. et chap. 1ᵉʳ. Cette manière d'entendre le texte grec est généralement admise en Allemagne. Cpr. Vaugerow, § .579, n° 3. Glück, Ausführliche Erlaüterung der Pandekten, t. XIII, p. 404 et suiv. Zimmern, Ueber Interzession durch Mandat und constitutum, p. 276. Et Pothier l'admettait déjà : V. la fin du titre *de Pecunia constituta*, 13, 5.

Le constituant aurait donc toujours le bénéfice de discussion, selon cette Novelle 4, ch. 1ᵉʳ. C'est ce que M. de Vangerow se refuse à admettre d'une manière aussi absolue. La Novelle 4 contiendrait, selon lui, *loc. cit.*, une décision absurde, si le constituant pouvait, dans tous les cas, renvoyer à la discussion du débiteur. Ce serait, dit-il, inconciliable avec l'essence même du constitut, qui n'est pas seulement de donner une sûreté au créancier, mais bien de lui assurer des avantages qu'il ne trouve point dans sa première action. Pour sauver à la Novelle une pareille absurdité, le savant professeur allemand distingue deux classes de constituts. Il ne comprend l'admission du bénéfice de discussion que dans les cas où, l'engagement du constituant ne différant sous aucun rapport de celui du premier débiteur, le constitut n'a d'autre but que de donner une sûreté au créancier ; mais il rejette l'application de la Novelle dans tous les autres cas, et soutient que le créancier alors pourra poursuivre le constituant, sans être au préalable obligé de discuter le débiteur originaire.

J'adopte pleinement cette manière de voir de M. de Vangerow, sur laquelle j'ai cru devoir m'arrêter un instant. La question en effet, bien qu'elle soit plus particulièrement propre à la matière du constitut, n'est cependant point étrangère à mon sujet, puisqu'il s'agit de déterminer le caractère d'une intercession.

J'ai donc pu, avec raison, ranger plusieurs cas du constitut de la dette d'autrui dans les intercessions cumulatives principales.

II. De l'intercession cumulative accessoire.

Il y a intercession cumulative accessoire lorsque l'intercédant est obligé de telle façon que le créancier ne peut le poursuivre que subsidiairement, c'est-à-dire après avoir discuté le débiteur primitif. C'est ce qui a lieu :

a. Dans la *fidéjussion.* Depuis la Novelle 4, chap. 1er, le fidéjusseur jouit du bénéfice de discussion ou d'ordre (*excussionis beneficium* ou *exceptio*).

b. Dans le *mandat.* Le même bénéfice est accordé au mandant par Justinien dans la même Novelle 4, ch. 1er. — Le mandat peut être donné, soit ouvertement, soit pour déguiser une intercession. Dans cette dernière hypothèse, ce n'est que par la *collusion* du créancier qu'il constituera une intercession tombant sous le coup du sénatus-consulte Velléien.

c. Dans plusieurs cas du *constitut pro alio.* C'est-à-dire, d'après ce que je viens d'établir au n° 1 ci-dessus, lorsque l'engagement du constituant ne diffère sous aucun rapport de celui du débiteur primitif. Il est vrai que la Novelle 4, chap. 1er, ne distingue pas et semble accorder le bénéfice de discussion d'une manière générale dans tous les cas du constitut; mais l'assimilation qu'établit la Novelle entre la fidéjussion, le mandat et le constitut, ne se comprendrait guère sans cette interprétation restrictive, dit M. de Vangerow, dont voici les propres expressions : « *Auf diese einschrankende interpretation deutet die, ohnedies wenig zutreffende nebeneinanderstellung des Fidejussor, Mandator und constituenten hin.* »

d. Dans la constitution d'un *gage* ou d'une *hypothèque*, pour la dette d'autrui, sur sa chose, considérée seule et abstraction faite de l'obligation de sa personne. Il y a là une intercession, quoique des difficultés aient été élevées, à ce qu'il paraît, sur ce point, sous le prétexte que celui qui engage sa chose seule n'engage point sa personne, ne s'oblige pas; mais on ne s'y est point arrêté. V. la loi 8, pr. D. et la loi 4, C. h. t. L'intercession est cumulative, puisque le débiteur n'est pas libéré. Et elle est accessoire, c'est-à-dire que le débiteur doit être préalablement discuté; car celui qui embrasse seulement sa chose, sans se porter caution, sans s'obliger personnellement, doit avoir au moins autant de droit que celui qui a engagé sa personne : or ce dernier, nous l'avons vu, a reçu de la Novelle 4, ch. 1ᵉʳ, le bénéfice de discussion.

§ 12. DES CAS OU IL N'Y A PAS D'INTERCESSION, ET OU PAR CONSEQUENT LE SÉNATUS-CONSULTE VELLÉIEN N'EST PAS D'UNE APPLICATION POSSIBLE.

A. Généralités.

Le sénatus-consulte Velléien n'est pas d'une application possible dans cinq cas :

1° Si la femme ne s'oblige pas ;

2° Si elle devient bien débitrice, mais non d'une obligation étrangère ;

3° Si, devenant débitrice et d'une obligation étrangère, elle ne traite point avec le créancier ;

4° Si elle devient à la vérité débitrice d'une obligation étrangère, par un traité avec le créancier, mais que par là elle gère sa propre affaire;

5° Si elle s'oblige *animo donandi*, de manière à libérer celui pour qui elle intercède.

Je retrouve ici la distinction que j'ai faite au § 6, lorsque j'ai eu à définir l'intercession, entre l'intercession en général et l'intercession dans le sens du sénatus-consulte Velléien. Sur les cinq cas où je vais montrer que les textes déclarent qu'il n'y a point intercession, des trois premiers seuls on peut dire vraiment et d'une manière absolue qu'il n'y a pas d'intercession. On n'y rencontre point en effet la réunion des trois conditions nécessaires à l'existence d'une intercession, à savoir : 1° que l'intercédant s'oblige; 2° qu'il prenne une obligation étrangère ; 3° qu'il traite avec le créancier. Mais dans les autres cas il y a bien, au fond, une autre intercession, puisque ces trois conditions se trouvent réunies ; seulement il n'y a pas une intercession dans le sens velléien, car ils ne rentrent pas dans l'un ou l'autre des deux buts que le sénatus-consulte s'est proposés : écarter les femmes de la participation aux affaires d'autrui, les protéger contre la confiance trompeuse où elles seraient de n'avoir rien à débourser.

§ 13. 1° CAS OU LA FEMME NE S'OBLIGE PAS.

B. Spécialités.

La femme doit obliger sa personne ou sa chose pour qu'il y ait intercession. Il suit de là qu'elle peut valablement aliéner. Ce que le sénatus-consulte interdit aux femmes, ce n'est pas de diminuer leur patrimoine : *Non quæ diminuit restituitur*, dit la loi 8, § 5 *in fine*, h. t. D. Il suppose qu'elles sont assez intéressées pour ne point faire inconsidérément des actes qui les appauvriraient d'une manière évidente et actuelle. Le danger contre lequel il veut les prémunir est qu'elles ne se laissent trop facilement entraîner à s'obliger pour autrui, par des considérations telles que celles-ci : — ce n'est qu'une promesse pour un temps plus ou moins éloigné; — le débiteur, momentanément gêné, sera alors bien au-dessus de ses affaires; — c'est un homme loyal, prudent, malheureux, au secours duquel je peux venir sans crainte, car il payera tout ce qu'il doit, — je n'aurai rien à débourser, et je jouirai de la satisfaction de lui avoir rendu service, sans qu'il m'en ait réellement rien coûté. Voilà le genre de raisonnement que redoute le sénatus-consulte Velléien : *Facilius se mulier obligat, quam alicui donat*, dit Ulpien, loi 4, § 1 *in fine*, D. Sa réflexion est vraie, sans doute; mais ne faudrait-il point la généraliser? Les hommes ne sont-ils pas aussi plus disposés à prendre des engagements téméraires pour un temps éloigné qu'à faire un sacrifice immédiat et présent? On en voit tous les jours des exemples. Seulement les auteurs du sénatus-consulte ont cru que les femmes se laisseraient encore plus aisément entraîner que les hommes, à cause de leur inexpérience des affaires. C'est dans le même esprit que la loi Julia permettait l'aliénation du fonds dotal si la femme y consentait, tandis qu'elle s'opposait à ce qu'il pût être hypothéqué, quand même la femme l'aurait voulu. Instit. liv. ii. tit. 8, Princip.

Du principe que la femme est capable d'aliéner, même dans l'intérêt d'autrui, il résulte qu'elle peut :

1. Payer comptant les dettes d'autrui. L. 4, § 1. D. L. 1re et 4 C.—Ulpien suppose, dans la loi 4, § 1, que la femme voulait faire une donation à celui dont elle payait la dette. Il n'est pas nécessaire qu'elle ait eu cette intention; la décision serait la même, quel qu'eût été son dessein.

2. Donner sa chose en payement pour la dette d'autrui. L. 5, D. C'est pour elle la même chose que si elle donnait une somme d'argent.

3. Déléguer son débiteur au créancier de quelqu'un. C'est encore comme si elle faisait un payement. L. 5; L. 8, § 5, D.

Mais il ne faut point qu'elle paye, ni qu'elle donne en payement, ni qu'elle fasse une délégation, pour accomplir une obligation dont elle serait tenue. La loi 1re, C., le déclare expressément : *Cum obligatæ non essent.* En effet cette obligation constituerait une intercession, et le payement, qui aurait lieu plus tard en exécution de cette intercession invalide, serait lui-même frappé de la même invalidité. V. dans le même sens la loi 8, § 3, D., et la loi 9, C.

Il faut, bien entendu, lorsqu'elle fait une délégation, que le délégué soit véritablement son débiteur, sans quoi elle serait exposée à un recours de sa part, et par conséquent obligée. Une pareille délégation ne serait autre chose qu'une intercession déguisée. Or ce qui est fait en fraude du sénatus-consulte ne doit point être validé. L. 8, §§ 4 et 6, et L. 29, § 2, D.

Que si le tiers délégué est vraiment débiteur de la femme, par exemple, c'est un acheteur à qui elle a vendu sa chose, il est donc certain que le sénatus-consulte ne s'applique pas. C'est ce que dit en termes exprès la loi 5, D; mais voici que la loi 32, § 2, semble dire précisément le contraire. Pomponius suppose, dans cette dernière loi, qu'une femme a vendu un fonds de terre à un créancier, soit de son mari, soit de tout autre débiteur, circonstance indifférente, comme le fait remarquer Pomponius lui-même. Plus tard elle exerce la revendication contre l'acheteur pour lui enlever cet immeuble. Elle peut revendiquer parce que le sénatus-consulte a précisément pour effet de lui donner la revendication. Arg. l. 39, § 1, et 40, D, *de Rei vindicatione*, 6, 1, et l. 32, § 1, h. t. D. V. *infra*, § 24. C'est en vain, dit Pomponius, que l'acheteur lui opposera l'exception *rei venditæ et traditæ*, la femme la paralysera par la réplique : *Aut si ea venditio contra senatusconsultum facta sit*. La décision de cette loi 32, § 2, semble contraire, ai-je dit, à celle de la loi 5. En effet la femme avait au fond comme délégué son acheteur; elle l'avait chargé en tant que débiteur du prix de vente de se payer lui-même en tant que créancier du mari. Et pourtant le sénatus-consulte sera applicable, la loi 32, § 2, le déclare; tandis que la loi 5 porte : *Si emptorem dele-*

*gavit creditori alieno, non puto senatusconsulto locum
esse.* — La contradiction entre ces deux lois n'est
qu'apparente : elles peuvent se concilier, en admettant que Pomponius, dans la loi 32, § 2, suppose
une intercession préexistante. C'est alors pour accomplir une obligation que la femme a vendu son fonds
au créancier de son mari. Or j'ai fait voir que les
actes par lesquels une femme exécute une intercession sont aussi invalides que cette intercession elle-
même. L. 8, § 3, D. L, 1 et 9, C.

4. Faire une donation. L. 4, § 1; L. 21, § 1, D.

5. Renoncer à une hypothèque, ou remettre un
gage : L. 8. Princ., D. L. 21, C., lors même que le
débiteur sur les biens duquel elle aurait le droit hypothécaire serait son mari et que le mariage subsisterait encore. L. 11, C. Papinien approuve l'opinion
de ceux qui pensent que cet abandon ne serait pas
même une donation entre époux. L. 18, D *quæ in
fraudem,* 42, 8.

De ce que la femme peut renoncer à son hypothèque, il ne faut pas conclure qu'elle puisse renoncer
à son rang en faveur d'autres créanciers. Une pareille
convention, connue sous le nom de *Pactum de postponendo,* serait, au contraire, une véritable intercession, tombant sous le coup du sénatus-consulte Velléien. C'est ce qui résulte de la loi 17, § 1, D.

Ce texte est d'une intelligence assez difficile, à
cause de l'extrême concision avec laquelle Africanus
expose les faits. Voici l'espèce : Une femme, *Sempronia,* divorcée d'avec son mari, *Mévius,* a reçu de ce
dernier le fonds Cornélien en gage pour lui garantir :
1° la restitution de sa dot, et 2° une autre créance

qu'elle a sur son ancien mari pour lui avoir prêté de l'argent. Ce Mévius veut emprunter une nouvelle somme, mais le capitaliste *Titius* à qui il s'adresse exige un gage, à quoi Mévius, incapable d'en donner un, répond qu'il a engagé à Sempronia son fonds Cornélien. Titius va trouver Sempronia, qui déclare qu'en effet ce fonds lui garantit la restitution de sa dot, mais elle n'ajoute point qu'il lui garantit aussi une créance d'argent prêté. En conséquence Titius fait payer à Sempronia ce qui lui est dû *dotis nomine,* et il reçoit en gage pour garantir sa propre créance l'immeuble qu'il croit libre. Mais voilà qu'il est troublé dans sa possession par l'action servienne qu'exerce Sempronia, en raison de sa créance d'argent prêté antérieure et par conséquent préférable à celle de Titius. Ce dernier lui oppose l'exception tirée de la convention de gage à laquelle elle a elle-même pris part, *si non voluntate ejus pignus datum esset.* Tels sont les détails assez longs dans lesquels il faut entrer, pour bien comprendre l'espèce que rapporte Africain en cinq lignes.

Voici maintenant la question que soulève cette espèce : Sempronia pourra-t-elle repousser l'exception tirée de la convention de gage par la réplique du sénatus-consulte Velléien? C'est se demander, en d'autres termes, s'il y a ou non une intercession; car on ne peut parler de cette réplique que s'il y a intercession.

Or que dit Africain? Il répond, à la vérité, que la réplique ne sera point donnée à Sempronia; mais remarquons bien pour quel motif. Est-ce parce qu'il ne voit pas ici d'intercession? Point du tout : c'est

parce que, dans l'espèce, la femme a trompé Titius
en lui laissant ignorer que le fonds Cornélien garantissait une autre créance encore que celle de sa dot.
Et le jurisconsulte déclare que, si Titius avait connu
l'existence de cette autre créance, la réplique du
sénatus-consulte Velléien serait donnée à la femme,
nisi creditor scisset alieni pecuniam ei deberi. C'est
donc qu'il y aurait ici une intercession. Or qu'a fait
Sempronia? Elle a consenti à ce que le droit de gage
qu'elle avait sur le fonds Cornélien pour argent
prêté fût primé par celui d'un autre créancier. Un
tel pacte, *pactum de postponendo,* constitue une intercession, qui ne rentre pas, il est vrai, dans toutes les
règles ordinaires, car on ne peut pas dire que la
femme s'oblige. Au contraire, il n'y aurait point
d'intercession si elle eût purement et simplement fait
remise du gage à son débiteur, alors même que
celui-ci l'engagerait immédiatement après à un autre
créancier. Cette distinction semble subtile au premier abord; il est singulier, dira-t-on, que la femme
puisse renoncer à son hypothèque, et ne puisse pas,
ce qui est moindre, renoncer au rang de cette hypothèque. Mais une réflexion plus approfondie montre
que cette distinction se justifie par les mêmes motifs
que ceux qui font permettre à la femme de faire un
sacrifice actuel, même considérable, en faveur d'un
tiers, tandis qu'on lui interdit de prendre en faveur
de ce tiers aucun engagement, même de peu d'importance. En effet, lorsque la femme renonce à son
hypothèque ou fait remise d'un gage purement et
simplement, elle fait un sacrifice évident; il est désormais certain que sa créance ne sera plus garantie

par rien ; au contraire, quand elle renonce à sa priorité en faveur de tel autre créancier, elle peut se faire illusion et croire qu'elle n'éprouvera aucun préjudice, parce que le gage lui sera encore une garantie suffisante, même après avoir servi à désintéresser ce créancier. Et j'ai déjà montré que c'est précisément contre un danger de cette nature que le sénatus-consulte Velléien veut la prémunir.

§ 14. 2° CAS OU LA FEMME NE DEVIENT PAS DÉBITRICE
D'UNE OBLIGATION ÉTRANGÈRE.

La femme peut être obligée, et de cette obligation il peut résulter un avantage pour un tiers sans qu'il y ait d'intercession, si ce n'est point d'une obligation étrangère que la femme devient débitrice. Ce que l'on veut, c'est qu'elle ne se charge point d'une dette pour qu'un autre en soit libéré ou soit dispensé de la contracter.

Il suit de là que :

1. La femme peut prendre sur elle les risques d'une entreprise ou d'une opération quelconque. Les textes nous en donnent plusieurs exemples. (L. 8, § 1, 19, § 1, D. L. 6, Princ. C.)

a. Le tuteur d'un pupille voulait vendre des immeubles appartenant au pupille, soit pour payer des dettes, soit pour obéir à la loi, qui, jusqu'à Constantin, lui ordonnait de faire vendre les maisons, *urbana prædia.* (L. 22, C. *de Adm. tut.,* 5, 37.) La mère de ce pupille désire que ces biens soient conservés ; elle prie le tuteur de ne point les vendre, et, pour le tranquilliser sur la responsabilité qu'il pour-

rait encourir en ne les vendant point, elle lui promet
de l'indemniser si plus tard il est poursuivi comme
ayant mal géré ; ce qui arrive effectivement : il est
condamné à ce titre. S'il agit alors contre la mère
en vertu de la promesse d'indemnité qu'elle lui a
faite, celle-ci ne pourra point, pour échapper à ce
recours, invoquer le sénatus-consulte Velléien, car
elle n'a point intercédé. Elle ne s'est point chargée
d'une obligation étrangère ; c'est elle-même qui a
fait naître cette obligation, *nullam enim obligationem
recepisse, sed ipsam fecisse hanc obligationem.* (L. 8,
§ 1, D. Sentences de Paul, II, xi, 2.)

b. Une femme a donné mandat à un tuteur de
faire abstenir son pupille d'une hérédité qui lui était
déférée. Plus tard ce tuteur, condamné envers le
pupille comme l'ayant mal à propos fait abstenir, se
retourne contre la femme pour en obtenir une indemnité. Le sénatus-consulte Velléien ne peut pas
lui être opposé. (L. 19, § 1, D.)

C. Une mère, au lieu de laisser les tuteurs de ses
enfants administrer la fortune de leurs pupilles, désire l'administrer elle-même. Elle les prie de le lui
permettre, et, comme ils sont responsables de sa gestion, elle leur promet de les indemniser si plus tard
ils sont condamnés à ce titre envers le pupille. C'est
encore elle qui fait naître cette obligation ; il n'y a
donc pas lieu d'appliquer le sénatus-consulte.(L. 6,
Pr. C.)

Mais il y a une intercession si cette mère promet
une indemnité à un tuteur qui a l'intention de se faire
excuser de la tutelle parce qu'il craint que la fortune
du pupille ne soit pas suffisante pour satisfaire aux

prétentions qu'il aura plus tard à faire valoir par l'action *tutelæ contraria*. C'est ce qu'il faut supposer pour comprendre la loi 6, § 1, C. La femme se charge en effet, dans cette espèce de l'obligation d'un autre, à savoir, de l'obligation future du pupille.

2. Elle peut recevoir d'un débiteur le payement de ce qu'il doit à un autre, et s'obliger à faire rectifier ce payement.

Elle est obligée, à la vérité; mais ce n'est point la dette d'un autre qu'elle a prise, puisque le débiteur reste, au contraire, obligé envers son créancier. Si donc ce dernier ne ratifie pas le payement, elle ne pourra opposer l'exception du sénatus-consulte à l'action *ex stipulatu* du débiteur, dont le but n'est pas de la faire payer pour un autre, mais bien de lui faire rendre ce qu'elle a indûment reçu. (L. 15, D.)

3. Elle peut s'obliger elle-même principalement, et faire ensuite de l'argent qu'elle aura obtenu par cette obligation l'usage qu'elle voudra, l'employer, par exemple, dans l'intérêt d'un autre. (L. 4, § 1, D. L. 13, C.)

Il faut bien distinguer ce cas de celui où, agissant en fraude du sénatus-consulte, comme personne interposée, elle contracte, en apparence pour elle-même, mais en réalité pour un autre, qui est par là dispensé de s'obliger. Dans cette dernière hypothèse, il y a intercession si le créancier connaît le fond de l'affaire. C'est le cas de ce que j'ai appelé proprement *intervention*. (V. *supra*, § 10, *in fine*.)

Au contraire, dans l'espèce de notre loi 13, C., lors même que le créancier sait bien que la femme va employer dans l'intérêt de son mari l'argent qu'il lui donne, il n'y a pas d'intercession, parce que ce mari n'était pas sur le point d'emprunter lui-même, et que ce n'est pas pour l'en dispenser que la femme emprunte. Les *mutui dationes pro aliis* auxquelles les expressions du sénatus-consulte se réfèrent, ce ne sont point les emprunts dont la femme emploie l'argent pour un autre immédiatement et sans en exiger de compensation, mais bien les emprunts où la femme se propose de prêter elle-même à cet autre l'argent qu'elle va toucher. Elle peut alors espérer satisfaire son créancier avec l'argent qu'elle aura reçu auparavant de celui à qui elle a elle-même prêté, c'est-à-dire sans rien mettre du sien. Or je ne saurais trop le répéter, c'est précisément cet espoir qui offre le danger contre lequel le sénatus-consulte Velléien veut prémunir les femmes. Car le plus souvent il sera déçu, elle ne recevra rien du tiers ; aussi, quand le créancier lui redemandera son argent, elle pourra lui opposer l'exception du sénatus-consulte Velléien. La situation est bien différente lorsque la femme emploie l'argent qu'elle vient d'emprunter, dans l'intérêt d'un autre, mais sans le lui prêter, sans l'obliger envers elle, en un mot, sans en exiger aucune compensation. Elle ne peut se faire alors aucune illusion, ni concevoir l'espérance de ne rien mettre du sien. Le sacrifice est présent : aussi n'aura-t-elle rien à opposer à l'action de son créancier.

Si, au lieu d'un emprunt, la femme s'est obligée par un autre contrat, de manière à en faire profiter un tiers, la décision est la même : il faut distinguer

si elle a joué ou non le rôle d'une personne interposée. La loi 10 C. en donne un exemple pour le
louage.

Je viens de voir des cas où la femme s'oblige
seule. Je passe à ceux où elle s'oblige avec un autre
comme débitrice solidaire ou corréale.

On ne peut répondre ici d'une manière absolue
qu'elle intercède ou qu'elle n'intercède pas. Selon
les circonstances on devra dire, tantôt qu'elle n'intercède pas du tout, tantôt qu'elle intercède pour
une partie, tantôt enfin qu'elle intercède pour le
tout.

1°. Elle n'intercède pas du tout lorsque son obligation, quoique corréale, lui procure un avantage
ou l'empêche d'éprouver une perte, dont le montant
serait plus considérable ou au moins aussi élevé que
celui de la dette qu'elle contracte. Africain en donne
un exemple dans la loi 17, § 2, D. J'emprunte l'explication de ce texte à M. Demangeat, *des Obligations solidaires en droit romain*, p. 345 : « Une mai-
« son, qui vaut 1,000, appartient par indivis à
« Titius et à Sempronia ; les 100 qui ont été em-
« pruntés par eux ont servi à faire une réparation
« sans laquelle la maison entière eût péri. Évidem-
« ment, en cas pareil, la femme ne sera point consi-
« dérée comme ayant *intercédé* pour Titius ; elle a
« bien véritablement fait sa propre affaire : car,
« l'esprit ne pouvant pas concevoir qu'on répare une
« maison pour une moitié indivise, si Sempronia
« n'avait emprunté que 50, elle n'aurait pu avec
« cette somme empêcher la perte de sa chose. Donc,
« en définitive, elle s'est obligée à 100 lorsque 100

« lui étaient nécessaires pour sauver une valeur de
« 500 : elle a pourvu à son propre intérêt. Il est bien
« entendu , d'ailleurs , que , si effectivement c'est
« elle qui rembourse les 100 au prêteur, elle pourra
« par l'action *communi dividundo* recourir pour moi-
« tié contre Titius. De même, si les 100 ont été em-
« pruntés avec la clause de corréalité, pour acquit-
« ter une redevance à laquelle était soumis le fonds
« indivis entre Titius et Sempronia, et pour empê-
« cher ainsi la confiscation totale du fonds. »

2° La femme intercède pour partie, en s'obligeant
correaliter, lorsque son intérêt propre n'exige pas
qu'elle s'oblige pour le tout , comme il l'exigeait
dans le cas précédent. Par exemple, Sempronia a
emprunté 100 *correaliter* avec Titius , pour payer
le vendeur d'une chose qu'ils ont achetée en commun. Elle intercède pour cinquante, car son intérêt
propre se borne à obtenir la moitié indivise de la
chose. Or elle aura cette moitié lors même que Titius
ne payerait pas les cinquante qu'il doit de son côté :
seulement elle sera en indivision avec le vendeur, au
lieu de l'être avec Titius.

3° La femme intercède pour le tout lorsqu'elle
s'oblige *correaliter* avec un autre sans qu'elle ait
aucun intérêt propre dans l'opération.

§ 15. 3° CAS OU LA FEMME DEVIENT A LA VÉRITÉ DÉBITRICE
   D'UNE OBLIGATION ÉTRANGÈRE, MAIS NE TRAITE POINT AVEC
   LE CRÉANCIER.

Il est nécessaire que l'affaire soit traitée avec le
créancier pour qu'il y ait une intercession. C'est par

application de ce principe que la femme peut se charger de la dette d'autrui :

1) En faisant adition d'une hérédité. L. 32, Princ. D. Elle devient à la vérité débitrice des dettes du défunt envers les créanciers héréditaires, mais elle ne traite point avec eux. Aussi en serait-il autrement, et il faudrait voir là une intercession, si son adition eût été amenée par les créanciers héréditaires.

2) En achetant une hérédité déférée à un autre. L. 13, Pr. L. 19, § 3, D.

Dans ces deux cas, non-seulement elle ne traite point avec le créancier, mais encore elle gère sa propre affaire.

3) En promettant à un débiteur de payer ses dettes. Bien qu'elle s'oblige alors *pro alio*, elle n'intercède pas parce qu'elle ne traite point avec le créancier. Africain nous en donne deux exemples :

a. Dans la loi 19 Pr. Un tuteur décède, instituant Titius pour son héritier. Ce dernier ne sait s'il doit faire adition ; il craint que la tutelle mal gérée ne l'expose à une *actio directa* qui absorbera peut-être tout l'actif de la succession. Si la mère du pupille vient lui promettre de l'indemniser de tout ce qu'il pourra avoir à payer *tutelæ nomine*, on ne pourra pas dire qu'elle intercède.

b. Dans la loi 19, § 2. Une femme promet à un héritier institué de l'indemniser s'il est obligé de payer aux créanciers héréditaires au delà de ce qu'il aura reçu des débiteurs du défunt. Elle n'intercède point, car son intention n'est pas de s'obliger à la place de ces débiteurs, mais seulement de rendre l'héritier indemne.

Mais il en serait autrement si la femme promettait à un héritier institué, qui doute de la bonté des créances héréditaires, de lui payer elle-même ce qu'il n'aura pas pu obtenir des débiteurs du défunt. L. 19, § 4. Nous trouvons ici tous les éléments d'une intercession, la femme s'oblige pour les débiteurs du défunt et elle traite avec leur créancier. Cependant on a prétendu que cette espèce ne constituait pas une intercession, en se fondant sur les expressions finales de la loi 19, § 4 : *prope est ut sit intercessio,* que l'on a considérées bien à tort comme une négation de l'intercession. V. Vangerow, Lehrbuch der Pand. § 577, t. III, p. 145.

§ 16. 4° CAS OU LA FEMME, EN INTERCÉDANT, GÉRE SA PROPRE AFFAIRE.

Nous venons de voir, dans les trois paragraphes qui précèdent, des cas qui ne présentent point le caractère d'une intercession, parce qu'il manque un des trois éléments nécessaires à l'existence d'une intercession d'après la définition même que nous en avons donnée. Ce caractère doit être réfusé à de pareils actes d'une manière générale et absolue, et lors même qu'ils ne seraient point faits par une femme. Nous allons examiner maintenant deux classes d'actes, qui sont bien, en eux-mêmes, de véritables intercessions, mais que les textes déclarent cependant n'en être point, parce qu'ils les considèrent en tant que faits par une femme et en se plaçant au point de vue du sénatus-consulte Velléien. Il s'agit des cas où la femme, en intercédant, gère sa propre affaire, et de ceux où elle s'oblige, *animo donandi*, de manière à libérer le débiteur pour lequel elle intercède. Je dis qu'alors il y a véritablement une intercession, mais que le sénatus-consulte ne l'invalide pas à raison même de ces motifs. On va généralement plus loin, et, se fondant sur la loi 3, D., on soutient qu'il n'y a pas alors d'intercession, d'une manière absolue. Mais M. de Vangerow, Lehrb. d. Pand. § 581, Anm. 1, N. 1 *in fine,* tom. III, p. 165, fait remarquer, avec raison, ce me semble, qu'il est plus exact de dire qu'il y a là une intercession; que d'autres textes, l. 13 Princ. D. h. t. L. 30, § 1, D. *de Pactis* 2, 14, se servent de cette expression pour qualifier des opérations pareilles; et qu'on doit plutôt considérer la validité de ces intercessions comme une juste restriction, apportée, dans l'esprit même du sénatus-consulte, à la notion de l'intercession, plus étendue à tous autres égards. Tout ce que l'on peut dire alors, c'est qu'il n'y a point d'intercession dans le sens du sénatus-consulte Velléien. Occupons-nous d'abord des actes par lesquels la femme, en intercédant, gère sa propre affaire.

Je range dans cette classe les cas que voici :

1. La femme prend en justice la défense de quelqu'un qui, s'il était condamné, aurait eu un recours contre elle. Par exemple :

a. De celui qui lui a vendu une hérédité. En effet, ce à quoi il serait condamné comme héritier envers un créancier héréditaire, il le redemanderait à la femme en vertu de la stipulation *venditæ hereditatis.* L. 3 D.

b. De son fidéjusseur. Il recourrait contre elle par l'action *mandati.* L. 3 et 13, Pr. D.

2. Elle s'oblige, par expromission ou délégation, pour son propre créancier, envers le créancier de son créancier. Elle se libère alors de sa propre dette. Par exemple :

a. Une femme, étant esclave, a promis une somme d'argent à son maître à condition qu'il l'affranchirait. Comme elle ne serait pas liée par cet engagement contracté pendant la servitude, elle a fourni à son maître un expromisseur. L. 104, **D**. *De Verb. oblig.*, 45, 1. Elle ne serait tenue envers cet expromisseur que d'une action *de dolo*, L. 7, § 8, *de dolo malo*, 4, 3. Mais nous supposons qu'elle a reconnu spontanément sa dette et qu'elle s'est chargée à son tour de l'obligation de son expromisseur : elle ne sera pas secourue par le sénatus-consulte Velléien, bien qu'elle ait pris sur elle une obligation étrangère. L. 13, *Princ.* **D**.

b. Une femme a chargé quelqu'un de faire pour elle une opération, en raison de laquelle son mandataire s'est obligé. Elle promet, à la place de ce dernier, ce à quoi il s'était engagé comme *procurator*. On trouve un exemple de ce cas dans la loi 18, D, où une femme s'oblige *correaliter* avec Titius, en qualité d'*expromissor* pour un débiteur. Selon les circonstances, elle pourra ou ne pourra pas invoquer le sénatus-consulte. Elle pourra l'invoquer si ce débiteur est un *procurator*, qui a emprunté de l'argent pour *payer le prix d'un achat* fait en commun par la femme et par Titius. Au contraire, elle ne pourra pas l'invoquer si la somme que ce *procurator* a été chargé d'emprunter était nécessaire pour *sauver un fonds* qu'elle avait en commun avec ce même Titius. V. M. Demangeat, op. cit., p. 347.

c. Quand une femme débitrice est déléguée, elle s'oblige valablement pour le délégant, son créancier, envers le délégataire, créancier de son créancier. Elle se libère ainsi envers le délégant. L. 24, pr. D. et l. 2, C.

Mais, si elle n'était pas véritablement débitrice du délégant, il y aurait une intercession, car elle s'o-bligerait d'un côté sans se libérer de l'autre. Aussi invoquera-t-elle alors le sénatus-consulte avec succès, et cela, quand même le créancier délégataire aurait été de bonne foi, c'est-à-dire aurait cru qu'elle était effectivement débitrice de celui pour qui elle s'o-bligeait envers lui? On est donc ici plus sévère pour le créancier que lorsque la femme s'oblige comme personne interposée, car j'ai déjà indiqué (et c'est un point sur lequel je reviendrai encore au § 19) que le créancier ne serait pas repoussé par l'exception du sénatus-consulte Velléien, s'il avait cru que la femme empruntait réellement pour elle. Il n'y a point de contradiction entre ces deux décisions, comme le fait remarquer Africain dans la loi 17, pr. D., *quoniam quidem plurimum intersit, utrum cum muliere quis ab initio contrahat, an alienam obligationem in eam transferat : tunc eum diligentiorem esse debere.* Voici l'espèce prévue dans cette loi 17 pr. : Un mari vend à vil prix une chose à sa femme, dans l'intention de lui faire une donation, puis il délègue sa femme à son créancier en qualité de débitrice du prix de cette vente. L'opération n'a aucune valeur : elle ne vaut ni comme vente ni comme donation, ainsi que cela résulte de la loi 38 *de Contr. empt.* D., 18, 1. Si donc il n'y a pas de vente, la femme n'est pas débitrice de son mari, et dès lors son obligation envers le créancier de son mari n'est pas autre chose qu'une intercession.

A cette règle, que la femme non réellement débitrice du délégant peut opposer l'exception du sénatus-consulte, il faut apporter une exception lorsqu'elle s'est obligée, se croyant débitrice, dans l'intention de payer ce qu'elle croyait devoir. *Si quasi debitrix delegata est........ exceptionem ei senatus-consulti Marcellus non daret*, dit Ulpien, l. 8, § 2, D.

Dans la loi 27, § 2, D., Papinien s'occupe d'une espèce qu'on peut rapprocher ici : Une femme charge son mari de payer un créancier qu'elle a, et lui délègue à cet effet une de ses débitrices. Elle s'oblige envers son mari pour lui garantir la solvabilité de cette dernière, *suum negotium gessit.*

Au contraire, elle intercède, l. 24, § 1, D., si elle s'oblige envers le créancier de son créancier pour ne point être déléguée ; elle ne se libère point, en effet.

3. La femme a été indemnisée de l'obligation qu'elle a contractée *pro alio*, soit à l'avance, l. 22, D., soit après s'être obligée, mais avant d'être poursuivie, l. 16, pr., l. 21, pr., D., soit à l'instant même où elle contracte son obligation, l. 23, pr. C.

Cette dernière loi, sur laquelle on a beaucoup discuté, est une constitution de Justinien, qui porte que la femme ne pourra plus invoquer le sénatus-consulte s'il est établi qu'elle a reçu quelque chose pour intercéder, *sive ab initio, sive postea aliquid accipiens, ut sese interponat, omnimodo teneri.* Au fond, il n'y a point là d'innovation, car c'est une disposition en parfaite harmonie avec les lois 16 et 22 du Digeste. Mais il paraît qu'il s'était élevé quelques difficultés sur l'application de ces lois, que l'on s'était demandé combien il faudrait que la femme eût reçu, et comment on prouverait qu'elle a effectivement touché quelque chose. C'est ce qu'il est permis d'inférer de ces expressions de Justinien : *Antiquæ jurisdictionis retia, et difficillimos nodos resolventes.* L'empereur tranche ces deux questions au *principium* de notre loi 23.

Quant au premier point, il suffit que la femme ait reçu quelque chose, *aliquid*, sans distinguer si elle a reçu peu ou beaucoup. La pensée de Justinien est celle-ci : dès que la femme se laisse déterminer à intercéder parce qu'on lui donne quelque chose, elle a en vue son propre intérêt, quand bien même ce qu'elle reçoit serait un équivalent tout à fait insuffisant du risque que lui fait courir son intercession. On a cependant proposé deux autres interprétations de cette loi : l'une, consistant à dire que la femme doit avoir autant reçu qu'elle s'oblige à payer; et l'autre, où l'on soutient qu'elle doit avoir reçu au moins autant qu'il en aurait fallu pour décider un homme prudent à intercéder. (V. la littérature dans Böhmer, *de Effic. mul. interc.*, c. 2, § 5, not. *k*, et dans *Glück, Erläuterung der Pandekten*, t. 15, p. 29; V. aussi Perezius, sur le code ad h. t. n° 19.) **M.** de Vangerow, *Lehrb. d. Pand.* § 581, t. 3, p. 164, repousse, avec raison, ces deux manières d'interpréter la constitution de Justinien, par le motif qu'elles méconnaissent tout à la fois le texte et l'esprit de la loi. Son texte : il est net et positif, *aliquid*. Son esprit : introduire des distinctions, c'est aller précisément contre le but que se propose le législateur, qui nous déclare vouloir *supervacuas distinctiones exulare*.

Relativement au second point, celui de savoir comment on prouvera que la femme a effectivement touché quelque chose, la loi 23 pr. porte que si l'acte public rédigé pour constater l'intercession énonce que la femme a reçu quelque chose, cette mention doit être réputée vraie, d'une manière absolue, *omnimodo esse credendum*. Cette disposition doit paraître fort singulière à ceux qui repoussent la validité d'une renonciation par la femme au sénatus-consulte, du moins en thèse générale, mais elle s'explique parfaitement si l'on admet au contraire la possibilité d'une renonciation valable. Cpr. § 20 ci-dessous.

Une disposition qui me semble bien plus étrange est celle du § 1 de cette loi, 23 C. On suppose une femme payée par un débiteur pour promettre à sa place ce qu'il doit à son créancier. Elle est donc liée par cette promesse, et le débiteur devrait être libéré. Cependant, si le créancier n'a pas pu obtenir de la femme la totalité de ce qui lui est dû, il pourra encore s'adresser à son ancien débiteur.

§ 17. 5° CAS OU LA FEMME S'OBLIGE ANIMO DONANDI, DE MANIÈRE A LIBÉRER CELUI POUR QUI ELLE INTERCÈDE.

Ici encore, comme au paragraphe précédent, il y a une véritable intercession, à ne prendre ce mot que dans son acception propre et générale; mais cette intercession, d'après l'esprit même du sénatus-consulte, ne doit point être rendue inefficace. En d'autres termes, il n'y a point d'intercession dans le sens du sénatus-consulte Velléien.

Je dis que l'esprit même du sénatus-consulte exige cette restriction. En effet, l'intention du sénat n'a point été de protéger les femmes contre tout engagement inconsidéré. S'il avait eu cette intention, le sénat aurait établi que tous les actes qui font éprouver aux femmes une lésion, pourraient être rendus inefficaces, comme peuvent l'être ceux des mineurs. Or Pomponius, dans la loi 32 pr. D., a soin de nous avertir de ne point faire cette assimilation. J'ai déjà plusieurs fois répété que le sénat a voulu seulement préserver la femme contre l'espoir qu'elle aurait, de ne prendre un engagement que pour la forme, et de ne devoir rien mettre du sien. Lors donc qu'il sera impossible que la femme ait eu cet espoir, elle sera valablement obligée. Les lois 8, § 5, et 21, § 1, D., nous présentent l'application de ces idées. J'ai déjà cité ces deux lois pour montrer que la femme peut déléguer son débiteur au créancier de quelqu'un, l. 8, § 5, et faire une donation, l. 21, § 1. Ces deux textes ont une portée plus grande : c'est ici le lieu de s'en expliquer. Les expressions de la loi 21, § 1 : *si quid liberaliter fecerit*, doivent s'entendre non-seulement d'une donation ou d'un payement effectué sur-le-champ en espèces, mais encore d'un engagement que la femme aurait pris pour éviter à son père *propter solutionem vexari*. De même les derniers mots de la loi 8, § 5, d'où il ressort clairement que le sénatus-consulte n'a point été conçu dans le but d'empêcher les femmes de sacrifier leur fortune pour autrui : *non quæ diminuit restituitur*, comprennent, aussi bien que les sacrifices instantanés, ceux dont la réalisation est différée jusqu'à un certain temps.

Mais il faut avoir grand soin de ne traiter ainsi que les intercessions *privatives*, c'est-à-dire celles où la femme s'oblige de manière à libérer celui pour qui elle intercède, ainsi que je l'ai indiqué dans l'intitulé même de ce paragraphe. Si, au contraire, elle s'est obligée *cumulativement* avec le débiteur et sans le libérer, elle peut invoquer le sénatus-consulte, quand même elle se serait obligée *animo donandi*, c'est-à-dire alors même qu'elle aurait renoncé à lui redemander ce qu'elle serait obligée de payer pour lui. Certains auteurs ne font point cette différence entre les intercessions privatives et les intercessions cumulatives, mais bien à tort, ce me semble. En effet, pourquoi le sénatus-consulte ne s'applique-t-il pas aux intercessions *privatives* faites *animo donandi?* C'est parce que la femme fait un sacrifice évident, parce qu'il est impossible qu'elle ait alors l'espérance de ne rien débourser. Or, dans les intercessions *cumulatives*, elle peut très-bien avoir cette espérance, quand même elle renoncerait à exercer un recours contre celui pour qui elle intercède. Car elle peut penser ne devoir jamais être seulement dans le cas d'exercer un pareil recours ; elle peut espérer que le débiteur restant obligé payera lui-même ; en un mot, elle peut se figurer qu'elle n'aura rien à mettre du sien. Dès lors on est en plein dans la sphère d'application du sénatus-consulte.

Cpr Vangerow, § 581, ann. 1, n° 2, *in fine*, t. III, p. 166.

§ 18. DES EXCEPTIONS AU SÉNATUS-CONSULTE.

Ces exceptions sont assez nombreuses, elles sont fondées tantôt sur la cause de l'intercession, comme celles admises en faveur de la dot, de la liberté; tantôt sur la position du créancier, telle est celle qui résulte de sa bonne foi; tantôt enfin sur un fait de la femme, comme son dol ou sa renonciation. Je vais les présenter toutes ici à la réserve de deux, qui me paraissent demander des développements particuliers et qui feront l'objet des deux paragraphes suivants.

Le sénatus-consulte Velléien cesse de recevoir son application :

1° Lorsque la femme intercède *pro dote*, c'est-à-dire pour constituer ou garantir une dot, soit à sa fille, soit à toute autre. Quand c'était une mère qui s'obligeait ainsi pour sa fille, cela avait été admis de bonne heure. On considérait cette mère comme ne faisant que remplir sa propre obligation, non point civile à la vérité, puisqu'on n'aurait pas eu d'action pour la contraindre à doter, mais au moins naturelle et fondée sur un devoir de piété, *pietatis causa*, comme le dit Julien, l. 32, § 2, D. *de Condictione indebiti*, 12, 6. Les empereurs Valérien et Gallien avaient simplement confirmé la jurisprudence sur ce point, dans le rescrit qui forme la loi 12, C. Mais ces considérations ne convenaient qu'aux mères et aux ascendantes, et, pour qu'une femme fût engagée en promettant une dot pour une autre que pour sa fille, il fallut une nouvelle loi, qui ne fut rendue que par Justinien. L. 25, C.

2° Lorsqu'elle intercède *pro libertate,* c'est-à-dire lorsqu'elle s'engage principalement ou comme caution pour un esclave, afin que son maître lui donne la liberté. L. 24, C. Justinien s'est toujours montré favorable aux affranchissements.

3° En général, lorsqu'elle intercède pour une cause pieuse. C'est ainsi que le préteur peut, *causâ cognitâ,* admettre une femme à défendre en justice *pro alio :*

a. Dans un procès sur la qualité d'esclave ou d'affranchi de son mari ou d'un de ses cognats, l. 3, § 2 et 3, D. *de liberali causâ,* 40, 12.

b. Dans un procès quelconque, pour ses ascendants, lorsqu'ils sont empêchés par l'âge ou la maladie. L. 41, D., *de procuratoribus,* 3, 3. A la condition, dans les deux cas, qu'aucune autre personne ne se présente pour jouer le rôle de défendeur.

4° Lorsque, une mère ayant voulu que le tuteur qu'elle offrait pour ses enfants fût nommé, le décret du préteur porte expressément qu'il a été nommé aux risques et périls de la mère. J'ai déjà indiqué, aux §§ 8 et 9 ci-dessus, que, sans ce décret du préteur, elle ne serait pas tenue envers le pupille de l'obligation dont elle se serait chargée pour le tuteur ou pour les magistrats subsidiairement responsables. L. 3, C., *si mater indemnitatem promiserit,* 5, 46.

5° Quand le créancier envers qui la femme s'oblige est de bonne foi. Je ne cite ici que pour mémoire ce cas, auquel le paragraphe suivant est spécialement consacré.

6° Lorsque le créancier envers qui la femme s'est obligée pour un autre est un mineur de vingt-cinq ans, il peut, en principe, être repoussé par l'*exceptio senatus-consulti Velleiani*, et renvoyé à poursuivre son débiteur primitif. Il est seulement fait exception au sénatus-consulte pour le cas où ce débiteur primitif serait insolvable. Deux intérêts sont alors en présence : celui du mineur et celui de la femme ; il faut nécessairement en sacrifier un. Celui du mineur est trouvé plus digne de faveur. La femme restera donc obligée malgré le sénatus-consulte. L. 12, *de minoribus,* 4, 4.

7° Quand la femme commet un dol en intercédant, elle ne peut invoquer le sénatus-consulte. Le principe est posé par Ulpien dans la loi 2, § 3, *deceptis, non decipientibus opitulatur.* Plusieurs textes le rappellent et en présentent des applications. L. 23 et 30 D., L. 5 et 18 C.

Dans certains cas il sera certain que la femme aura commis un dol : mais il en est sur lesquels peut s'élever quelque doute. C'est ainsi que l'on peut se demander si, lorsqu'un mari donnant en gage à son créancier une chose de sa femme qu'il présente à ce créancier comme appartenant à lui mari, la femme garde le silence et n'avertit pas le créancier, elle le trompe par cela seul, et rend ainsi efficace l'obligation de sa chose par le mari. Doneau, qui examine cette question sur la loi 5, C. t. 8, p. 177, pose en principe que la femme ne commet pas un dol par cela seul qu'elle ne contredit pas. Il cite et blâme Accurse comme étant d'un avis contraire.

On peut également douter que la femme commette

un dol par cela seul qu'elle est instruite du bénéfice que le sénatus-consulte Velléien lui accorde. La loi 30 pr. D. paraît cependant le décider : *vel quum sciret se non teneri*. Mais il faut supposer dans cette loi que la femme a frauduleusement omis d'éclairer le créancier qui se trompait. Tel est du moins le sentiment de M. de Vangerow, § 581, *Anm.* 1, n° 4, t. III, p. 167, qui cite sur d'autres manières de voir Suse, Windscheid et Bachofen.

8° Lorsque la femme devient héritière du débiteur pour qui elle a intercédé, elle peut être poursuivie non-seulement par une action restitutoire en sa qualité d'héritière, mais encore directement par l'action qu'a fait naître son intercession, *nihil enim ejus interest quâ actione conveniatur*, l. 8, § 13, D.

9° Quand, au bout de deux ans, la femme renouvelle son intercession, elle ne peut plus opposer le sénatus-consulte. L. 22, C. Le renouvellement fait avant l'expiration de deux années ne produirait point cet effet ; Justinien n'y voit qu'une conséquence de la même fragilité qui l'a conduite à intercéder la première fois. Mais une fois ce laps de temps écoulé, si elle se charge encore de la même dette par une nouvelle intercession, sa volonté paraît tellement arrêtée, que le sénatus-consulte ne doit plus la soustraire à son obligation. L'empereur ne peut s'expliquer cette persévérance qu'en supposant que la femme a un certain intérêt à agir ainsi, *videtur... pro sua causa aliquid agere*. J'approuve au fond cette innovation de Justinien, tout en ne trouvant pas très-satisfaisante cette dernière explication.

Il s'est élevé deux questions controversées sur cette loi 22, C.

a. Est-il nécessaire que la femme qui doit être majeure, *perfectæ ætatis*, à l'époque de la seconde intercession, l'ait été déjà lors de la première ? M. de Vangerow ne le pense pas, § 581, *anm.* 1, n° 8, t. III, p. 169 ; mais Glück, t. XV, p. 15 et plusieurs autres, sont d'un avis contraire.

b. La femme sera-t-elle obligée, en vertu seulement de la seconde intercession, ou faut-il admettre un effet rétroactif à la première ? L'opinion commune est que c'est seulement la seconde intercession qui oblige la femme. Elle se fonde sur ces termes mêmes de la loi 22 : *ex secundâ cautione sese obnoxiam facere*. V. en ce sens Perezius, ad h. t. n° 16, et M. de Vangerow, loc. cit., t. III, p. 170. V. en sens contraire, Glück, t. XV, p. 18.

Justinien a transporté, à une matière où il n'y a pas proprement d'intercession, cette règle, que le renouvellement, après deux ans, rend valide un acte de la femme d'abord inefficace. Telle est la disposition de la Novelle 61, ch. 1, § 1, *in fine*, reproduite au Code dans l'authentique *sive a me* qui suit la loi 21 h. t.

Il s'agit de l'hypothèque et de l'aliénation d'immeubles compris dans une donation anténuptiale, *propter nuptias* depuis Justinien. En principe, ces immeubles ne peuvent être ni hypothéqués ni aliénés, même avec le consentement de la femme : *mulieris consensus nihil proficit*. Mais, par une exception analogue à celle qui est reçue en matière d'intercession, une des conditions qui rendent possibles l'alié-

nation et l'hypothèque de ces biens, c'est le renouvellement du consentement de la femme après un
intervalle de deux ans, *nisi et secundo post biennium
confiteatur*. Il n'y a point ici véritablement d'intercession. Ainsi la Novelle 61 n'est pas en contradiction avec la Novelle 134, dont j'étudierai ci-dessous
avec soin la disposition. Perezius ad h. t. n° 15 remarque bien la différence qui existe entre, s'obliger
pour son mari, et consentir à ce que son mari aliène
une chose comprise dans la donation *propter nuptias*.

10° Enfin, quand la femme renonce au sénatus-
consulte Velléien, elle ne peut plus l'invoquer. Il est
hors de doute que cette renonciation est valable dans
certains cas, des textes le supposent expressément.
Mais l'est-elle toujours ? En d'autres termes, faut-il
admettre en thèse générale la validité d'une renonciation ? Je le crois ; mais c'est un point des plus
controversés. J'en renvoie l'examen au § 20, exclusivement consacré à la renonciation.

§ 19. DE LA BONNE FOI DU CRÉANCIER.

Le principe est que le sénatus-consulte Velléien
ne peut pas être opposé au créancier de bonne foi.
La bonne foi suppose une erreur : l'erreur, dans
notre matière, consiste à ignorer que la femme intercède, à croire qu'elle s'oblige pour elle-même. Le
principe est posé dans la loi 12, D. : *tunc locus est
senatus-consulto quum sit creditor eam intercedere*, et
reproduit dans la loi 1re C. . *si id contrahentes non
ignorent*.

L'application de ce principe est faite par les textes

dans deux circonstances particulières dont j'ai déjà parlé en classant les diverses espèces d'intercession (§ 6, supra), à savoir : 1° lorsque la femme paraît contracter pour elle-même, mais en réalité n'agit que comme personne interposée; 2° quand, afin de ne point figurer dans l'opération, elle donne mandat à quelqu'un d'intercéder à sa place et comme personne interposée pour elle-même.

Dans les deux cas il y a interposition de personne : dans le premier, c'est la femme qui joue le rôle d'un autre ; et dans le second, c'est un autre qui joue le rôle de la femme. Il faut rechercher si le créancier connaît ou non le véritable état des choses. S'il le connaît, ou, ce qui revient au même, si son erreur à cet égard est inexcusable, il sera repoussé par l'*exceptio senatus-consulti Velleiani*. L'intercession est déguisée : on a voulu faire fraude au sénatus-consulte, mais on ne lui échappera pas : *Ea, quæ in fraudem senatus-consulti... excogitata probari possunt, rata haberi non oportere*, dit Paul, l. 29, § 1. D. On peut dire que, dans ces deux cas, *l'opération ne devient une intercession que par la collusion du créancier*.

La loi 13 C., qui écarte l'application du sénatus-consulte, alors même que le créancier connaît très-bien le motif pour lequel la femme contracte, semble être en contradiction avec ce que je viens de dire, que le sénatus-consulte est applicable si le créancier connaît le fond de l'affaire; mais cette contradiction n'est qu'apparente : elle disparaît lorsqu'on pose comme elle doit l'être l'espèce prévue dans la loi 13 au Code. J'ai montré (au § 14, n° 3) qu'il s'agit dans ce texte d'une femme employant l'argent qu'elle reçoit dans l'intérêt d'autrui, sans exiger aucune compensation, et non pas d'une femme qui prête à un autre l'argent qu'elle vient d'emprunter. Or c'est seulement ce dernier cas qui rentre dans les *mutui dationes* prohibées par le sénatus-consulte; et c'est alors seulement que, si le créancier connaît le véritable rôle de la femme, il peut être repoussé par le Velléien; tandis que s'il ignore, au contraire, l'intercession de la femme, il ne doit point être victime de machinations qu'il n'a pu prévoir : son action frappe, en conséquence, la femme ou son prête-nom, sans pouvoir être paralysée par l'*exceptio senatus-consulti Velleiani*.

C'est ce que nous montrent les textes.

1° Pour le cas où la femme agit en apparence pour elle-même, L. 4 pr., 11, 27 pr. et 28, § 1, au Digeste : il est de l'intérêt même des femmes qu'il en soit ainsi ; autrement personne ne voudrait contracter avec elles, comme dit Paul, l. 11. Voilà l'intercession privative que j'ai appelée proprement intervention ; voilà les *mutui dationes* dont il est question dans le texte même du sénatus-consulte, à savoir : emprunts contractés par la femme, qui, à son tour, prête à un autre l'argent qu'elle vient de toucher.

Si le sénatus-consulte est écarté quand le créancier ne sait pas que la femme intercède, à plus forte raison doit il l'être, fait observer Pothier (ad h. t. au Digeste, sect. 1, art. 2, § 5, n° 17), lorsqu'il n'y a pas d'autre preuve de l'interposition de la femme que le témoignage même de celui qui déclare qu'elle a intercédé pour lui. Telle est l'espèce prévue dans la loi 28 pr. D. On conçoit, en effet, qu'il ne doit pas dépendre d'un homme insolvable de faire perdre un créancier en déclarant frauduleusement que l'obligation dont telle femme est tenue n'est, au fond, qu'une intercession.

De même encore on ne saurait invoquer le sénatus-consulte lorsqu'il est établi que l'acte *instrumentum* énonce à tort que la femme était obligée, tandis qu'en réalité ce n'est point elle qui contractait. L. 17, C.

2° Pour les cas où, afin de ne point figurer elle-même dans l'opération, elle donne mandat à quelqu'un d'intercéder à sa place. L. 6 et l. 32, § 3, D. Ces textes font nettement la distinction, selon que le créancier connaît ou non l'existence d'une intercession.

Mais son erreur, ai-je dit, doit être excusable. Et j'ai déjà fait observer que l'on est plus sévère lorsqu'il reçoit pour débitrice une femme qu'on lui délègue que lorsqu'il contracte dès le principe avec elle seule. Dans le premier cas, il sera repoussé par le sénatus-consulte, malgré son ignorance sur l'existence d'une intercession : on regarde toujours son erreur comme inexcusable ; car il pouvait, avant d'accepter la délégation, exiger qu'on lui prouvât que la femme était réellement débitrice du délégant.

Au principe que le sénatus-consulte Velléien cesse de s'appliquer lorsque le créancier est dans une ignorance excusable sur l'existence d'une intercession, il faut apporter une exception. La femme peut opposer l'*exceptio senatus-consulti Velleiani*, alors même que le créancier qui la poursuit aurait ignoré qu'elle intercédât, si ce créancier n'a fait au fond qu'intercéder lui-même pour la femme intercédante, et ne se trouve point en conséquence être, à proprement parler, un créancier de la femme subsistant par lui-même. Mais alors ce créancier repoussé par la femme peut, à son tour, repousser au moyen de la même exception la poursuite qui sera dirigée contre lui. Cette décision ressort de la loi 19, § 5, D, qui ne signifie point autre chose, dit M. de Vangerow, dont voici les propres expressions : « Dies ist der einfache Grundgedanken der vielbesprochenen und oft miszverstandenem, l. 19, § 5, h. t. § 581, anm, 1. N° 5. t. III, p. 168. » Il n'est point surprenant d'ailleurs que ce texte ait été souvent mal compris, car l'espèce qu'il prévoit est assez compliquée. Voici cette espèce, ainsi que les solutions contenues dans cette loi.

Espèce. — Un certain créancier, que j'appellerai Claudius, a pour débiteur un nommé Décius. Une femme, Fabricia, voudrait décharger Décius de sa dette et s'obliger à sa place envers Claudius, ce qui s'appelle faire une expromission, laquelle est une espèce d'intercession. Mais Claudius connaît le sénatus-consulte Velléien ; il refuse d'accepter la femme pour sa débitrice et de libérer Décius. Que fait alors la femme ? Elle s'adresse à un tiers Titius, qui ne se doute de rien, et lui emprunte une somme d'argent, avec la clause qu'il versera cette somme entre les mains de Claudius. Titius fait promettre à Fabricia de lui restituer une somme égale. Puis, comme il n'a pas l'argent sous la main, au lieu de la compter immédiatement à Claudius, il s'engage par stipulation à la lui payer.

Questions qui se présentent, et solution de ces questions. — Deux hypothèses sont possibles : ou Titius n'a point encore payé Claudius, — ou bien il l'a déjà payé.

Première hypothèse. — Titius n'a point encore payé Claudius. — Deux questions se présentent. Première question : la femme peut-elle opposer l'exception du sénatus-consulte Velléien à l'action de Titius ? Deuxième question : Titius lui-même peut-il opposer cette exception à l'action de Claudius ? Toutes deux sont résolues affirmativement par Africain : Il est raisonnable, dit ce jurisconsulte, de traiter Titius comme s'il s'était porté le fidéjusseur de la femme · *ejus loco, qui pro muliere fidejusserit, haberi me debere : ut, quemadmodum illi, quamvis ignoraverit mulierem intercedere,. . . . . . . ita mihi, adversus te utilis exceptio detur, mihique in mulierem actio denegetur.* (*Ego,* dans le texte, joue le rôle de celui que j'appelle Titius, et *tu* joue le rôle de celui que j'appelle Claudius.)

Deuxième hypothèse. — Titius a déjà payé Claudius. — Deux questions analogues se présentent encore. Quelle sera la position de Fabricia envers Titius ? Quelle sera celle de Titius envers Claudius ? Africain était embarrassé sur la solution qu'il devait donner. Il a d'abord pensé qu'il fallait assimiler ce cas à celui où la femme aurait délégué son débiteur au créancier d'autrui. Alors le sénatus-consulte ne s'appliquerait pas ; la femme n'en pourrait point opposer l'exception à l'action de Titius, *quod quidem magis dicendum existimavit, ut sic senatus-consulto locus non sit.* Mais une réflexion plus approfondie lui a fait reconnaître que cette assimilation ne pouvait se soutenir : *quæ postea non recte comparari ait.* En effet la femme, en déléguant son débiteur, ne s'oblige pas ; tandis que dans l'espèce, au contraire, elle s'obligeait. Africain s'arrête en définitive à ces deux décisions :

1° La femme peut opposer l'exception du Velléien à l'action de Titius, bien que Titius soit dans une erreur excusable sur l'existence de l'intercession. Voilà justement l'exception que je cherchais au principe que la bonne foi du créancier écarte l'application du sénatus-consulte ; exception à propos de laquelle j'ai dû examiner cette loi 19, § 5.

2° Titius peut, à son tour, par la *condictio indebiti*, répéter ce qu'il a payé à Claudius. Car il ne faut point qu'il perde à la fois la somme qu'il lui a comptée et sa créance contre Fabricia. Celle-ci ne peut être poursuivie, parce qu'il lui serait trop facile d'arriver à une intercession obligatoire par un moyen détourné. Mais Titius ne sera point nécessairement en perte, puisqu'il pourra répéter de Claudius ce qu'il lui aura payé, *ego tibi condicere pecuniam possim.* Pourvu, bien entendu, qu'avant de payer Claudius il n'ait pas connaissance de l'intercession de la femme, *si ante solverim,* c'est-à-dire, *si ante quam compererim eam intercessisse solverim.*

§ 20. RENONCIATION AU SÉNATUS-CONSULTE.

La femme peut-elle, en s'obligeant *pro alio*, renoncer à se prévaloir de l'exception du sénatus-consulte Velléien. Oui d'abord, — et cela n'est contesté par personne, — dans les trois cas que voici :

1° Lorsque, après avoir intercédé pour quelqu'un, la femme se présente en justice pour défendre à la place de celui *pro·quo intercessit, ut non in veterem debitorem actio detur,* elle *doit,* pour être admise à cette défense, et par conséquent elle *peut* alors renoncer au sénatus-consulte, *càvere debebit, exceptione se non usuram.* L. 32, § 4, D.

2° Lorsque, mère ou aïeule, elle veut obtenir la tutelle de ses descendants. *Auth. matri et aviæ,* et l. 3, C. *Quando mulier tutelæ off.* 5, 35.

3° Lorsque, deux ans après son intercession, elle renonce au sénatus-consulte, Arg. de la loi 22, C. h. t. *Hæc enim renuntiato,* dit Doneau, t. III, p. 774, *nova quædam est cautio et confirmatio obligationis.* Or on a vu qu'une obligation ainsi renouvelée faisait perdre l'exception du sénatus-consulte, aux termes de cette loi 22.

En dehors de ces trois cas, la femme peut-elle renoncer au sénatus-consulte Velléien? Je pense qu'elle le peut, mais c'est une question qui, de tout temps, a été fort controversée, et qui divise encore profondément les auteurs en Allemagne. J'adopte sur ce point les idées de M. de Vangerow, qui me paraît l'avoir très-bien mis en lumière, § 581, *anm.* 1, *in fine,* t. III, p. 170 à 173.

On ne peut cependant s'empêcher de reconnaître que l'opinion contraire est fondée sur des motifs très-puissants. En effet, si l'on se reporte à l'esprit du sénatus-consulte, on y trouve d'abord la pensée d'exclure les femmes d'une trop grande participation aux affaires d'autrui. Sa prohibition serait donc

d'ordre public, et dès lors la thèse d'une renonciation valable, inadmissible. On y reconnaît ensuite la
pensée de garantir les femmes contre l'illusion où
elles seraient, de croire n'avoir rien à débourser. J'ai
plusieurs fois insisté sur cette idée, dont j'ai fait voir
diverses applications. Or la même confiance qui
porte la femme à s'obliger pour autrui la portera
aussi à renoncer au bénéfice du sénatus-consulte.
Elle pense ne devoir être entraînée dans aucun sacrifice; elle croit ne jamais avoir besoin d'invoquer
le sénatus-consulte ; elle se laissera donc aussi facilement aller à renoncer à son privilége qu'à se charger de l'obligation elle-même. Il y aurait inconsé-
quence à la protéger contre l'un de ces dangers sans
la protéger aussi contre l'autre.

Ces considérations, dont on ne peut nier la valeur,
ont fait rejeter la validité de la renonciation par un
grand nombre d'auteurs anciens, tels que Doneau,
t. III, p. 770-774, Antoine Favre, *ad* l. 8, § 1, *qui
satis dare cogantur*, 2, 8, D. *Vinnius, selectárum juris quæst. pars* 1, *cap.* 48, et beaucoup d'autres.
M. de Vangerow, *loc. cit.*, déclare que cette opinion
est tellement répandue en Allemagne parmi les auteurs modernes, qu'elle peut y être considérée
comme dominante aujourd'hui, et il cite, en ce sens,
Suse, Glück, Cropp, Windscheid, Koch, Sintenis,
Thibaut, Wennig, Schweppe, Seuffert, Valett,
Mühlenbruch, Göschen et Roszhirt.

Avant d'examiner en elles-mêmes les raisons de
douter et de décider, et d'établir l'opinion contraire,
à laquelle je me suis arrêté, je dois dire que cette
manière de voir était, au contraire, dominante chez

les jurisconsultes du Bas-Empire, tels que Michel Attalens et Harménopule, ainsi que chez les glossateurs ; qu'elle a été autrefois soutenue par Voët, Perezius et une foule d'autres, et qu'elle compte actuellement pour principaux défenseurs en Allemagne : Gercke, Puchta, Heimbach, Kattenhorn, Rudorff, Girtanner et Arndts.

Je suivrai l'ordre que voici : je montrerai d'abord qu'on peut, sans absurdité, admettre la femme à renoncer au sénatus-consulte. J'établirai ensuite, d'après les textes, que la validité de la renonciation a été effectivement admise dans le droit romain. Je constaterai enfin que la pratique a toujours validé cette renonciation de la manière la plus constante et la plus unanime.

I. On peut, sans absurdité, admettre la femme à renoncer au sénatus-consulte.

C'est ici qu'il faut examiner et peser les considérations mises en avant dans le système contraire. La prohibition du sénatus-consulte Velléien est, dit-on, d'ordre public. J'ai moi-même reconnu (§ 4 ci-dessus) que la pensée politique était celle qui dominait lors de la rédaction du sénatus-consulte. Dès lors est-ce que je ne tombe pas dans la contradiction en admettant que la femme puisse renoncer à un droit qui a été établi contre elle au moins autant qu'en sa faveur? J'y tomberais, sans doute, si je regardais cette pensée politique comme ayant toujours gardé sa force ; mais, loin de là, j'ai ajouté (même § 4) qu'elle s'est effacée de plus en plus, si bien qu'il a fini par n'en rien rester, et que le sénatus-consulte n'a plus été considéré que comme une faveur, un bénéfice accordé aux femmes.

Dès qu'on l'envisage ainsi, on comprend que la femme puisse renoncer à s'en prévaloir : *Omnes licentiam habere his quæ pro se introducta sunt renunciare*, l. 29, C. *De pactis,* 2, 3.

Cette première condition écartée, reste la seconde : la même confiance, a-t-on dit, qui porte la femme à intercéder, la portera aussi facilement à renoncer au sénatus-consulte, dont la disposition se trouvera ainsi presque réduite à rien. Cette objection est la plus forte, je l'avoue, mais elle n'est point invincible. D'abord il n'est pas tout à fait exact de dire que la femme renoncera toujours à son privilége avec autant de facilité qu'elle intercédera. Perezius, ad h. t., n° 23, nie même complétement cette prétendue facilité : *Illa ratio non tam vera,* dit-il, *quam ficta est.* C'est peut-être aller un peu loin et tomber dans un extrême opposé, que de prétendre que cette considération soit purement imaginaire. Mais on peut assurer, sans exagération, qu'elle tombe quelquefois à faux, en un mot qu'elle n'est point décisive. Sans doute il arrivera quelquefois, souvent même, je l'accorde, que la femme renoncera légèrement au sénatus-consulte. Mais, d'autres fois, son attention pourra s'éveiller lorsqu'elle apprendra qu'une disposition législative la protégeait. Et puis il est certains caractères que l'idée de renoncer à quelque chose est capable d'arrêter. Je vais plus loin, et je dis : quand même il serait vrai que la confiance qui a poussé la femme à s'obliger la poussera toujours et nécessairement à renoncer au sénatus-consulte, je m'expliquerais encore parfaitement que l'on pût admettre raisonnablement ce résultat, et que les jurisconsultes

romains fussent arrivés déjà à l'admettre eux-mêmes.
Voici comment : de même que ce fut la jurisprudence qui conduisit d'abord à la prohibition Velléienne, alors qu'elle voulait, en entourant la femme
d'incapacités et de protections, conserver quelque
chose des anciennes institutions dont on était encore
peu éloigné ; de même aussi, ce fut la jurisprudence
qui plus tard affaiblit les effets de cette prohibition,
en admettant de plus en plus facilement des exceptions au sénatus-consulte, à mesure que le progrès
des mœurs se fixa davantage dans le sens d'une inégalité moins grande entre les deux sexes : progrès
moral auquel ne furent point étrangers l'établissement et le développement du christianisme.

II. Les jurisconsultes romains admettaient déjà, en
thèse générale, la validité de la renonciation. Je
vais le prouver par les textes, en reproduisant ici
la démonstration de M. de Vangerow, loc. cit.,
p. 171.

Écartons d'abord trois textes, la loi 30 pr., la loi
31 D. et la loi 22 C., qui pourraient au premier
abord paraître appuyer notre système, mais qui,
mieux examinés, ne prouvent rien en sa faveur.

a. La loi 30 pr. D. Elle déclare, il est vrai, le
sénatus-consulte inapplicable, par cela seul que la
femme connaît son privilége, *vel quum sciret se non
teneri*, dit Paul. Or la renonciation présuppose nécessairement que la femme sait qu'en vertu du sénatus-consulte elle n'est pas tenue. Mais j'ai déjà dit,
§ 18, n° 7 ci-dessus, que l'on n'était pas d'accord
sur ce texte et que, selon d'excellents esprits, il ne
supposait pas une simple connaissance du sénatus-

consulte chez la femme, mais une connaissance accompagnée de dol.

b. La loi 31 D. — Elle décide que la femme ne peut pas répéter ce qu'elle a payé en exécution de son intercession. On peut sans doute induire de là qu'elle ne peut pas exciper du sénatus-consulte lorsqu'elle est poursuivie ; mais ce serait tirer de ce texte une conséquence forcée que d'en conclure qu'elle peut préalablement, et lorsqu'elle contracte, renoncer à s'en prévaloir.

c. La loi 22 C. De ce qu'une intercession, réitérée après un intervalle de deux ans, fait perdre le bénéfice du sénatus-consulte, on peut seulement conclure, comme je l'ai fait au commencement de ce paragraphe, que la renonciation est efficace si elle intervient après l'expiration de ce même délai, mais non pas qu'elle soit admissible si elle est faite à l'instant même de l'intercession primitive.

Voici maintenant sur quels textes se fonde l'opinion que je soutiens : la loi 32, § 4 D.; la loi 3 C., *quando mulier tut. off.*, 5, 35 ; enfin, la loi 23, pr. C. h. t.

a. Sur la loi 32, § 4 D. h. t. C'est là le texte principal et celui sur lequel on discute le plus. Je l'ai déjà cité au commencement de ce §, comme renfermant un des cas où tout le monde admet sans conteste la validité de la renonciation, à savoir, celui où la femme prend en justice la défense de la personne pour qui elle a intercédé, et s'expose ainsi à être condamnée à sa place. Elle peut alors renoncer au sénatus-consulte, dans l'espèce, promettre au créancier demandeur qu'elle n'en excipera pas. Eh bien, je tire de ce texte cette conclusion, que la femme peut, en thèse générale et dans tous les cas, renoncer au sénatus-consulte. En effet, il n'y a dans l'espèce de la loi 32, § 4, absolument rien de particulier, rien qui fasse comprendre pourquoi on aurait admis alors l'efficacité d'une renonciation, si la règle eût été qu'en principe la renonciation n'était pas valable. On ne peut donc voir dans la loi 32, § 4, que l'application de ce principe général : la renonciation est admissible et efficace. Qu'on examine de plus le texte de Pomponius en lui-même et la manière dont il s'exprime, on verra que ce jurisconsulte parle de cette renonciation comme de la chose la plus simple, la plus naturelle. Ses expressions ne laissent pas soupçonner la moindre trace d'une exception qui serait apportée à un principe général, pour le cas qu'il prévoit.

Cette observation me semble tout à fait décisive. Les partisans de l'opinion contraire font une réponse spécieuse en apparence, mais au fond d'une grande faiblesse. La femme, disent-ils, en prenant la défense judiciaire de celui pour qui elle a intercédé, fait la même chose que si elle payait. Or, si elle payait, sachant bien que le sénatus-consulte Velléien lui donne la faculté de se soustraire à son obligation, elle ne pourrait pas répéter, car *indebitum solutum sciens, non recte repetit,* l. 9, pr. C., *de condictione indebiti,* 4, 5.

Cette réponse pèche par sa base ; elle part de ce point que c'est la même chose de payer ou de défendre en justice à la place de celui pour qui on intercède, ce qui est faux. Qu'on ne vienne pas, comme on l'a fait, invoquer pour établir cette assimilation la loi 23 au Digeste, *de Solutionibus,* 46, 3, dont voici le texte : *Solutione*, dit Pomponius, *vel pro nobis, judicium accipiendo, et inviti et ignorantes liberari possumus.* Cette loi s'occupe uniquement d'une question de libération : tout ce qu'il en ressort, c'est qu'un tiers nous libère aussi bien en payant à notre place, *solutione,* qu'en défendant pour nous en justice, *pro nobis judicium accipiendo ;* ce que je suis loin de contester, mais ce qui est complétement étranger à notre question, où il ne s'agit en aucune façon de savoir par quels moyens un débiteur peut être libéré. Il est vraiment étrange qu'on ait prétendu qu'en matière d'intercession, *payer et défendre en justice pour un autre* soient une même chose, quand les textes proclament si hautement la différence qui existe entre *payer la dette d'autrui* (l. 4, § 1, et l. 5 D. § 13, *supra*) et *défendre pro alio.* (L. 2, § 5; § 10 ci-dessus.) Cette distinction est une des idées les plus élémentaires dans la matière du sénatus-consulte Velléien, et j'aurais peine à m'expliquer comment des hommes tels que Doneau, Duaren, Vinnius et Antoine Faber ont pu la méconnaître, si je ne savais dans quels écarts peut entraîner le soutien d'une manière de voir contredite par un texte, et que l'on a d'ailleurs des raisons plausibles de croire fondée.

Il est donc hors de doute que payer et défendre en justice ne sont pas, en matière d'intercession, des actes identiques. Quand on examine en elle-même et sans prévention la défense en justice de celui pour qui on a intercédé, on ne peut y voir autre chose qu'une intercession continuée, et par conséquent, toujours et seulement une intercession. Or, si une renonciation faite lors d'une intercession continuée est efficace, pourquoi en serait-il autrement d'une renonciation faite dès le principe de cette même intercession? On n'en peut donner aucune bonne raison; les circonstances sont les mêmes dans les deux cas : une intercession et une renonciation faite par avance.

b. Sur la loi 3 C., *quando mulier tut. off.*, 5, 35, ainsi que sur la Novelle 118, chap. 5, reproduite au Code dans l'*Authentique Matri et aviæ*. De ces deux dispositions que j'ai déjà citées au commencement de ce §, résulte la validité de la renonciation au sénatus-consulte quand la femme veut obtenir la tutelle de ses enfants. C'est encore un point que les adversaires ne songent pas à contester. Or rien dans les termes de ces deux dispositions ne donne à entendre, même de la manière la plus éloignée, que cette renonciation ait quelque chose d'exceptionnel. Ce silence est remarquable dans la bouche de Justinien, ordinairement si prolixe. S'il eût établi une dérogation à une règle générale, il aurait certainement annoncé, dans les termes les plus pompeux, combien il améliorait ainsi la législation préexistante. On ne doit donc voir dans ces dispositions, comme dans la loi 32, § 4, au Digeste, autre chose que l'application d'un principe général.

C. Sur la loi 23 pr. C. Dans cette constitution, dont j'ai donné l'explication au § 16 ci-dessus, il est encore impossible de ne point voir une application du même principe. Nous savons, en effet, que si la femme a déclaré dans l'acte d'intercession avoir reçu quelque chose pour intercéder, cette déclaration doit être tenue pour vraie d'une manière absolue, *omnimodo esse credendum.* Or, quand la femme n'a rien reçu, qu'est-ce qu'une pareille déclaration, sinon une véritable renonciation au sénatus-consulte?

Tenons donc pour fermement établi le principe de la validité de la renonciation par la femme au sénatus-consulte Velléien, à la condition, bien entendu, que cette renonciation soit éclairée. La femme qui renonce doit bien savoir à quoi elle renonce, et si la connaissance de son privilége n'est pas présumée chez elle, on doit lui en donner une information préalable : — *instructa et edocta de suo privilegio,* dit Perezius n° 23; *eine vorgängige Belehrung,* dit M. de Vangerow, p. 173. On comprend en effet que, si le créancier a fait souscrire à la femme une renonciation dont elle n'a pas saisi toute la portée, le préteur ne doive point y avoir égard : on peut dire alors qu'il y a une espèce de dol de la part du créancier.

En résumé, les jurisconsultes romains, 1° ont pu admettre, et 2° ils ont effectivement admis que la renonciation par la femme au sénatus-consulte Velléien était valable et efficace. Je crois avoir suffisamment établi ces deux points, surtout le second, le plus important, et même je peux dire le seul décisif. Je n'ai cherché à établir le premier que pour justifier en raison la solution des jurisconsultes romains; mais, alors même qu'on la trouverait inconséquente, illogique et absurde, ce qui n'est pas, toujours est-il qu'il serait impossible, en présence des textes, de méconnaître qu'elle a réellement été la leur.

III. Je pourrais m'arrêter ici ; mais il est bon d'ajouter quelques mots sur la pratique constante et unanime qui s'est toujours prononcée pour la validité de la renonciation. Ce n'est pas que je regarde cette unanimité comme une raison de premier ordre : aussi n'en ai-je point parlé tout d'abord, bien qu'elle soit ici assez imposante, car il est fort rare de la rencontrer à un degré aussi éclatant. Sans doute Vinnius a raison quand il dit : « Quæritur..... non quidem in « foro ubi sententiæ numerari solent, sed in Acade- « miis ubi veritas exquiritur. » Mais je trouve que précisément ici la pratique est d'accord avec la vérité théorique.

CHAPITRE III

Des effets du sénatus-consulte Velléien.

§ 21. DES EFFETS DU SÉNATUS-CONSULTE EN GÉNÉRAL.

D'après ses termes mêmes, le sénatus-consulte Velléien ne produit d'effets qu'en ce qui concerne la femme; il la soustrait à l'obligation dont elle s'est chargée *pro alio.* Mais il eût été quelquefois injuste de s'en tenir là, et de dépouiller complétement le créancier avec qui la femme avait traité. Le résultat définitif aurait été que le débiteur *pro quo mulier intercessit* se serait enrichi aux dépens de son créancier. Aussi le préteur est venu, selon sa coutume, combler équitablement les lacunes de la loi. Il a introduit un second effet du sénatus-consulte Velléien, la *restitution d'action.*

Les deux effets du sénatus-consulte sont indiqués à la fois dans la loi 16 au Code. Voici sommairement en quoi ils consistent :

En ce qui concerne la femme : tantôt refus d'action, tantôt exception ou réplique, tantôt *condictio indebiti* ou revendication; le tout selon les circonstances. — Une observation commune à tout ce que le sénatus-consulte Velléien introduit à l'égard de la femme, c'est ce que les différents droits qu'il lui accorde sont facultatifs et non obligatoires : la femme est libre de ne point se soustraire à l'action, de ne point opposer l'exception ou la réplique, et de ne point exercer de *condictio indebiti* ou de revendication. Paul nous en donne un exemple dans la loi 31 D. Il suppose que la femme a payé ce à quoi elle s'était obligée par une intercession. Elle aurait pu ne pas payer, comme elle pourrait aussi répéter ce qu'elle a payé ; mais elle peut également, sans revenir sur son payement, exercer l'action *mandati* contre le débiteur pour qui elle a intercédé. Seulement, comme le créancier, de son côté, pourrait, malgré le payement, exercer l'action restitutoire dont je vais parler, la femme devra rassurer à cet égard celui contre qui elle exerce l'action *mandati ;* ce que Paul indique ainsi : *Cavere de indemnitate reo.*

En ce qui concerne le créancier, le préteur lui restitue l'action contre son débiteur primitif qu'avait libéré l'intercession de la femme. Nous aurons à voir dans quels cas cette restitution a lieu ; ce que c'est précisément que cette restitution ; à qui, contre qui ; à partir de quel moment et jusques à quelle époque l'action peut être restituée.

§ 22. DU REFUS D'ACTION.

C'est l'effet le plus simple et le plus radical ; mais il ne répond pas à toutes les éventualités. Il est exprimé dans les termes mêmes du sénatus-consulte de la manière la plus formelle : *Ne eo nomine ab his petitio neve in eas actio detur.* Ce qui signifie qu'on ne doit donner contre elle ni action réelle ni action personnelle. *Petitio* désigne l'action réelle, et *actio* l'action personnelle. L. 28, **D.** *de Oblig. et act.* 44, 7; L. 178, § 2, **D.** *de Verbor. signific.* 50, 16. Le préteur ne délivrera donc pas de formule d'action lorsqu'il sera constant que la femme a intercédé et qu'elle ne se trouve pas dans un des cas d'exceptions au sénatus-consulte. Mais qui ne voit qu'il peut parfaitement arriver que ces deux points soient contestés. Dès lors on ne peut procéder par voie de refus d'action. Le préteur délivrera donc une formule contre la femme, mais il y insérera l'*exceptio senatus-consulti Velleiani.*

§ 23. DE L'EXCEPTION DU SÉNATUS-CONSULTE VELLÉIEN
ET DE LA RÉPLIQUE.

A. De l'Exception.

I. DANS QUEL CAS SE DONNE L'EXCEPTION DU SÉNATUS-CONSULTE VELLÉIEN. L'*Exceptio senatus-consulti Velleiani* se donne lorsqu'il y a contestation, soit sur l'existence même d'une intercession, soit sur le point de savoir si la femme intercédante se trouve ou non dans un des cas d'exception au sénatus consulte, énumérés au § 18. Le préteur donne alors une action, mais il y insère l'exception dite *senatus-consulti Velleiani.* Nous n'en avons pas la formule; elle était probablement conçue en ces termes : SI NIHIL IN EA RE CONTRA SENATUS-CONSULTUM FACTUM SIT.

II. NATURE DE CETTE EXCEPTION. L'exception du sénatus-consulte Velléien est perpetuelle et péremp-

toire. L. 3, D, *de Exceptionibus,* 44, 1. Elle est atta-
chée, non pas à la personne, mais à la chose, *rei cohærens,* L. 7, § 1, D. eod. tit. Cela signifie qu'elle
n'est point donnée aux femmes parce qu'elles sont
femmes, dit Doneau, mais bien parce qu'elles ont
intercédé.

III. A qui est donnée cette exception. De ce
qu'elle est *rei cohærens,* il résulte qu'elle est donnée
non-seulement à la femme, mais encore à *quiconque
est obligé par suite de l'intercession.*

C'est l'opération en elle-même et tout entière que
le sénat repousse : il ne veut lui reconnaître de force
obligatoire ni chez la femme ni chez aucun autre.
C'est ainsi que l'exception est donnée :

a. Aux héritiers de la femme. Ce qui va de soi.
L. 20, C.

b. Aux mandataires de la femme. L. 30, § 1, D.
L. 15, C.

c. Aux fidéjusseurs de la femme, sans qu'il y ait
à distinguer si ces fidéjusseurs ont ou non agi en
vertu d'un mandat de la femme. Ils peuvent opposer
l'exception, alors même que, s'étant portés cautions
de la femme *animo donandi,* ils n'auraient point de
recours à exercer contre elle. L. 16, § 1, D. L. 14, C.
Cette décision peut au premier abord sembler singulière : et l'exemple du sénatus-consulte Macédonien
pourrait fournir un argument d'analogie dans le sens
contraire. En effet, l'exception du sénatus-consulte
Macédonien ne peut être opposée par le fidéjusseur
du fils de famille qu'autant qu'il a un recours contre
ce dernier, et non point par conséquent s'il l'a cautionné *animo donandi.* L. 9, §. 3, D. *de Senatus-*

consulto Macedoniano, 14, 7. C'est le raisonnement que faisait Gaïus Cassius ; mais Julien, l. 16, § 1, cit., ne l'approuve pas, et il rejette toute distinction. Doneau s'applique assez longuement à justifier cette décision de Julien, t. III, p. 753 ; il s'appuie surtout sur ce que le sénatus-consulte *totam obligationem improbat.*

Ne pourrait-on point aussi donner à l'appui de la décision de Julien cette raison bien simple et concluante, à savoir : que tout fidéjusseur est dans une position analogue, soit qu'il ait cautionné la femme sur son ordre et ait contre elle une *actio mandati,* soit qu'il l'ait cautionnée *animo donandi.* Dans les deux cas, dis-je, sa position est analogue : en effet, quand il s'est porté fidéjusseur sur le mandat de la femme, il a bien un recours contre elle ; mais ce recours lui-même, la femme peut le paralyser par l'exception du sénatus-consulte Velléien. Or ne point avoir de recours, ou avoir un recours déclaré d'avance inefficace, n'est-ce point en définitive la même chose ? Et dès lors ne comprend-on pas parfaitement que Julien ne fasse aucune distinction entre les fidéjusseurs de la femme ?

d. A celui qui a hypothéqué sa chose pour la garantie de l'obligation contractée par la femme intercédante. L. 2, D. *quæ res pignori,* 20, 3. Il faut appliquer ici tout ce qui vient d'être dit concernant les fidéjusseurs de la femme. Ce tiers peut donc opposer l'*exceptio senatus-consulti Velleiani,* alors même qu'il a hypothéqué sa chose sans aucun mandat de la femme et *animo donandi.*

e. A celui qui a été délégué par la femme, mais

qui n'était point véritablement son débiteur. L. 8, § 4, D. Il est assimilé à un fidéjusseur.

f. Au fidéjusseur du débiteur principal lui-même. Mais à deux conditions : premièrement, qu'il se soit porté fidéjusseur de ce débiteur principal sur le mandat de la femme, ce qui constitue, comme je l'ai dit aux §§ 11 et 19, une intercession déguisée. Il a bien intercédé en apparence pour le débiteur seul, mais il a, au fond, intercédé pour la femme, puisque c'est sur son mandat. Deuxièmement, que le créancier ait été de mauvaise foi, c'est-à-dire ait su que le fidéjusseur de son débiteur avait reçu mandat de la femme, *si quidem creditor,* dit Pomponius, *hoc egisset in fraudem senatus-consulti.* L. 32, § 3, D. V. aussi la loi 6, D.

Il est certain, d'après les principes que j'ai exposés au § 19, que si le créancier avait, au contraire, été de bonne foi, c'est-à-dire s'il avait ignoré que la femme eût donné ce mandat au fidéjusseur de son débiteur, l'action qu'il intenterait contre ce fidéjusseur ne serait point écartée par l'exception du sénatus-consulte, à laquelle il opposerait avec succès la réplique de dol. Mêmes lois 6 et 32, § 3, D.

Voici, dans ce dernier cas, la position dans laquelle va se trouver le fidéjusseur. Il est obligé envers le créancier, — je viens de le voir. Et, d'un autre côté, son recours contre la femme, son action *mandati,* sera paralysé par l'*exceptio senatus-consulti Velleiani,* à laquelle il ne saurait opposer aucune *replicatio doli,* car, pour lui, il ne peut prétendre avoir ignoré l'intercession de la femme, *facti non potest ignorantiam prætendere,* dit Papinien, l. 7, D. Le voilà donc obligé d'un côté, sans recours de l'autre. A la rigueur, on pourrait lui dire : C'est vous qui vous êtes fait cette position. Mais équitablement — *non erit iniquum,* — dit ce même Papinien, on vient à son secours, et on lui donne une action *negotiorum gestorum* contre le débiteur, dont en définitive il a payé la dette. L. 7, D.

IV. CONTRE QUI EST DONNÉE L'EXCEPTION DU SÉNATUS-CONSULTE VELLÉIEN. Elle est donnée contre *quiconque exerce une action dont la source se trouve dans l'intercession de la femme.* C'est ainsi qu'elle repousse non-seulement le créancier de celui pour qui la femme a intercédé, mais encore le fidéjusseur et le mandataire de la femme qui viendrait exercer un recours contre elle. L. 7, 32 § 3, D. — V. aussi l. 19, § 5, qui présente un cas que l'on assimile à celui du fidéjusseur de la femme : *ejus loco qui pro muliere fidejusserit, haberi me debere.*

V. JUSQUES A QUAND PEUT ÊTRE OPPOSÉE L'EXCEPTIO SENATUS-CONSULTI VELLEIANI. En général les exceptions ne peuvent pas être opposées après que la sentence a été rendue. L. 2, 4 et 8 C, *Sententiam rescindi non posse,* 7, 50. Contrairement à cette règle, l'exception du sénatus-consulte Velléien, semblable en cela à celle du sénatus-consulte Macédonien, peut être opposée même après que la sentence a été rendue, et alors qu'on en poursuit l'exécution. L. 11, D. *de Senatus-consulto Macedoniano,* 14, 7.

B. DE LA RÉPLIQUE DU SÉNATUS-CONSULTE VELLÉIEN. La réplique du sénatus-consulte Velléien , comme toutes les répliques en général, n'est autre chose que l'exception même, se présentant, à cause des circons-

tances, sous forme de réplique à une autre exception. L. 2, § 1, D, *de Exceptionibus,* 44, 1. Nous
avons déjà, dans deux textes (l. 17, § 1, et l. 32,
§ 2, D.), rencontré l'emploi de cette réplique. (V. § 13
ci-dessus.)—Je n'ai rien de particulier à en dire ici ;
toutes les règles que je viens d'exposer dans ce paragraphe, concernant l'exception du sénatus-consulte,
sont également applicables à la réplique.

§ 24. DE LA CONDICTIO INDEBITI ET DE LA REVENDICATION.

A. DE LA CONDICTIO INDEBITI. I. DES CAS OU IL Y
A LIEU D'EXERCER LA CONDICTIO INDEBITI.

a. Quand la femme a payé ce à quoi elle s'était
obligée par son intercession, dans l'ignorance de
l'exception perpétuelle que lui donnait le sénatus-
consulte Velléien, elle peut répéter ce payement. Ce
qui n'est que l'application, en matière d'intercession, des principes généraux qui régissent la *condictio indebiti.* L. 9, C. — V. aussi l. 8, § 3, D. h. t.
L. 26, § 3, et l. 40, D, *de Conditione indebiti,* 12, 6.

Il n'y a point à objecter que la femme, en se
croyant obligée, a commis une erreur de droit, et
qu'en principe on ne peut invoquer son erreur de
droit pour fonder une *condictio indebiti.* D'abord on
peut contester ce principe lui-même : ensuite, fût-il
vrai, il souffrait une exception dans notre matière.
On peut le contester ; on a dit en effet qu'au contraire, en thèse générale, il n'y a point à distinguer
entre l'erreur de droit et l'erreur de fait, et qu'on
peut aussi bien invoquer l'une que l'autre, à l'effet
d'exercer la *condictio indebiti.* Sauf à admettre cette

restriction, qu'on ne tiendra pas compte de l'erreur de droit si elle est trop grossière. C'est là une question controversée, sur laquelle je ne puis m'arrêter ici. Elle est en dehors de mon sujet ; car, alors même qu'on n'admettrait pas en général que l'erreur de droit pût servir de base à la *condictio indebiti,* on devrait reconnaître que les femmes peuvent, exceptionnellement, s'en prévaloir. L. 8 et 9 pr. D, *de Juris et facti ignor.*, 22, 6.

Il est hors de doute que la femme ne peut pas répéter lorsqu'elle paye, sachant qu'en vertu du sénatus-consulte elle n'était pas tenue. L. 23, § 6 D, et L. 9. pr. C, *de Condictione indebiti,* 12, 6 et 4, 5.

b. Quand, au lieu de payer, la femme a délégué son débiteur pour accomplir son obligation, il y a encore lieu pour elle à exercer la *condictio indebiti :* *Solvit enim qui reum delegat,* dit Ulpien. L. 8, § 3, D.

Je rappelle ici que la femme ne peut pas répéter lorsque, sans s'y être préalablement obligée, elle paye la dette d'autrui ou délègue son débiteur, car alors elle n'intercède point. (V. les lois 4, § 1 et 5, D. L. 4 et 9, C, et supra, § 13.)

II. A QUI ET CONTRE QUI EST DONNÉE LA CONDICTIO INDEBITI. Elle est donnée contre quiconque a reçu ce qui lui a été payé en exécution de l'intercession de la femme et à tous ceux qui ont effectué ce payement. Notamment :

a. A la femme. C'est le cas le plus ordinaire. L. 8, § 3, D. et 9 C.

b. Au débiteur délégué par la femme, qui, se croyant à tort débiteur de la délégante, s'est obligé envers le délégataire, et l'a payé. Il aurait certainement pu, avant de payer, opposer l'exception du sénatus-consulte, en qualité de mandataire de la femme. Un autre moyen lui était encore ouvert : il pouvait, prenant les devants, agir par *condictio incerti* contre le créancier *ut acceptam faciat stipulationem.* (Arg. des lois 2, § 4, **D**, *de Donationibus,* 39, 5 et 7, § 1, **D**, *de Doli mali et metus except.* 44, 4.)

c. Au créancier de la femme quand il n'a fait au fond qu'intercéder lui-même pour la femme intercédante, mais sans le savoir. C'est l'espèce prévue par la loi 19, § 5, **D**. Africain, après avoir hésité, s'arrête définitivement à lui donner la *condictio indebiti : Et ego tibi condicere pecuniam possim.* (V. l'explication détaillée de cette loi au § 19 supra)

B. De la revendication. Je · la rapproche de la *condictio indebiti,* parce qu'elle joue ici un rôle analogue. La femme peut revendiquer soit sa chose elle-même, soit le droit réel qu'elle aurait concédé sur sa chose.

a. Elle revendique sa chose elle-même lorsqu'elle l'a vendue et livrée en exécution de son intercession. La loi 32, § 2, **D.**, prévoit cette hypothèse (sur sa conciliation avec la loi 5, **D**. V. ci-dessus au § 13). A défaut de la loi 32, § 2, on aurait pu tirer cette conséquence par analogie de ce qui a lieu dans le cas où la femme a seulement engagé sa chose.

b. Lorsque la femme a obligé sa chose, c'est-à-dire a constitué un droit de gage ou d'hypothèque, elle peut revendiquer ce droit réel et reprendre sa chose libre de toute charge. L. 32, § 1, **D.**

Quand le créancier qui a reçu le fonds en gage l'a vendu à un tiers, la femme peut également exercer la revendication contre ce tiers, bien qu'il soit de bonne foi, par la raison que cet acheteur de la chose engagée ne peut avoir plus de droit que n'en avait son vendeur ; or le créancier vendeur n'en avait aucun, à cause du sénatus-consulte, *nullum pignus creditor vendidisse videtur.* C'est ce que décide la loi 32, § 1, D, dans sa seconde partie. V. dans le même sens les lois 7, C. h. t.; 39, § 1 et 40, D, *de Rei vindicatione,* 6, 1. Toutefois il paraît que ce droit de revendication avait autrefois fait question entre les jurisconsultes romains, car Pomponius nous dit : *Vera est eorum opinio, qui...*

Voici, dans les deux espèces de revendication, comment les choses se passeront. C'est sous forme de réplique que le sénatus-consulte se présentera. La femme revendiquant, le créancier ou l'acheteur oppose soit l'exception tirée de la convention du gage, *si non voluntate ejus pignus datum est,* soit l'exception tirée de la vente, *si non eam rem vendiderit et tradiderit* (exception *rei vinditæ et traditæ*). A quoi la femme répond par la réplique du sénatus-consulte : *aut si id pignus (ea venditio) contra senatus-consultum datum (facta) sit.* Arg. L. 17, § 1, cbn. avec L. 32, § 2, D.

§ 25. DE LA SUPPRESSION DE L'OBLIGATION NATURELLE.

Le sénatus-consulte Velléien, à la différence du Macédonien, ne laisse pas même subsister d'obligation naturelle, *totam obligationem senatus improbat.* L. 16, § 1, D, h. t. Nous venons de voir que la femme pouvait exercer la *condictio indebiti ;* or l'obs-

tacle à cette répétition est précisément un des principaux traits auxquels on reconnaît l'existence d'une
obligation naturelle. L. 13 et 19, D, *de Cond. indebiti*, 12, 6; L. 10, D, *de Oblig. et act.* 44, 7, et
L. 16, § 4, D, *de Fidejuss.* 46, 1.

Un autre effet de l'obligation naturelle est de pouvoir être efficacement cautionnée. L. 16, § 3, D, *De
fidej.* 46, 1. Or nous avons vu que le fidéjusseur
d'une femme intercédante n'était point efficacement
obligé. L. 16, § 1, D, h. t.

De même encore, un gage est valablement constitué s'il a pour base une obligation naturelle. L. 13,
D, *de Cond. ind.* 12, 6. Or la loi 2 D, *Quæ res pignori,* 20, 3, n'admet point la validité du gage
donné *pro muliere quæ intercessit.* Bien qu'il puisse
sembler singulier que la femme intercédante ne soit
pas même obligée naturellement par l'obligation qu'elle
a contractée, il est fort difficile, pour ne pas dire impossible, d'en douter, en présence des différents textes
que je viens de rapprocher.

§ 26. DE LA RESTITUTION D'ACTION.

Ce que c'est précisément et comment elle s'opère.

Le débiteur pour qui la femme a intercédé s'enrichirait, en définitive, aux dépens de son créancier, si le sénatus-consulte Velléien n'avait pas d'autre
effet que de libérer la femme. Résultat unique auquel
le préteur remédie en restituant à ce créancier son
action primitive que l'obligation de la femme lui avait
fait perdre. Qu'est-ce, au juste, que cette restitu-

tion, et comment s'opère-t-elle? C'est un point sur lequel les interprètes ne sont pas d'accord.

Voyons d'abord comment les textes nous en parlent. Ils la désignent sous des dénominations variées. Quatre noms sont indifféremment donnés à l'action ainsi restituée : celui de *pristina actio*, par Ulpien, L. 8, § 7, **D.**; celui d'*actio utilis*, par le même Ulpien, dans le paragraphe suivant de la même loi (**L.** 8, § 8); celui de *restitutoria actio*, toujours par Ulpien, même loi 8, §§ 9, 12 et 13, et de plus par Gaïus, L. 13, § 2, D. et par Alexandre Sévère, L. 8, C.; enfin celui de *rescissoria actio*, par les empereurs Dioclétien et Maximilien. L. 16, C.

Selon certains auteurs, nous aurions ici un des cas de l'*in integrum restitutio*, non point, à la vérité, de ceux qui sont spécialement prévus par l'édit, mais bien un de ceux qui rentrent dans l'application de la CLAUSULA GENERALIS : *Si qua alia mihi causa justa esse videbitur, in integrum restituam.* L. 1re, § 1, D, *Ex quibus causis maj.* 4, 6. Cette manière de voir a été adoptée, entre autres, par Doneau, en France, t. III, p. 759-761, et par de Schröter, en Allemagne. (*Uber Wesen und Umfang der in integ. restit.*, in der Gieszer Zeitschrift, t. VI, p. 91 et suiv.) Mais je préfère l'opinion de ceux qui pensent que la supposition d'une *in integrum restitutio* préalable doit être ici rejetée ; et cela par les raisons suivantes :

1° Dans tout le titre DE IN INTEGRUM RESTITUTIONIBUS, D. 4, 1, on ne fait aucune allusion à la position du créancier qui a perdu son action par suite de l'intercession d'une femme.

2° Dans les titres du Digeste et du Code consacrés

au sénatus-consulte Velléien, non-seulement on ne parle jamais en propres termes d'*in integrum restitutio,* mais on ne fait pas la moindre allusion, soit à une *causæ cognitio,* soit à un décret du préteur, deux conditions essentielles de l'*in integrum restitutio.*

3° Plusieurs circonstances empêchent, au contraire, d'admettre ici la supposition d'une *in integrum restitutio* préalable.

Ainsi l'action restitutoire est perpétuelle : L. 10, D., *perpetuo competunt,* tandis que l'*in integrum restitutio* est renfermée dans un délai d'une année utile, quatre ans continus depuis Justinien. Ainsi encore elle peut être mise en usage alors même qu'on aurait une autre ressource, ce qui est rare, il est vrai ; mais enfin la loi 8, § 13, D, reconnaît positivement que le créancier a le choix. Il est, au contraire, de l'essence de l'*in integrum restitutio* de n'être que subsidiaire, de n'arriver que comme dernière ressource. Enfin, et cela me paraît surtout décisif, cette action restitutoire est dite de droit commun. Gaïus nous le dit : *Communi jure… actio restituitur.* L. 12, D, *de Minoribus,* 4, 4. On ne comprendrait pas qu'on appelât *droit commun* le secours résultant d'une *in integrum restitutio,* toujours qualifiée d'*extraordinarium auxilium.* Cpr. Vangerow, Lehrb. d. Pand. § 178, t. I, p. 345.

Ne voyons donc pas un cas d'*in integrum restitutio* dans cette action accordée au créancier par le préteur, bien qu'elle soit appelée restitutoire. Mais il ne suffit pas de connaître ce qu'elle n'est point ; il faut savoir ce qu'elle est. Je me garderai de dire que cette restitution ait lieu *ipso jure.* C'est ce que

Doneau réprouve avec raison. Mais, comme elle n'a pas lieu *ipso jure*, il lui semble impossible de la préciser autrement qu'en disant qu'elle a lieu *a prætore* au moyen d'une *in integrum restitutio*. *A prætore*, oui; mais au moyen d'une *in integrum restitutio*, non.

La restitution est sans doute accordée par le préteur; mais voici comment je m'explique ce résultat. Le débiteur, libéré *jure civili*, d'après les principes généraux sur l'extinction des obligations par la novation, n'a point été libéré *jure prætorio*. C'est-à-dire que le préteur, ne tenant pas compte de l'extinction, la considère comme n'ayant jamais eu lieu. En conséquence, il donne au créancier son ancienne action, la même, *pristina actio*. Cette action est appelée *utilis* : c'est le nom qui convient en général à toutes les actions introduites par le préteur. Elle est qualifiée de *restitutoria;* rien de plus naturel que d'appeler ainsi une action que le créancier recouvre, après l'avoir perdue *jure civili* et au moins en apparence. Enfin la dénomination de *rescissoria* s'explique aussi aisément, sans qu'il soit davantage besoin de présupposer une *in integrum restitutio*. Ce qui est rescindé, c'est l'intercession dont le préteur ne tient pas plus de compte que s'il n'y en avait jamais eu.

Est-ce donc un résultat singulier, bizarre au point de vue du droit romain, que de voir le préteur considérer, contrairement au droit civil, tel acte comme n'ayant jamais eu lieu, et tel autre comme n'ayant jamais cessé de produire ses effets? Assurément non. De nombreux exemples s'en présentent dans toutes les matières, dans celle notamment des droits de famille, des successions , des testaments, et dans celle des actions elles-mêmes. C'est ainsi que nous voyons le préteur accorder une action malgré la *capitis demi-nutio*, qui devrait y faire obstacle. Gaïus, Instit. II, 38. Cet exemple me paraît avoir la plus grande analogie avec notre action restitutoire , que je proposerais même de calquer sur celle dont nous parle Gaïus. Je dirais donc, en changeant seulement les mots , que notre action restitutoire est une *actio utilis, rescissa intercessione, id est, in quâ fingitur intercessionem non esse*.

§ 27. DANS QUEL CAS A LIEU CETTE RESTITUTION.

Il ne peut être question de restitution d'action que lorsque l'intercession de la femme a été privative, c'est-à-dire lorsque le débiteur primitif a été libéré. Cela revient au fond à cette proposition, presque naïve, que, pour restituer au créancier son action, il faut d'abord qu'il l'ait perdue. Or, dans tous les cas d'intercession cumulative, le créancier conserve son action contre le débiteur pour qui la femme intercède. Tout le préjudice que lui cause alors le sénatus-consulte, c'est de lui faire perdre la garantie supplémentaire que lui présentait la femme.

En principe, la restitution d'action peut avoir lieu dans tous les cas d'intercessions privatives : il faut, mais il suffit, que le débiteur primitif soit libéré. Peu importe d'ailleurs comment il l'ait été : soit au moyen d'une novation, ce qui arrive quand la femme transporte sur elle-même l'obligation de ce débiteur ; soit par une acceptilation que le créancier lui aurait faite, dès avant l'intercession de la femme, parce qu'il savait que la femme allait s'obliger à sa place, l. 8, § 7 D.

Nous avons vu qu'au lieu d'être proprement libéré, celui pour qui la femme intercède était quelquefois dispensé de s'obliger. C'est le cas de l'intervention proprement dite, espèce d'intercession déguisée, qui ne devient une véritable intercession que par la *collusion* du créancier. (Cpr. les §§ 6 et 19 supra.) Il ne peut alors être question d'une *restitution* véritable ; nous obtiendrons un résultat analogue, à savoir, l'*institution* d'une action. Le sénatus-consulte Velléien soustrayant la femme à son obligation, il ne faut point que le créancier fasse une perte sèche. Mais comme il n'a jamais eu d'action contre un autre que contre la femme, au lieu de lui en restituer une, ce qui est impossible, le préteur lui en donne une qu'il crée, qu'il institue, comme dit Ulpien, *instituit magis quam restituit obligationem*, l. 8, § 14, D. D'où les interprètes l'ont appelée *action institutoire*. Elle crée en effet, elle institue un rapport juridique qui n'avait point existé jusque-là. Il va de soi qu'il faut se garder de l'appeler *institoire*, et de la confondre avec l'action dont parle le titre 3 du livre XIV des Pandectes. Cette action donnée, instituée contre le tiers, sera précisément du même genre que celle que le créancier avait contre la femme, *ut perinde obligeris eodem genere obligationis, quo mulier est obligata.* Ce sera, par exemple, une action *quasi ex stipulatu*, si la femme s'était engagée *per stipulationem*, l. 8, § 14 cit.

Nous venons de voir que le préteur institue une action principale en faveur du créancier contre une personne qui n'a jamais été obligée envers lui. Il va même plus loin, et, dans le même cas, il peut, selon les circonstances, accorder à ce créancier une action hypothécaire contre une personne qui ne lui a jamais consenti d'hypothèque. Paul nous donne un exemple de cette *institution d'une action hypothécaire* dans la loi 29 pr. D. La femme intercédante avait exigé de ceux pour qui elle intercédait un gage ou une hypothèque. Le sénatus-consulte Velléien la fait disparaître *subductâ muliere,* parce que, dans l'espèce, c'était le *creditor qui mulierem ream elegerat.* Ce créancier obtient : 1° une action personnelle contre les débiteurs pour qui la femme avait intercédé, *in principales debitores,* et 2° une action hypothécaire sur les gages qu'ils avaient consentis à la femme, *etiam in res quæ mulieri obligatæ sunt,* mais qu'ils n'avaient cependant jamais consentis au créancier lui-même.

Cette loi 29 pr. montre clairement que la restitution d'action n'est nullement accordée au créancier à cause de sa bonne foi, c'est-à-dire à cause de l'erreur excusable où il se trouverait sur l'existence d'une intercession par la femme, puisque Paul suppose que c'est lui créancier *qui mulierem ream elegit.* Si la femme a été trompée, c'est plutôt, comme le dit ailleurs le même jurisconsulte, c'est plutôt par le débiteur pour qui elle a intercédé, que par le créancier, *magis enim ille, quam creditor, mulierem decepit,* l. 1re, § 1, D. Une réflexion bien simple suffit, au reste, pour démontrer qu'il est impossible de subordonner là restitution d'action à la bonne foi du créancier : c'est que, s'il était de bonne foi, c'est-à-dire dans l'ignorance d'une intercession de la femme, il n'y aurait précisément pas lieu de lui restituer son action, car le sénatus-consulte ne pourrait point lui être opposé par la femme.

Il est deux circonstances où l'on pourrait croire que l'action ne devra pas être restituée au créancier, et où cependant elle sera, savoir :

1° Quand le créancier a fait acceptilation à la femme. L. 8, § 9, D. La raison qu'en donne Ulpien c'est que l'obligation de la femme était inefficace, *inanem obligationem dimisit.*

Il en serait autrement si l'acceptilation avait été faite à une femme qui n'aurait pas pu opposer le sénatus-consulte ni répéter ce qu'elle aurait payé. Ce qui arrive dans tous les cas d'exception au sénatus-consulte que j'ai indiqués au § 18. L'obligation de la femme étant alors efficace, le débiteur primitif est définitivement libéré; il ne peut dépendre du créancier de changer cette position. Qu'il fasse acceptilation à la femme, si tel est son bon plaisir, mais il est impuissant à se procurer une action contre son ancien débiteur. L. 8, § 10, D.

2° Quand le créancier est devenu l'héritier de la femme. S'opère-t-il une confusion qui mette obstacle à ce que son ancienne action lui soit restituée? Non. Ulpien nous en donne la même raison que tout à l'heure; le créancier a succédé à une femme qui n'était pas efficacement obligée, *cum non obligatæ cum effectu successerit.* L. 8, § 12, D.

J'ai dit qu'en principe la restitution d'action avait

lieu lorsque l'intercession était privative. Voici cependant des hypothèses où elle ne sera pas accordée :

1. En général dans tous les cas d'exception au
sénatus-consulte (§ 18). La femme étant alors efficacement obligée, la libération du débiteur primitif
est définitive.

2. Lorsque la femme a payé dans des conditions
telles qu'elle ne pourra pas répéter. L. 8, § 10, D.
(Elle a payé en connaissance du privilége que lui
accordait le sénatus-consulte.)

3. Lorsque le créancier peut, indépendamment de
l'action restitutoire, exercer des poursuites contre
son ancien débiteur. La loi, 8, § 8, D., nous en donne
un exemple ; un débiteur Titius promet à son créancier de lui fournir un nouveau débiteur, *expromisso-
rem*. En conséquence de cette promesse, le créancier fait acceptilation à Titius ; mais l'expromisseur
fourni par celui-ci est une femme qui se retranche
derrière le sénatus-consulte : le créancier, dans un cas
pareil, n'a pas besoin de reprendre son ancieune action ; il en a une nouvelle, une *condictio,* dit Ulpien,
c'est-à-dire la *condictio ob rem dati re non secuta,*
l. 4, D, *de Condictione causa data,* 12, 4, résultant
de ce que Titius n'a réellement pas exécuté le pacte,
quid enim interest, non det, an talem det?

Nous avons, dans la loi 13, § 1, D, un autre cas où
la restitution n'aura pas lieu. Ce n'est plus, comme
dans le cas précédent, parce que le créancier a une
autre action ; c'est parce que son action n'a jamais
cessé de subsister. Il s'agit des gages ou hypothèques,
constitués par le débiteur primitif pour la garantie

de son obligation. En ce qui concerne ces gages, nous dit Gaïus, le créancier n'a pas besoin d'action restitutoire, par la raison que son action quasi-servienne ou hypothécaire n'a point été éteinte. On peut être surpris d'abord que l'action principale étant considérée comme perdue, puisqu'elle a besoin d'être restituée, l'action hypothécaire, qui n'en est que l'accessoire, soit cependant considérée comme toujours subsistante. Cela vient de ce que l'action hypothécaire a une existence propre et à part, subordonnée à des conditions particulières, qui sont que le créancier soit *payé* ou *satisfait: Suas conditiones habet hypothecaria actio*, dit Marcianus, *id est, si soluta sit pecunia aut satisfactum est, quibus cessantibus tenet.* Or le créancier n'est ici ni *payé* ni *satisfait*, puisque l'intercession de la femme est pour lui comme rien. Notre texte de Gaïus est d'accord avec celui de Marcien : *Verum est, convenisse de pignoribus, nec solutam esse pecuniam.*

Bien qu'on doive reconnaître, d'après les lois 8, § 8, et 13, § 1, D, que l'action restitutoire ne se donne pas quand le créancier a d'autres moyens d'atteindre son débiteur, elle n'est cependant pas nécessairement subsidiaire de son essence, puisqu'il peut arriver que le créancier ait le choix entre elle et une action directe, comme le suppose la loi 8, § 13, D, pour le cas où la femme succède à l'ancien débiteur.

4. Lorsque l'action, si elle était restituée au créancier, ne lui serait d'aucune utilité, en raison de la qualité de la personne contre qui elle compéterait. La loi 8, § 15, nous en donne trois exemples.

a. Le débiteur pour qui la femme a intercédé est un pupille non autorisé par son tuteur, et qui n'est pas devenu plus riche.

b. C'est un mineur de vingt-cinq ans, qui se trouve dans un des cas où il peut obtenir l'*in integrum restitutio*.

c. C'est un fils de famille obligé contrairement au sénatus-consulte Macédonien.

Dans tous ces cas, le créancier est complétement privé de ressource ; il n'a d'action ni contre la femme intercédante, ni contre son débiteur primitif.

§ 28. A QUI ET CONTRE QUI L'ACTION EST RESTITUÉE.

I. A QUI L'ACTION EST RESTITUÉE. A tous ceux qui souffrent directement du sénatus-consulte ; à tous ceux auxquels la femme peut opposer l'*exceptio senatus-consulti Velleiani*. D'où il suit qu'elle est restituée non-seulement au créancier lui-même, mais encore aux héritiers et autres successeurs de ce créancier. L. 10, D.

Lorsqu'il y a plusieurs créanciers solitaires, *correi stipulandi*, l'action n'est pas toujours restituée à chacun d'eux. Nous en avons un exemple dans la loi 8, § 11, D. La pensée d'Ulpien, dans ce texte, est de « signaler le contraste entre les personnes qui « sont libérées de leur dette et celles qui sont privées « de leur droit par suite de l'*intercessio* de la femme. » (M. Demangeat, *des Obligations solidaires en droit romain*, p, 61.) Je verrai tout à l'heure que l'action est, au contraire, restituée contre chacun des débiteurs, lorsqu'il y a plusieurs *correi promittendi*. Cpr.

pour les développements en ce qui concerne des *correi*, l'ouvrage précité, p. 61 à 64.

II. CONTRE QUI L'ACTION EST RESTITUÉE. Contre tous ceux qui, *jure civili*, ont été libérés par l'intercession de la femme. Le créancier privé d'une action efficace contre la femme intercédante doit être remis exactement dans la position où il se trouvait avant l'intercession : *Integra causa pristina restituenda est*, l. 14, D. D'où il ressort que l'action est restituée :

1. Contre l'ancien débiteur principal, *in veterem debitorem*, l. 1ʳᵉ, § 2, D.

2. Contre les héritiers et autres successeurs de ce débiteur. L. 10, D.

3. Contre les fidéjusseurs de ce même débiteur. L. 14, D.

Mais non contre les tiers détenteurs des objets engagés ou hypothéqués, bien que Doneau, t. III, p. 764, les assimile aux fidéjusseurs. C'est à tort, ce me semble. Ils peuvent être poursuivis directement, car j'ai vu, à propos de la loi 13, § 1, qu'on n'avait pas besoin contre eux d'une action restitutoire, l'action hypothécaire n'ayant pas cessé de subsister.

4. Contre tous les *correi promittendi*, lors même que la femme aurait intercédé seulement pour un seul d'entre eux. L. 20, D. Car, un seul étant libéré, tous les autres le sont par là même, *tota solvitur obligatio*, l. 2, D, *de Duobus reis*, 45, 2. Il faut dès lors que le créancier recouvre son action corréale contre tous.

5. Contre la femme elle-même, si elle est devenue héritière du débiteur primitif. L. 8, § 13, D.

Elle peut aussi, dans ce cas, être poursuivie par

l'action à laquelle son intercession a donné naissance et qu'Ulpien appelle *directa*, par opposition à l'action restitutoire, qui n'est qu'*utilis*. Le créancier a le choix entre les deux, et peu importe à la femme *quâ actione conveniatur*. Le choix qu'a le créancier montre bien que l'action restitutoire ne présuppose pas une *in integrum restitutio;* car, s'il en était ainsi, elle ne serait donnée qu'à défaut de toute autre ressource.

6. Contre le maître de l'esclave pour qui la femme a intercédé. L. 9 et 32 § 5, D. Il faut supposer, bien entendu, que l'engagement de cet esclave est du nombre de ceux qui obligent le maître.

7. Contre le père d'un fils de famille, dans les mêmes circonstances. Arg. de ces lois 9 et 32, § 5, cit.

§ 29. A PARTIR DE QUEL MOMENT ET JUSQU'A QUELLE ÉPOQUE L'ACTION PEUT ÊTRE RESTITUÉE.

I. A PARTIR DE QUEL MOMENT. Le créancier peut agir contre son ancien débiteur par action restitutoire, aussitôt qu'il le voudra, immédiatement après l'intercession de la femme, *statim*, l. 24, § 2, D. On ne veut point le laisser dans une incertitude qui pourrait lui être préjudiciable. Il semble pourtant que, si la femme n'a point encore payé, peut-être n'opposera-t-elle pas l'exception du sénatus-consulte à l'action dirigée contre elle, et si elle a déjà payé, peut-être n'exercera-t elle jamais de *condictio indebiti?* Malgré ces éventualités, le créancier peut reprendre son ancienne action sans rien attendre; car ce ne sont, après tout, que des éventualités.

Il en serait ainsi quand bien même l'obligation de la femme intercédante serait à terme ou conditionnelle. Le créancier n'est tenu d'attendre ni l'échéance du terme ni l'accomplissement de la condition. Et rien n'est plus raisonnable : à quoi bon attendre l'arrivée d'une condition ou d'un terme apposé à une obligation qui doit être inefficace ? L. 13, § 2, D.

II. Jusques a quelle époque l'action peut être restituée. Le créancier n'est point obligé de demander son action restitutoire dans le délai d'une année utile (quatre ans continus depuis Justinien), ainsi qu'il serait tenu de le faire si nous nous trouvions dans un véritable cas d'*in integrum restitutio*. De même qu'il peut la demander aussi tôt, il peut également la demander aussi tard qu'il le jugera à propos, pourvu, bien entendu, que les principes généraux sur la durée des actions le lui permettent. En un mot, l'action restitutoire *peut* être perpétuelle. C'est ainsi qu'il faut entendre la loi 10, D. Prise à la lettre, elle signifierait que l'action restitutoire est nécessairement et toujours perpétuelle, ce qui serait absurde et n'a certainement pas été la pensée de Paul. Il serait absurde, si l'ancienne action était temporaire, qu'elle fût transformée par la restitution en une perpétuelle. Et telle n'a point été la pensée de Paul, car c'est un texte du même jurisconsulte Paul, la loi 24, § 3, qui, prévoyant le cas d'une action temporaire, décide qu'elle sera restituée temporaire, *temporalis actio restituetur,* en un mot, dans l'état où elle se trouvait avant l'intercession. Ce qui est tout à fait conforme au principe de Julien, que la *pristina causa* doit être restituée *integra*, l. 14, D.

Cette juste restriction des termes de la loi 10, D, ne souffre aucune difficulté. Mais il est beaucoup moins aisé d'entendre les derniers mots de cette loi 24, § 3, que je viens de citer, et de calculer la durée précise de cette action temporaire. Voici le texte... *Temporalis actio restituetur, sic tamen, ut ex præcedenti causa, continua tempora numerarentur post restitutionem :* QUAMVIS *statim, atque intercessit mulier, competierat.* Pothier, *Pandectes ad h. t.* n° 46, suivant en cela l'opinion de Cujas, fait une correction au texte; au lieu de *quamvis,* il lit : *quia* ou *quoniam,* et il comprend ainsi : le temps de l'action restitutoire doit courir du jour où l'obligation a été contractée avec l'ancien débiteur, *parce que* jamais le créancier n'a été empêché d'agir contre lui. Mais il me semble qu'on peut, en lisant *quamvis* et sans corriger le texte, arriver à un sens différent, il est vrai, mais parfaitement raisonnable, et que voici : on additionnera 1° le temps qui s'est écoulé depuis le jour où l'obligation est née jusqu'à celui de l'intercession de la femme, c'est le *ex præcedenti causa;* et 2° le temps qui a couru à partir du jour où l'action a été restituée, c'est le *post restitutionem.* Mais on ne comptera pas le temps qui s'est écoulé depuis l'intercession jusqu'à la restitution, et cela, *quoique* (*quamvis*) cette restitution ait pu être demandée par le créancier aussitôt après l'intercession.

Outre que cette explication présente, ce me semble, un sens plus satisfaisant en lui-même que la précédente, elle a sur elle le grand avantage de lire le texte tel qu'il est écrit.

CHAPITRE IV

Innovations de Justinien.

§ 30. GÉNÉRALITÉS SUR LES INNOVATIONS QUE CET EMPEREUR
A INTRODUITES.

Des six innovations de Justinien relatives à l'intercession des femmes, nous en connaissons dejà quatre. Elles consistent en ce que la femme sera désormais efficacement obligée dans quatre circonstances où elle pouvait, avant Justinien, invoquer le sénatus-consulte pour se soustraire à son obligation. Je rappelle ici ces quatre circonstances :

1° Lorsque, après un laps de temps de deux années, la femme renouvelle son intercession. L. 22, C.

2° Par cela seul qu'elle a reçu quelque chose pour intercéder. L. 23 pr. § 1, C.

3° Lorsqu'elle intercède *pro libertate*. L. 24, C.

4° Lorsqu'elle intercède *pro dote*. L. 25, C.

Je n'aurais point consacré un chapitre spécial aux innovations de Justinien, si les deux autres dont il me reste à parler ne méritaient point une attention particulière. Il s'agit :

1° De la formalité d'un acte public exigée dans la loi 23, § 2, C.

Et 2° Des règles, spéciales au cas où la femme intercède pour son mari, introduites par la Novelle 134, chap. VIII. (Authentique *si qua mulier*.)

§ 31. SPÉCIALITÉS. 1° DE LA FORMALITÉ D'UN ACTE PUBLIC.

Justinien dispose, dans la loi 23, § 2, C., que les femmes ne pourront désormais *s'obliger pour d'autres* que par acte public signé de trois témoins : *Non aliter eas posse pro aliis sese obligare, nisi instrumento publice confecto, et a tribus testibus subsignato.* Et voici la sanction de cette prescription : si la formalité d'un acte public n'a point été remplie, toute l'opération est complétement nulle et inefficace, absolument comme si la femme n'avait rien fait du tout. *Pro nihilo habeatur,..... ut nec S. C. auxilium imploretur, sed sit libera et absoluta, quasi penitus nullo in eadem causa subsecuto.*

La disposition est claire et précise ; la sanction est également nette et bien simple, quoique rigoureuse. En un mot, il faut un acte public, sans quoi on n'a qu'à se figurer que rien du tout n'a été fait.

Cependant de graves controverses se sont élevées relativement à l'interprétation de cette constitution, lorsqu'il a fallu déterminer ses rapports avec le droit antérieur et préciser dans quels cas elle était applicable. Ces controverses durent depuis plus de six cents ans, et elles sont encore fort vives aujourd'hui en Allemagne.

Trois systèmes sont en présence : les deux premiers, très-anciens, datent de la même époque, douzième siècle; le troisième a été proposé en Allemagne de nos jours seulement.

Premier système. La formalité d'un acte public est exigée seulement dans les cas où la femme intercédante peut invoquer le sénatus-consulte Velléien; mais elle n'est point nécessaire dans les cas exceptionnels où la femme est efficacement obligée par son intercession. Tels sont les cas d'intercession *pro dote* et *pro libertate,* de bonne foi du créancier, de dol de la femme, de renouvellement de l'intercession, de renonciation au sénatus-consulte; en un mot, tous ceux que j'ai énumérés au § 18 *supra*. Dans des cas pareils, la femme, selon ce premier système, est encore obligée efficacement d'après le droit de Justinien, alors même qu'il n'a point été dressé d'acte public. En résumé, *le défaut d'accomplissement des formes prescrites dans la loi 23, § 2, ne rend pas mauvaise une intercession qui était bonne d'après les anciens principes.*

Ce système, qui remonte au douzième siècle, fut adopté par le glossateur Bulgarus. Il paraît avoir été pendant longtemps suivi par la majorité des interprètes, par exemple par Raguellus, Bachov, Frantzke, Böhmer et Lauterbach. Il compte encore plus d'un partisan parmi les jurisconsultes modernes de l'Allemagne, entre autres Röslin, Höpfner, Meister, Windscheid et Roszhirt.

Deuxième système. La formalité d'un acte public est nécessaire non-seulement dans les cas où la femme peut invoquer avec succès le sénatus-consulte, mais encore dans les cas exceptionnels où elle est efficacement obligée par son intercession. Dans ces derniers cas, elle n'est tenue, depuis Justinien, qu'à la condition qu'un acte public ait été dressé conformément à la loi 23, § 2. *Le défaut d'accomplissement des formes prescrites par cette loi rend nulle une intercession qui eût été valable d'après les anciens principes.*

Il est évident qu'il ne faut pas comprendre dans cette règle le cas prévu par Justinien lui-même dans cette même loi 23 au princ. : celui où la femme a reçu quelque chose pour intercéder. Tous les partisans de ce deuxième système le reconnaissent. En effet, Justinien dit qu'alors la femme est obligée *sive sine scriptis, sive per scripturam sese interposuerit.* Mais, à vrai dire, ce n'est pas une exception à la règle posée dans ce deuxième système, car l'opération ne constitue pas alors proprement une intercession dans le sens du sénatus-consulte Velléien, puisque la femme est considérée comme agissant dans son propre intérêt. Cpr. le § 16 supra.

Ce système remonte au douzième siècle, comme le précédent. Il y était soutenu par le glossateur Martinus. Et, s'il a longtemps été négligé, il est devenu, sans contredit, l'opinion dominante aujourd'hui parmi les jurisconsultes allemands. Il est adopté par Suse, Glück, Thibaut, Kritz, Bucher, Sintenis, Schweppe, Seuffert, Wening, Mühlenbruck, Puchta, Göschen, Arndts, Bachofen, Girtanner et par M. de Vangerow, § 581, t. III, p. 175 à 179. Seulement plusieurs de ces partisans se séparent des autres en ce qu'ils ajoutent au cas unique dont je viens de parler (celui où la femme a reçu quelque chose) deux autres exceptions, la première relative à l'intercession *pro libertate,* et la seconde relative à l'intercession *pro dote.*

Troisième système. Ce système se rapproche du premier en ce qu'il admet que la formalité d'un acte public n'est point nécessaire dans les cas exceptionnels où la femme est efficacement obligée par son intercession. Mais il diffère profondément du premier aussi bien que du second, en ce que ses partisans soutiennent que, lorsque la formalité d'un acte public a été remplie, et, par cela seul, la femme est efficacement obligée dans tous les cas possibles, sans pouvoir jamais opposer le sénatus-consulte Velléien à l'action dirigée contre elle. Ce système a été imaginé de nos jours en Allemagne par Valett, et adopté par Kattenhorn. (V. sur tous les auteurs dont j'ai seulement donné les noms, en ce qui concerne ces trois systèmes, le *Lehrbuch* de M. de Vangerow, § 581, cit. t. III, p. 174 à 175, où se trouve l'indication détaillée du titre des ouvrages, des pages, des paragraphes et des numéros.)

Examen des trois systèmes; c'est au second qu'il faut s'arrêter. Je résume la solution de chacun, en remarquant d'abord qu'ils sont tous d'accord sur un point, savoir : que les intercessions qui pouvaient, avant la loi 23, § 2, être rendues inefficaces au moyen de l'*exceptio senatus-consulti Velleiani*, seront désormais absolument nulles et considérées comme inexistantes, lorsque la formalité d'un acte public n'aura point été observée.

Selon le premier système, c'est là toute l'innovation de Justinien. Elle se borne à substituer une nullité *ipso jure* à une nullité *exceptionis ope.* D'après le second système, l'innovation est plus étendue, et certaines intercessions, autrefois efficaces (toutes celles ·énumérées au § 18) seront désormais frappées de nullité, s'il n'a point été confectionné d'acte public. Enfin dans le troisième système, l'innovation de Justinien aurait une immense portée : toute intercession d'une femme serait efficace et obligatoire, à la seule condition d'être contenue dans un acte public.

Je n'hésite point à penser que c'est au deuxième système qu'il faut s'arrêter. Les raisons que M. de Vangerow, *loc. cit.*, développe à l'appui me semblent décisives. Après avoir montré que les deux autres systèmes ne peuvent pas se soutenir, il établit que l'opinion de Martinus est la seule qui soit exacte, puis il ajoute des éclaircissements et de justes restrictions très-propres à faire saisir la véritable portée de l'innovation de Justinien. Voici l'analyse de la doctrine de cet auteur, que je me permettrai même quelquefois de traduire purement et simplement :

1. Le premier et le troisième système sont inadmissibles ; ils sont en contradiction avec le texte même de la loi 23, § 2.

Il en est ainsi surtout du troisième. « L'interpré· « tation de Valett doit être rejetée sans qu'il soit « même besoin de la réfuter, *bedarf keiner Wider-* « *legung* » (p. 175). Car Justinien, prévoyant précisément le cas où les formes qu'il prescrit auront été observées, dit, en termes exprès, qu'*alors* sera applicable tout ce que le droit ancien et les constitutions impériales ont établi relativement aux intercessions des femmes : *tunc enim tantummodo eas obligari, et sic omnia tractari quæ de intercessionibus fe-*

minarum, vel veteribus legibus cauta, vel ab imperiali auctoritate introducta sunt. Ce qui est loin de vouloir dire qu'alors la femme sera toujours valablement engagée, puisque ce qu'ont établi les lois anciennes et les constitutions, c'est au contraire qu'en principe la femme n'est point efficacement obligée par son intercession. M. de Vangerow ne peut même « comprendre comment cette opinion a pu surgir « dans le cerveau de Valett après une lecture réité- « rée. » Et il ne comprend pas davantage l'assertion que fait ce même auteur d'avoir trouvé cette opinion brièvement indiquée dans la Glose et condamnée par Arcurse. Car la Glose ne contient rien de semblable ; « elle cite seulement les deux opinions ci-dessus rap- « pelées de Martinus et de Bulgarus, et elle approuve « cette dernière. »

Le premier système, celui de Bulgarus, doit être rejeté par la même raison. Il est condamné par les expressions de la loi 23, § 2, que je viens de citer. Elle porte, en effet, que *toute* la théorie, ancienne et nouvelle, *règle et exceptions,* concernant l'intercession des femmes, ne trouvera son application que si les formes prescrites ont été *observées : tunc enim tantummodo... omnia....* Si ces formes, au contraire, ont été *négligées, toute* cette théorie devient inapplicable, et est *remplacée* par cette disposition expresse, *que l'opération est considérée comme nulle et non avenue.* — SIN AUTEM EXTRA.... PRO NIHILO HABEA-TUR. Justinien ne distingue en aucune façon si l'on se trouve ou non dans un des cas d'exception au sénatus-consulte. — Dire que la femme sera efficacement obligée par une intercession dépourvue de la formalité d'un acte public, c'est non-seulement se mettre en contradiction manifeste avec le texte de la loi 23, § 2, mais c'est encore méconnaître son esprit, et aller directement contre l'intention dans laquelle Justinien nous annonce avoir porté sa constitution. Cette intention, c'est d'empêcher que les femmes s'obligent mal à propos pour autrui, *ne mulieres perperam sese pro aliis interponant*. Or il serait contraire à cet esprit que la femme, dans les cas où déjà le droit antérieur ne la garantissait point, demeurât également sans protection. Ce ne serait pas un but raisonnable à l'innovation de Justinien que de se borner à libérer la femme *ipso jure* dans les cas où elle l'était déjà d'une manière si efficace par l'exception et les autres droits qui dérivaient du sénatus-consulte Velléien.

2. « Il faut donc en résumé, pour ne point introduire dans la constitution de Justinien une distinction qui lui est étrangère, s'arrêter à la théorie bien simple (*einfachen Grundsatz*) que voici : quand une femme intercède sans acte public, il n'y a en droit aucune intercession, et toute l'opération est nulle et non avenue, même dans les cas où l'*exceptio senatus-consulti Velleiani* pouvait être autrefois paralysée par une *justa replicatio*. Quand au contraire il a été dressé un acte public, la théorie du sénatus-consulte Velléien est alors applicable dans toute son étendue, c'est-à-dire la femme est bien obligée *ipso jure*, mais elle peut se défendre par l'*exceptio senatus-consulti Velleiani*, à moins qu'elle ne se trouve dans un des cas d'exception indiqués au § 18 ci-dessus. »

3. Pour bien comprendre la véritable portée de la

constitution de Justinien, il faut, à ce principe ainsi formulé, ajouter les explications suivantes :

a. La loi 23, § 2, ne s'applique qu'aux opérations qui constituent des intercessions dans le sens du sénatus-consulte Velléien. Je trouve ici l'application pratique de la distinction que j'ai faite aux §§ 6 et 12 ci-dessus, entre l'intercession en général et l'intercession dans le sens Velléien. D'où il suit que la femme est obligée, même par une intercession non contenue dans un acte public, dans les hypothèses prévues aux §§ 16 et 17 ci-dessus, c'est-à-dire 1° lorsqu'en intercédant la femme gère sa propre affaire ; 2° lorsqu'elle s'oblige *animo donandi* de manière à libérer celui pour qui elle intercède.

En admettant cette restriction à l'application de la loi 23, § 2, je ne suis aucunement en contradiction avec le principe que les formalités de cette loi doivent être remplies même dans les cas d'exception au sénatus-consulte. Car, si je soustrais les deux classes d'intercession des §§ 16 et 17 à la nécessité de la forme solennelle, ce n'est pas parce qu'elles constituent des cas d'exception au sénatus-consulte, mais bien parce qu'elles ne tombent pas du tout sous la règle de ce sénatus-consulte, en un mot parce que *ce ne sont point des intercessions* dans le sens Velléien. Le *principium* de notre loi 23 ne fait pas autre chose qu'appliquer cette idée lorsqu'il déclare obligée la femme qui a reçu quelque chose pour son intercession, lors-même qu'elle a intercédé *sine scriptis.* J'ai déjà fait observer qu'elle est alors considérée comme *suum negotium gerens.* (Cpr. *supra,* § 16.) Cette observation fait crouler une des objections mises

en avant par Accurse contre l'opinion de.Marti-
nus.

b. La loi 23, § 2, ne s'applique pas non plus aux
opérations qui ne deviennent des intercessions que
par la *collusion* du créancier. (Cpr. le § 19 ci-dessus.)
Ces opérations ont une nature apparente et une nature cachée. Si le créancier ne connaît point leur
nature cachée, elles ne sont appréciées que d'après
leur nature apparente. La femme sera donc obligée
dans des cas pareils, lors même qu'il n'aura été
dressé aucun acte public. Il est certain que Justinien, dans la loi 23, § 2, n'a point songé aux hypothèses de ce genre. Ce qui le prouve, c'est que c'est
précisément aux créanciers qu'il recommande l'observation des nouvelles formes, *instrumento publice confecto...... accipiant homines ;* et c'est à leur préjudice
qu'il frappe de nullité les intercessions dépourvues
de ces formes, *sin..... acceperint.* « Comment pourrait-on ordonner aux créanciers de suivre certaines
formes, lorsqu'ils ne savent pas et ne peuvent pas
savoir se trouver dans les cas auxquels ces formes
conviennent? Comment les menacer d'un préjudice
considérable dans le cas où ils négligeraient ce à quoi
ils ne pouvaient pas se croire obligés ? Admettre une
pareille doctrine, ce serait rendre toute affaire avec
une femme impossible ou du moins très-périlleuse
sans un acte public signé de trois témoins. Car il
n'est point d'opération, quelle qu'elle soit, qui ne
puisse au fond servir à déguiser une intercession;
.... *ia begreiflich bei den allerverschiedenartigsten
Geschäften, möglicher Weise eine Interzession versteckt
sein kann.* »

c. La loi 23, § 2, fait seulement tomber les actions auxquelles donne naissance le contrat qui constitue l'intercession, comme serait, par exemple, l'*actio ex stipulatu* résultant de l'expromission de la femme, ou encore l'action quasi-servienne résultant de l'obligation de sa chose. Mais les actions qui seraient fondées sur d'autres principes du droit peuvent incontestablement être employées quoique l'origine s'en trouve dans une intercession dépourvue de formes. Par exemple, si le débiteur bonifie plus tard à la femme le montant de son intercession, il est parfaitement recevable dans la *condictio* qu'il voudrait intenter.

d. La loi 23, § 2, s'applique même aux cas d'intercession *pro libertate,* l. 24, C., et *pro dote,* l. 25, C. C'est un point, ai-je dit, sur lequel sont divisés les partisans du second système. Plusieurs tiennent alors la femme pour obligée, par la raison que les lois 24 et 25, d'où résultent ces deux exceptions au sénatus-consulte, sont d'une date postérieure à notre loi 23. On est du moins fondé à le penser d'après l'ordre de ces constitutions entre elles. Mais, si l'on se reporte au texte même des lois 24 et 25, on n'y voit absolument rien autre chose que ceci : ces deux hypothèses seront deux nouveaux cas exceptionnels où le sénatus-consulte Velléien ne s'appliquera pas, *senatus-consultum Velleianum in hoc casu tacere imperantes,* l. 24 ; *omni auctoritate senatus-consulti Velleiani in hac causa cessante,* l. 25. Or, nous avons établi que, d'après la loi 23, § 2, on ne peut parler de toute la théorie Velléienne, règle et exceptions, qu'autant qu'un acte public a été dressé.

e. La renonciation au sénatus-consulte et au bénéfice de la loi 23, § 2, ne peut avoir pour effet de rendre valable une intercession dont le défaut de formes entraînerait la nullité. Tout n'en sera pas moins nul et non avenu, malgré cette double renonciation. Il y a pourtant des auteurs (Glück, t. XV, p. 47) qui pensent qu'une intercession conclue sans acte public est obligatoire pour la femme, lorsqu'il vient s'y adjoindre une renonciation à son privilége. « Mais on ne peut concevoir comment une chose qui n'a pas la moindre existence juridique, dont l'existence est subordonnée à l'observation de formes déterminées, pourrait arriver à cette existence au moyen d'une renonciation. »

§ 32. DE L'OBLIGATION DE LA FEMME MARIÉE POUR SON MARI.

L'obligation de la femme mariée pour son mari a été régie par des principes dont l'histoire n'a pas moins de quatre périodes.

PREMIÈRE PÉRIODE. JUSQU'A AUGUSTE. Point de différence entre l'obligation de la femme pour son mari et l'obligation qu'elle contracterait pour tout autre. L'intercession, d'abord toujours impossible, d'après les principes sur la puissance paternelle, la *manus* et la tutelle rigoureusement entendues, devint, à la fin de la république, indistinctement valable dans l'un et l'autre cas.

DEUXIÈME PÉRIODE. DEPUIS AUGUSTE JUSQU'AU SÉNATUS-CONSULTE VELLÉIEN. Droit spécial aux femmes mariées, leur défendant de s'obliger pour leurs maris : introduit par Auguste et confirmé par Claude peu de temps après. Aucune disposition législative ne s'occupe encore des autres intercessions qu'elles pourraient faire. Cette législation ne nous est connue que par le passage d'Ulpien qui forme la loi 2 pr. au Dig.

TROISIÈME PÉRIODE. DEPUIS LE SÉNATUS - CONSULTE VELLÉIEN JUSQU'A LA NOVELLE 134. Aucune femme ne peut en principe s'obliger efficacement pour autrui ; mariée ou non, pour son mari ou pour tout autre. On ne fait, au point de vue qui m'occupe dans ce paragraphe, aucune espèce de distinction. Telle est du moins l'opinion très-généralement admise. M. de Vangerow (*Lehrbuch der Pand.*, § 581, anm. 3, t. III, p. 179) cite pourtant deux auteurs allemands (Hofmann et Kattenhorn), qui prétendent qu'il n'a pas cessé d'exister un droit spécial relativement aux femmes mariées et que les édits d'Auguste et de Claude sont restés en vigueur concurremment avec le sénatus-consulte Velléien. Mais il pense qu'on doit, sans hésitation, rejeter cette opinion. « Car non-seulement il est manifeste que le texte d'Ulpien ne mentionne ces édits que comme point historique, mais encore il ressort du contenu tout entier des titres du Digeste et du Code sur le sénatus-consulte Velléien, que les intercessions des femmes mariées ne sont point traitées d'une autre manière que celles des autres femmes. »

QUATRIÈME PÉRIODE. LÉGISLATION DE LA NOVELLE 134, CHAPITRE VIII. Toute obligation de la femme pour son mari est radicalement nulle et non avenue : μηδὲν ἰσχύειν ἢ κρατεῖν...., οὕτως εἶναι ὡς ἂν εἰ μηδὲ γεγραμμένον...., *nullatenus valere aut tenere...*, *ita esse ac si neque scriptum...*, quand même elle aurait été renouvelée plusieurs fois, εἴτε ἅπαξ εἴτε πολλάκις, *sive semel sive multoties*, et quand même elle serait contenue dans un acte public signé de trois témoins, εἴτε ἰδιωτικὸν εἴτε δημόσιον εἴη τὸ ὄφλημα, *sive privatum sive publicum sit debitum*. Cette intercession est prévue par Justinien dans les termes où elle se présentait le plus souvent dans la pratique, c'est-à-dire dans ceux d'une obligation contractée par la femme conjointement avec son mari, d'un engagement qu'elle souscrit à la suite de celui de son mari, ἐν δανειακῷ γραμματείῳ συναινέσει τῷ οἰκείῳ ἀνδρὶ, ἢ ὑπογράφει, *crediti instrumento consentiat proprio viro, aut scribat*. La disposition de la Novelle 134, ch. VIII, se trouve reproduite au Code de Justinien, où elle forme l'Authentique *si qua mulier*, mise à la suite de la loi 22. Je la désignerai indifféremment sous le nom de la Novelle ou sous celui de l'Authentique ; c'est un usage universellement reçu.

Une seule exception est apportée par Justinien à la nullité dont il frappe tout engagement d'une femme qui accède à l'obligation de son mari : c'est lorsqu'il est clairement démontré, εἰ μὴ φανερῶς ἀποδειχθείη, *nisi manifeste probetur* que l'argent a été employé dans l'intérêt de la femme.

Quelque rigoureuse que soit la prohibition portée par cette Novelle, c'est peut-être, non-seulement de toutes les innovations de Justinien, mais encore de toutes les règles concernant l'intercession des femmes, celle qui me paraît la plus susceptible de se justifier en raison, à cause des dangers tout particuliers que sa position à l'égard de son mari peut faire courir à la femme.

I. Cas ou la Novelle doit être appliquée. Cette innovation de Justinien a une très-grande portée, que donne surtout à apercevoir l'unique exception qu'il apporte à sa règle. La nullité frappe même les intercessions qui ne sont point, à proprement parler, des intercessions dans le sens du sénatus-consulte Velléien. On ne peut en douter, puisque le seul cas excepté est celui où l'argent est employé dans l'intérêt de la femme : or ce cas est un de ceux où, la femme gérant sa propre affaire, il n'y a point d'intercession dans le sens Velléien. Cpr. ci-dessus les §§ 6, 12, 16 et 31. Étant seul excepté, tous les autres restent compris dans la règle, de telle sorte que la nullité prononcée par la Novelle frappe et les intercessions par lesquelles la femme gère sa propre affaire et les intercessions privatives qu'elle ferait *animo donandi*. La disposition de la Novelle a de l'importance à l'égard de ces deux classes d'intercessions : à l'égard des premières, notamment, en ce que, malgré la loi 23 pr. C., c'est-à-dire encore que la femme ait reçu quelque chose pour son intercession, son obligation n'en est pas moins nulle, dès que c'est pour son mari qu'elle intercède. Elle en a aussi pour les secondes, malgré le principe de la nullité des donations entre époux. En effet, si les intercessions faites *animo donandi* n'étaient nulles qu'en vertu de ce dernier principe, il pourrait se faire qu'elles devinssent valables plus tard, dans le cas où la femme aurait persévéré jusqu'à sa mort dans la volonté de donner. (V. la loi 32, § 2, *de Donationibus inter virum et uxorem*. D. 24, 1. Tandis qu'au contraire la nullité résultant de la Novelle 134, chap. VIII, n'est point susceptible d'être couverte, puisqu'on ne doit pas plus tenir compte de l'intercession que si rien n'avait été fait, *ac si neque scriptum esset.*

L'Authentique *si qua mulier* s'applique donc même aux intercessions qui ne sont point considérées comme telles dans le sens du sénatus-consulte Velléien.

A plus forte raison s'applique-t-elle aux cas d'exceptions au sénatus-consulte énumérés au § 18 (créancier mineur, etc.). J'ai déjà établi au § précédent que ces cas d'exceptions n'écartaient point l'application de la loi 23, § 2. Ils écartent encore moins l'application de la Novelle 134. Quelques rares auteurs ont cependant soutenu que, dans tous les cas, où une femme non mariée ne pourrait pas invoquer avec succès l'*exceptio senatus-consulti Velleiani*, une femme mariée intercédant pour son mari serait efficacement obligée. Il faut d'ailleurs ajouter ici une observation analogue à celle que nous avons déjà faite en pareilles circonstances à propos de la loi 23, § 2, savoir, que l'Authentique n'empêche point que la femme puisse être poursuivie par des actions qui auraient pour fondement d'autres principes de droit.

Enfin la renonciation que ferait la femme à se prévaloir de la Novelle ou Authentique *si qua mulier* ne saurait avoir pour effet de rendre obligatoire son intercession pour son mari. J'ai déjà vu, au § précédent, qu'une renonciation à se prévaloir de la loi 23, § 2, C., était impuissante à écarter l'application de cette loi. La situation est identique dans les deux cas : il est impossible de concevoir que quelque chose qui n'a aucune existence juridique puisse arriver à cette existence au moyen d'une renonciation.

La pratique allemande a reconnu cette vérité ; elle n'admet point de renonciation à l'Authentique. Elle y reçoit, il est vrai, une renonciation faite avec serment, *eine eidliche Entsagung* (Vangerow, § 581, anm. 3, n° 4, p. 183. Glück, t. XV, p. 47). Mais cela tient à certains principes du droit canonique dont elle doit faire l'application, et qui ne peuvent être pris en considération lorsqu'on étudie le droit romain seul et en lui-même.

II. Cas où la Novelle ne s'applique pas. L'Auth. *si qua mulier* reste sans application :

1. Lorsque l'affaire est conclue dans l'intérêt propre de la femme,... τὰ χρήματα εἰς ἰδίας αὐτῆς τῆς γυναικὸς χρείας ἐδαπανήθη, *pecuniæ in propriam ipsius mulieris utilitatem expensæ sint*. Ce point est à l'abri de toute controverse, puisque Justinien lui-même l'excepte en terme exprès, à la condition que la preuve en soit clairement apportée, φανερῶς ἀποδειχθείη, *manifeste probetur*. Mais il y a controverse sur la question de savoir si les formes de la loi 23, § 2, C., doivent alors être observées. Certains auteurs pensent que oui (Thibaut, Wening). M. de Vangerow soutient au contraire, avec grande raison, ce me semble, que l'inobservation de ces formes n'empêche point la femme d'être obligée dans notre espèce. Décision conforme au principe posé dans le § précédent, que la loi 23, § 2, C., ne s'applique point aux actes qui ne sont pas des intercessions dans le sens du sénatus-consulte Velléien. Or c'est précisément ce qui a lieu lorsque la femme gère sa propre affaire. Vangerow, § 581, anm. 3, n° 1, *in fine*, t. III, p. 181.

2. L'Authentique ne s'applique pas à d'autres opérations qu'à des intercessions. Si donc une opération ne constitue pas du tout une intercession, à prendre ce mot dans son sens général et abstraction faite du sénatus-consulte Velléien, il est évident qu'elle ne sera pas annulée par application de la Novelle 134. De ce principe, qui ne saurait en lui-même souffrir la moindre difficulté, M. de Vangerow tire les deux conséquences suivantes (*l. c.* n° 2, a et b), t. III, p. 181-182 :

a. Que l'Authentique ne s'applique pas aux opérations qui ne deviennent des intercessions que par la *collusion* du créancier (§ 19, ci-dessus), alors précisément que ce créancier a été dans une erreur excusable sur l'existence de l'intercession.

Décision parfaitement conforme à celle qui a été donnée, dans les mêmes circonstances, relativement à l'application de la loi 23, § 2 (v. § 31 précédent).

b. Que la Novelle ne s'applique pas davantage à un emprunt contracté conjointement par le mari et la femme, alors même qu'il en aurait été dressé un acte commun. La femme est alors efficacement obligée, et ne peut échapper aux poursuites du créancier, à moins qu'elle ne soit en état d'apporter cette double preuve, 1° que l'emprunt a été fait au fond dans l'intérêt seul du mari, et 2° que le créancier le savait bien. Cette question est encore très-controversée de nos jours, dit M. de Vangerow, qui renvoie pour la littérature à Spangenberg et Hofmann, dans la *Gieszer Zeitschrift*, t. II, p. 47, et t. XIV, p. 266. « Ceux qui déchargent la femme de toute obligation à moins que le créancier ne prouve que l'argent reçu a effectivement tourné au profit de la femme, convertissent évidemment une pure présomption de l'homme en une présomption *juris*. Ce à quoi n'autorise pas la Novelle 134, C. 8, attendu qu'il n'y est question que du cas où la femme accède à un emprunt contracté par son mari et souscrit l'acte dressé à cet effet, en qualité seulement d'intercédante, *crediti instrumento consentiat proprio viro aut scribat.* » Il est bien entendu que si le mari et la femme, dans un emprunt fait en commun, s'obligeaient corréalement, il y aurait intercession, et partant nullité au point de vue de la corréalité. La femme ne serait tenue que pour la moitié, à moins que le créancier ne prouve que tout l'argent emprunté l'a réellement été dans l'intérêt de la femme. (V. ci-dessus au § 14, *in fine,* les règles qui doivent être suivies lorsque la femme contracte une obligation corréale.)

3. L'Authentique ne s'applique pas aux intercessions d'une veuve pour les dettes de son mari prédécédé. D'un côté, les expressions de la Novelle présupposent un mariage subsistant lors de l'intercession; d'un autre côté, les motifs de l'innovation de Justinien ne conviennent point à l'hypothèse d'une veuve. D'ailleurs, par cela seul que l'acte de cette veuve est une intercession, il doit, pour être valable, remplir les conditions prescrites dans la loi 23, § 2, C. Il n'y a aucune raison de ne point appliquer à cette espèce les principes généraux sur l'intercession des femmes. Vangerow, *loc. cit.,* anm. 3, n° 5, t. III, p. 183. Ces deux points sont cependant controversés. V. Glück et les auteurs qu'il cite, t. XV, p. 49.

CHAPITRE V

Destinées ultérieurs du sénatus-consulte Velléien.

§ 33. ANCIEN DROIT FRANÇAIS.

Il serait fort intéressant de suivre le sénatus-consulte dans les différentes nations chez lesquelles il s'est maintenu d'une manière plus ou moins complète, à travers les treize cents années qui séparent notre époque de celle de Justinien. Mais cette étude, restreinte même à la France seule, présenterait encore une étendue beaucoup trop considérable pour qu'il me soit permis de m'y livrer. Je n'essayerai donc point de donner un exposé complet de l'ancien droit français relativement au sénatus-consulte Velléien et aux lois postérieures qui s'y rattachent, notamment à l'Authentique, *si qua mulier*. J'indiquerai seulement les idées tout à fait générales que présente l'histoire de cette partie du droit dans notre ancienne France.

Il est trois grands traits que l'on a souvent signalés dans l'histoire de la législation française avant 89 : persistance de certaines institutions romaines, extrême variété dans les détails, résistance quelquefois invincible aux tentatives d'unité faites par les Édits ou Ordonnances de nos rois. On les retrouve tous trois dans notre matière à un remarquable degré.

1. *Persistance du droit romain.* La théorie Velléienne était admise, non-seulement dans les pays de droit écrit, Ferrière, *Dictionn. de droit et prat.,* V° *Velléien,* t. II. p. 694, mais encore dans les pays coutumiers, excepté, dit Merlin, *Répert.,* V° *Sénatus-consulte Velléien,* § 1, n° 7, t. XII, p. 390, dans quelques lieux particuliers, où il était permis à la femme par la coutume de s'obliger pour autrui. Merlin n'indique point quels étaient ces lieux.

2. *Variété dans les détdils.* Le principe, ainsi généralement admis, était bien loin d'être appliqué partout de la même manière.

La Normandie, quoique pays coutumier, était celui où il était entendu avec le plus de rigueur ; Merlin, *loc. cit.,* n° 8, *in fine,* p. 391, reproduit le passage de Froland, *Mémoires concernant la qualité des statuts,* t. II, p. 974, que voici : « Pour ce qui est de la Normandie, il n'y a point de province où le Velléien ait été suivi avec plus d'exactitude et de religion que celle-ci ; il y a de tout temps été gardé, et peut-être même avec plus d'étendue que chez les Romains ; on n'y a point permis aux femmes de renoncer à son exception ; on y a regardé leurs intercessions comme des actes nuls de plein droit, et pour raison desquels il n'était point nécessaire d'avoir recours aux lettres ; on y a rejeté les ratifications qu'elles avaient faites. » Nous pouvons maintenant changer en affirmation positive ce que Froland ne disait que dubitativement. Car, sur les quatre points qu'il fait remarquer, il y en a trois, les deux premiers et le quatrième, que les Romains n'admettaient point, et quant au troisième (les lettres de rescision), il leur a toujours été complétement étranger. L'état de la jurisprudence en Normandie sur ce dernier point, constituait une différence notable entre elle et presque toutes les autres provinces de France où les lettres de rescision étaient jugées nécessaires, par exemple à Paris, Toulouse et Bordeaux. Un seul autre parlement avait une jurisprudence conforme à celle du parlement de Rouen; il en était pourtant fort éloigné, c'était celui de Grenoble. Cpr. Merlin, *loc. cit.* n° 4, p. 386 et suiv.

Les diverses jurisprudences des parlements étaient séparées par une foule d'autres divergences, dont les principales étaient relatives : 1° au délai pendant lequel on pouvait demander les lettres de rescision; ce délai variait, soit quant à son point de départ, soit quant à sa durée; 2° aux personnes pour lesquelles les femmes étaient exceptionnellement admises à s'obliger; 3° enfin, à la validité des renonciations. Sur ce dernier point, qui n'a jamais cessé d'être fort controversé entre les auteurs, il était généralement reçu dans la pratique que la renonciation était valable. Seulement on exigeait, et avec raison, que la femme, en renonçant, connût bien toute la force des bénéfices dont elle se privait. C'est ce qui fut spécialement ordonné par un arrêt de règlement du parlement de Paris, du 29 juillet 1595. Je n'ai point aperçu qu'on fît, dans notre ancien droit, entre le sénatus-consulte Velléien et l'Authentique, une distinction qui me paraît nécessaire. On admettait aussi facilement la renonciation à l'Authentique que la renonciation au sénatus-consulte, tandis que cette dernière me semble seule admissible (V. les §§ 20 et 32 *supra*). Quoi qu'il en soit, l'usage de ces renonciations était devenu si général et si fréquent que la clause en était de style, et que même, s'il faut en croire un auteur du temps, Marsili, *de fidejussoribus*, n°s 38 et 39, un grand nombre de notaires ignoraient la portée de ces clauses, ne sachant point ce qu'était ni le sénatus-consulte Velléien ni l'Authentique *si qua mulier*.

3. *Résistance aux tentatives d'unité des édits ou ordonnances* Henri IV, au mois d'août 1606, rendit un édit par lequel il abrogea toutes les dispositions, tant du sénatus-consulte Velléien que des lois romaines postérieures qui s'y réfèrent. La manière dont cette abrogation est présentée est assez curieuse et montre bien jusqu'à quel point était devenu général l'usage des renonciations dont je viens de parler. Ce qu'Henri IV défend aux notaires, c'est d'insérer à l'avenir de pareilles clauses de renonciation dans leurs actes; « les femmes, ajoute-t-il, demeurant néanmoins bien et dûment obligées. »

Il est hors de doute que cet édit de 1606, abrogatoire du Velléien, n'a rien de commun avec les dispositions de la loi Julia, qui prohibait l'hypothèque des biens dotaux. Ce sont deux matières tout à fait distinctes. Il paraît cependant que des auteurs coutumiers les avaient confondues. Merlin, *loc. cit.*, n° 10, p. 391, et Ferrière, *loc. cit.*, p. 695, mettent en garde contre cette erreur. Ils ajoutent que la loi

Julia elle-même fut abrogée par Louis XIV en 1664, mais seulement pour les pays de Lyonnais, Mâconnais, Beaujolais et Forez.

L'édit de 1606, rendu par Henri IV, était fait pour toute la France. Mais il ne fut d'abord mis à exécution qu'à Paris : encore se trouvait-il, dans le ressort même du parlement de Paris, deux pays, la Marche et l'Auvergne, où il n'était point exécuté. Le parlement de Dijon l'enregistra assez promptement, trois ans après, en 1609. Mais il ne le fut en Bretagne qu'au bout d'environ quatre-vingts ans, en 1683, et en Franche-Comté plus tard encore, en 1704. Enfin, dans plusieurs provinces il ne fut jamais exécuté : notamment en Normandie, où le parlement de Rouen se refusa toujours à l'enregistrer.

De là naissaient des questions de statuts, appelées par nos anciens auteurs questions mixtes sur le sénatus-consulte Velléien, et qui les occupaient beaucoup. Il s'agissait de savoir si le sénatus-consulte Velléien était un statut réel ou un statut personnel ; si une femme normande, par exemple, cautionnant à Paris, ou une Parisienne cautionnant à Rouen, était, oui ou non, efficacement obligée ; si elle pouvait ou non valablement hypothéquer pour la dette d'autrui des biens situés dans l'Ile-de-France ou en Normandie. V. quelques développements sur ces questions dans Pothier, *des Obligations,* n° 388 ; dans le *Répertoire* de Merlin, *V° Sénatus-consulte Velléien,* § 2 ; t. XII, p. 391-396, et dans les *Questions* du même auteur, *V° Velléien,* § 3, t. V, p. 509-518.

§ 34. DROIT FRANÇAIS ACTUEL.

Le code Napoléon a complétement abrogé le sénatus-consulte Velléien et toutes les lois qui s'y réfèrent. Il n'en est resté aucune trace dans notre législation. Les femmes non mariées sont, relativement à la capacité de s'obliger pour autrui, dans la même position que les hommes ; leur liberté est, à cet égard, pleine et entière. Quant aux femmes mariées, elles sont bien soumises à une incapacité de s'obliger. Mais la circonstance que l'obligation est contractée pour autrui est en droit complétement indifférente. Leur incapacité n'est pas plus grande lorsqu'il s'agit de s'obliger pour d'autres que lorsqu'il s'agit de s'obliger pour elles-mêmes. Cette incapacité, dont j'étudierai le caractère et les effets dans la deuxième partie de cette thèse, consiste uniquement dans la nécessité d'une autorisation, accordée, selon les cas, par le mari ou par la justice. La femme dûment autorisée est d'ailleurs aussi capable de s'obliger pour son mari que pour tout autre. Ce point de notre législation n'est pas uniformément appréciée, et certains esprits regrettent de ne point trouver dans nos Codes quelque disposition semblable à celle de la Novelle 134. On ne peut s'empêcher de reconnaître que la femme se trouve par rapport à son mari dans un état tel qu'elle peut être conduite au sacrifice de sa fortune tout entière. Mais n'est-il point convenable après tout, et même désirable, que la femme puisse venir au secours de son mari, et lui prêter une assistance qu'il ne trouverait peut-être pas chez des étrangers. Quoi qu'il en soit de ces réflexions purement théoriques et spéculatives, la femme, dûment autorisée, peut, sans aucun doute, s'obliger, dans notre droit, pour les dettes de son mari. Mais des controverses très-vives se sont élevées sur le point de savoir si l'autorisation du mari lui-même suffit alors, comme elle suffit en principe pour habiliter la femme à s'obliger. Pour moi, je pense, bien que d'excellents esprits tiennent pour une solution contraire, que l'autorisation du mari est alors pleinement suffisante, et que l'intervention de la justice n'est en aucune façon nécessaire. Les raisons de cette décision sont données au § 28 de la thèse française, où j'examine ce point en détail.

La connaissance du sénatus-consulte Velléien, malgré son abrogation, n'est cependant pas dénuée de toute utilité pratique sous l'empire du code Napoléon. Son application peut soulever devant les tribunaux français des questions de droit international privé. La disposition de ce sénatus-consulte, étant encore en vigueur dans plusieurs pays de l'Europe, lorsqu'une femme étrangère contracte une obligation pour autrui, il faut, par argument de l'alinéa 3 de l'article 3 du code Napoléon, en apprécier la validité d'après les règles de la théorie Velléienne. Le sénatus-consulte Velléien est en effet une loi de capacité de nature à régir les étrangers même résidant en France.

Les deux principales contrées où le sénatus-consulte Velléien s'est maintenu jusqu'à nos jours sont l'Allemagne et l'Espagne. J'ai plusieurs fois déjà fait allusion à sa persistance en Allemagne. Je rappelle ici que la pratique allemande admet, sans se laisser influencer par les divergences de la doctrine, la validité d'une renonciation au sénatus-consulte Velléien, en exigeant que la femme soit au préalable bien édifiée sur l'étendue de son privilége (Voir ci-dessus le § 20). Elle repousse au contraire, et avec grande raison, la renonciation à l'Authentique *si qua mulier*, ainsi que la renonciation au bénéfice de la loi 23, § 2 au Code. (Cpr. les §§ 31 et 32.)

DEUXIÈME PARTIE

DROIT FRANÇAIS

DE

L'INCAPACITÉ DE LA FEMME

MARIÉE

Sources. — Code Napoléon. Art. 215 à 226, 776, 905, 934, 940, 1029, 1096 al. 2, 1124, 1125, 1304, 1312, 1449, 1534, 1538, 1549 al. 3, 1576, 1990, 2208. — Code de procédure civile. Art. 861 à 864. — Code de commerce. Art. 4, 5, 7.

CHAPITRE PREMIER

Préliminaires.

§ 1er. RAPPORT DE CE SUJET AVEC LE PRÉCÉDENT.

Ce sujet, comme le précédent, est relatif à la condition légale de la femme. Il s'agit, dans l'un et l'autre, d'une certaine incapacité dont la femme se trouve frappée. Là se borne toute leur ressemblance, et l'incapacité velléienne diffère de l'incapacité de la femme mariée dans notre droit : 1° quant aux motifs sur lesquels elle repose ; 2° quant aux personnes qu'elle frappe ; 3° quant aux actes auxquels elle s'applique.

1. *Quant aux motifs sur lesquels elle repose.* L'incapacité velléienne est tout à la fois conçue dans un esprit politique hostile aux femmes et dans une pensée de protection. Elle ne se rattache en aucune façon à la puissance maritale, qui, telle qu'elle est reçue parmi nous, est toujours demeurée complétement étrangère aux Romains. Tout au contraire, l'incapacité de la femme mariée, dans notre droit, se rattache essentiellement à la puissance maritale. Plusieurs interprètes du droit français vont même jusqu'à dire que cette puissance est l'unique fondement sur lequel elle repose. Mais c'est une manière de voir qu'il est impossible d'admettre. L'incapacité de la femme mariée est encore établie pour d'autres motifs, comme je le montrerai au § 3 ci-après.

2. *Quant aux personnes qu'elle frappe.* En droit romain, toutes les femmes, mariées ou non, filles ou veuves, sont incapables de faire les actes qui rentrent dans la sphère du sénatus-consulte Velléien. Chez nous, la femme est, en général, aussi capable que l'homme de faire tous les actes de la vie civile. C'est uniquement lorsqu'elle est mariée, et parce qu'elle est mariée, qu'elle se trouve frappée d'une certaine incapacité, qui consiste seulement dans la nécessité d'une autorisation à obtenir. L'autorisation doit, en général, lui être donnée par le mari lui-même : la justice peut le remplacer. Sous le rapport des personnes qu'elle frappe, l'incapacité du

droit romain est donc plus étendue que l'incapacité du droit français.

3. *Sous le rapport des actes auxquels elle s'applique*, c'est, au contraire, l'incapacité du droit français qui est plus étendue. A Rome, la femme, même mariée, jouissait, *relativement à ses biens paraphernaux*, de toute liberté pour faire seule et sans le contrôle de son mari : 1° dans son propre intérêt, tous les actes qu'elle jugeait à propos, et 2° dans l'intérêt d'autrui, tous actes quelconques, pourvu qu'elle ne s'obligeât pas. Il en est tout autrement en droit français, où le mariage rend la femme incapable de faire sans autorisation la plupart des actes de la vie civile.

§ 2. ORIGINE HISTORIQUE DE L'INCAPACITÉ DE LA FEMME MARIÉE.

J'indiquerai seulement à quelle source les rédacteurs de nos lois ont puisé les règles qu'ils ont tracées sur l'incapacité de la femme mariée , sans remonter, pour en rechercher l'origine, aussi haut que le sujet le comporterait; sans examiner si cette incapacité est philosophiquement nécessaire, si elle est fondée sur les principes du droit naturel lui-même; sans faire voir comment elle a été comprise à différentes époques par les diverses législations hébraïque, grecque, romaine et germanique. Les dispositions du code Napoléon sur l'autorisation maritale, comme en général toute l'organisation de la famille dans notre droit, ont une origine purement germanique et nullement romaine. Le principe, apporté par les Germains à l'état brut, s'est progressivement modifié et amélioré par l'effet d'un travail douze fois séculaire, dans lequel l'influence bienfaisante du christianisme ne doit point être méconnue. La nécessité de l'autorisation était universellement reçue, avant 1789, dans tous les pays coutumiers. C'est là que les auteurs du Code ont puisé la théorie de l'incapacité de la femme mariée, qui fera l'objet de cette thèse. Ils ont, en général, reproduit les principes coutumiers sur cette matière, tout en apportant quelquefois des modifications que j'aurai soin de faire ressortir.

J'ai dit que la nécessité de l'autorisation maritale n'avait rien de romain dans son origine. Je n'ai pas besoin de m'arrêter à établir que la *manus,* alors qu'elle était reçue, n'avait rien de commun avec la puissance maritale telle que nous l'entendons. Aussi je crois inexacte et dangereuse la qualification de puissance maritale que j'ai souvent vu donner à la *manus.* Comment appeler maritale une puissance qui n'appartenait pas toujours au mari et qui, bien plus, pouvait appartenir à un autre qu'à lui ? Il est hors de doute que l'autorisation maritale était complétement étrangère au droit romain. Bien loin que rien y fasse la moindre allusion dans les textes si nombreux de ce droit, il en est un qui, prévoyant le cas où une femme mariée a fait une donation hors la présence de son mari, décide positivement que cette circonstance n'empêche pas la donation d'être trèsvalable. C'est la loi 6 au Code de Justinien, *de Revocandis donationibus*, 8, 56. On trouve dans un autre texte, la loi 8, au même Code, *de Pactis conventis tam super dote*..... 5, 14, l'idée d'une immixtion du mari dans les affaires propres de la femme. Mais, tout en déclarant cette immixtion bonne en elle-même : *quamvis bonum erat mulierem, quæ se ipsam marito committit, res etiam ejusdem pati arbitrio gubernari,* les empereurs Théodose et Valentinien ne veulent point innover. Ils reconnaissent que, conformément aux règles du droit, le mari n'a rien à voir dans les *paraphernaux* lorsque la femme ne le trouve pas bon, *nullo modo, muliere prohibente, virum in paraphernis se volumus immiscere.*

Ces règles ont conservé force de loi en France, jusqu'au commencement de ce siècle, dans tous les pays de droit écrit. Ce qui comprend, en général, outre les ressorts des parlements de Grenoble, d'Aix, de Toulouse et de Bordeaux, plusieurs pays, comme le Lyonnais, le Mâconnais, le Beaujolais, le Forez, l'Auvergne et la Marche, qui, bien que fort éloignés de la capitale, se trouvaient dans le ressort du parlement de Paris.

Dans les pays coutumiers, au contraire, auxquels il faut ajouter les pays de droit écrit ressortissant au parlement de Paris, la nécessité de l'autorisation maritale était universellement reconnue. Seulement, en ce point comme en tant d'autres, la variété dans les détails caractérisait le droit des Coutumes. Je veux seulement, pour en donner une idée, passer en revue les diverses solutions qu'avaient reçues deux des principales questions de notre matière, celles de savoir, la première, sur quels motifs repose la nécessité de l'autorisation, et la seconde, en quoi consiste précisément cette autorisation.

I. On peut ramener à quatre systèmes les diverses

opinions émises par nos anciens auteurs sur les motifs pour lesquels était exigée la nécessité de l'autorisation maritale.

Le premier n'en voyait point d'autre que la faiblesse du sexe et l'inexpérience des femmes. Cette manière de voir, quoique complétement inadmissible, puisque, d'un côté, la capacité des femmes non mariées n'était soumise à aucune restriction, et que, d'un autre côté, il serait absurde de prétendre que le mariage diminuât la force et l'expérience des femmes, était cependant soutenue par de nombreux partisans, tels que Rebuffe, Pontanus, Laféron, Guillaume, Bouvot, Peckius, Chasseneux, Tiraqueau, Bugnyon et Rodemburg, dont Merlin cite les passages, *Rép.*, v° *Autorisation maritale, section* 2, t. I, p. 490.

Une seconde opinion, le contre-pied de la précédente, faisait reposer la nécessité de l'autorisation maritale uniquement sur l'intérêt du mari et de sa puissance maritale. Elle comptait pour défenseurs Pothier, *Puissance du mari*, n°ˢ 3 à 5, *Introduction au titre X de la Coutume d'Orléans,* n° 144, d'Aguesseau, Coquille, d'Argentrée, Ricard, Dépringles, Leprêtre et Legrand. V. les citations de ces auteurs dans Merlin, *loc. cit.*

Une troisième opinion, adoptant à la fois les motifs des deux premières, fondait le principe de l'autorisation tout ensemble sur l'intérêt de la femme et sur celui du mari. Elle invoquait à son appui letexte même de plusieurs Coutumes, tel que celui de l'article 223 de la Coutume de Paris, ainsi conçu : « *tant pour le regard d'elle que de son dit mari,* » et encore celui de l'art. 111 de la Coutume de Sens, et 221 de la Coutume d'Auxerre, portant : « *au préjudice de son mari ni au préjudice d'elle.* Ce sentiment était suivi par Lebrun, *de la Communauté,* liv. II, ch. 1, sect. 1, n° 1.

Enfin une quatrième opinion fondait la nécessité de l'autorisation maritale sur une bienséance d'ordre public qui devait tenir les femmes enfermées dans leur intérieur, et leur interdire « toute communication d'affaires avec autrui sans le su et le congé de son mari, pour éviter suspicion. » Tel était le sentiment du président Bouhier dans ses *Observations sur la Coutume du duché de Bourgogne,* ch. 19, n°ˢ 46-51.

Il ne faut point s'imaginer que la recherche des motifs sur lesquels reposait l'incapacité de la femme mariée fût une question de pure théorie ; elle avait au contraire un grand intérêt pratique, en ce que certains effets de l'autorisation et du défaut d'autorisation devaient nécessairement varier suivant le système auquel on s'arrêtait. La même question est encore vivement débattue de nos jours entre les commentateurs du code Napoléon ; elle présente encore un intérêt pratique analogue.

La variété d'opinions sur ce point, fort regrettable sous l'empire d'une législation uniforme comme l'est actuellement la nôtre, est toute naturelle dans une législation où chaque Coutume pouvait choisir le principe qu'elle trouvait bon. Il eût même été vraiment extraordinaire que toutes eussent envisagé la question de la même manière. C'est pourquoi, s'il est impossible sous l'empire du Code, d'admettre à

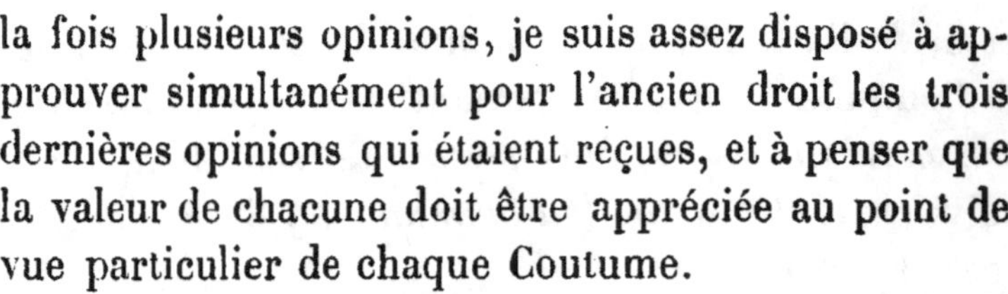

la fois plusieurs opinions, je suis assez disposé à approuver simultanément pour l'ancien droit les trois dernières opinions qui étaient reçues, et à penser que la valeur de chacune doit être appréciée au point de vue particulier de chaque Coutume.

Par exemple, la dernière opinion, qui peut paraître si exagérée en présence de nos idées actuelles, était certainement le fidèle écho de la pensée du législateur, dans les pays où la nécessité de l'autorisation maritale s'étendait jusqu'aux testaments eux-mêmes. Les raisons données par le président Bouhier peuvent seules fournir une explication satisfaisante d'une prohibition si sévère. Bien que ce fût là un droit exceptionnel, car dans le plus grand nombre des coutumes la femme pouvait tester sans autorisation, il ne laissait pas cependant d'être en vigueur dans une assez grande étendue de territoire, puisqu'il était consacré par plusieurs Coutumes générales; celles du duché de Bourgogne, ch. 4, art. 1; de Normandie, art. 418; de Bretagne, art. 619; de Nivernais, ch. 23, art. 1; de Bourbonnais, art. 216; et d'Artois, art. 86 (cette dernière défendait même de tester à la femme simplement fiancée), et par plusieurs Coutumes locales, comme celles de Lille, Cambrai, Douai, Cassel, Liége, Saint-Quentin, Clermont-en–Argonne, Bar-le-Duc et Épinal.

II. Un second point sur lequel nos anciens auteurs étaient divisés, c'était celui de savoir en quoi devait précisément consister l'autorisation maritale; s'il suffisait d'un simple consentement, ou s'il fallait au contraire une autorisation solennelle et presque sacramentelle; en un mot, si l'autorisation devait nécessairement être expresse, ou si elle pouvait être seulement tacite. On décidait plus généralement qu'elle ne pouvait être qu'expresse. Cependant il existait des divergences d'opinion autorisées par la diversité même du texte des Coutumes. On peut citer jusqu'à huit différences de rédaction :

1. Les Coutumes de Sens, art. 111; de Bar-le-Duc, art. 170; et de la Marche art. 298, n'exigent pas autre chose que le *consentement* du mari.

2. Les Coutumes de Paris, art. 223; et d'Orléans, art. 194, se servent à la fois des mots *autorité et consentement*. On décidait sous l'empire de ces Coutumes que l'autorisation devait être expresse quant aux actes extrajudiciaires, mais qu'elle pouvait être tacite quant aux actes judiciaires. Pothier, *Puissance du mari*, n° 6; *Introduction au titre X de la Coutume d'Orléans*, n° 145; et Ferrière, *Dictionnaire de droit et Pratique*, V° *Autorisation du mari en pays coutumiers*, nous montrent bien que l'exigence d'une autorisation solennelle était portée jusqu'à ses dernières limites quant aux actes extrajudiciaires. « Quelque marque de consentement qu'un mari ait donnée au contrat de sa femme, nous dit Pothier, *Introd., loc. cit.*, quand même il l'aurait signé, quand même il aurait été partie avec elle et se serait obligé conjointement avec elle; quand même il serait dit que c'est de son consentement et de son agrément que la femme contracte, le contrat ne laissera pas d'être nul s'il n'est expressément dit que son mari l'a *autorisée*..... Ce terme *autoriser* est comme sacramentel, et je ne trouve que celui d'*habiliter* qui pût passer pour équipollent. »

Ferrière n'est pas moins précis : « Le simple consentement n'est proprement qu'un simple accord et une espèce de condescendance qui peut être expresse ou tacite. L'autorisation, au contraire, est un consentement exprès, est une approbation formelle qui marque que c'est par l'avis et le conseil du mari que la femme agit. Mention doit en être faite dans l'acte par le mot d'*autoriser*, à peine de nullité. La présence du mari qui aurait même signé le contrat n'est pas suffisante.. Pareillement une procuration par laquelle le mari permettrait à la femme de s'obliger, vendre, aliéner ou hypothéquer ses biens, ne passerait pas pour une autorisation formelle, mais pour un simple consentement. » Ferrière ajoute : « cette autorisation expresse est requise dans la plupart de nos Coutumes. »

Le simple consentement du mari suffirait au contraire pour les actes judiciaires. Ferrière, *loc. cit.*, est d'accord pour le reconnaître avec Pothier, *loc. cit.*, qui cite encore dans le même sens Lebrun, *de la Communauté*, liv. 2. ch. 2, sect. 6, n° 2. « La raison, nous dit Ferrière, provient de l'autorité des jugements, et de ce qu'on présume que tout s'y passe sans fraude et sans surprise, le juge ne devant avoir pour guide que la raison et la loi : mais dans les choses qui se passent hors jugement il pourrait y avoir beaucoup de surprise. C'est pourquoi il faut y apporter plus de précaution. Ainsi la faveur de la femme et de ses biens, pour la conservation desquels le public doit s'intéresser, requiert une autorisation expresse. »

3. Le mot d'*autorité* se trouve seul dans les Coutumes d'Auxerre, art. 221, et de Troyes, art. 139.

4. Celui de *permission*, dans la Coutume de Normandie, art. 418.

5. Les termes réunis de *licence* et *autorité* se voient aux Coutumes du duché de Bourgogne, ch. 4, art. 1; du comté de Bourgogne (Franche-Comté), art. 24; de Saintonge, art. 73 et 74, et de Châlons-sur-Marne, art. 25.

6. Ceux d'*autorité et permission*, dans la Coutume de la Rochelle, art. 23.

7. De. *su, autorité et consentement*, dans celle de Cambrai, titre *Des droits appartenant à gens mariés*, art. 2 et 3.

8. Enfin, de *gré, autorité et consentement*, dans la Coutume d'Artois, art. 86.

§ 3. DES MOTIFS SUR LESQUELS SE FONDE L'INCAPACITÉ DE LA FEMME MARIÉE.

« Ce premier point est capital, et tout le reste en dépend; du moins la solution des difficultés les plus graves y est-elle subordonnée. » C'est ainsi qu'entre en matière M. Demolombe, *Cours de code civil*, t. IV, n° 113. Malheureusement il n'est point aisé de bien établir ce premier point. L'extrême divergence qui partageait les opinions de nos anciens auteurs sur cette question est presque aussi grande aujourd'hui qu'autrefois. Elle me paraît bien plus regrettable encore, car on aurait pu espérer qu'une législation uniforme allait enfin trancher la question et mettre un terme à toutes les discussions. Il n'en a rien été cependant, et il faut reconnaître que les motifs auxquels se sont attachés les rédacteurs du Code ne ressortent clairement ni de l'examen des travaux préparatoires, ni de l'étude de l'ensemble des dispositions de la loi.

Les diverses opinions émises sur le fondement de l'incapacité de la femme mariée peuvent se réduire à trois systèmes, en réunissant dans une même classe plusieurs auteurs, séparés cependant encore entre eux par quelques nuances.

Premier système. La puissance maritale est le seul motif sur lequel repose l'incapacité de la femme mariée. Il ne faut point chercher ailleurs que dans la déférence due par la femme à son mari la cause de la nécessité où elle se trouve de prendre son autorisation. Ce sentiment a été adopté notamment par Delvincourt, t. I, p. 75. Merlin, *Questions*, t. IX, V° *Puissance maritale*, § 4, et Dalloz, *Jurisprudence générale, Recueil alphabétique*, V° *Mariage*, t. X, p. 149, n° 2.

Deuxième système. La puissance maritale est bien un des motifs sur lesquels repose la nécessité de l'autorisation, mais ce n'est pas le seul. La loi l'exige encore dans l'intérêt personnel et individuel de la femme. Cette opinion est celle de Proudhon, *Traité sur l'état des personnes*, t. I, p. 454; de M. Valette, *Explication sommaire du livre premier du Code Napoléon*, p. 119 (n° 29, 1°), et de M. Mourlon, *Répétitions écrites*, t. I, p. 379 à 381.

Troisième système. Indépendamment de la puissance maritale, qui est un des fondements de l'incapacité de la femme mariée, la loi exige encore l'autorisation au profit des intérêts matrimoniaux et collectifs des époux, mais elle n'a point eu égard aux intérêts personnels de la femme considérés comme distincts des intérêts du mariage. Tel est le sentiment de Zachariæ (2e édition), t. III, p. 323 et 324, et de M. Demolombe, t. IV, nᵒˢ 115 et 117.

Tous reconnaissent unanimement que l'autorisation est exigée dans l'intérêt moral du mari et de sa puissance maritale. Personne ne soutient plus aujourd'hui que l'incapacité de la femme mariée ait pour unique fondement la faiblesse et l'inexpérience de son sexe. Il est manifeste que le Code n'a point consacré cette thèse, déjà complétement inadmissible autrefois.

Je n'hésite point à dire que le premier système me paraît aussi certainement devoir être rejeté. Car il rend incompréhensible plusieurs dispositions de la loi. On ne peut en effet s'expliquer dans ce système :

1° Pourquoi le mari ne peut pas autoriser sa femme quand il est mineur. Car, bien que mineur, le mari est investi de la puissance maritale ; il a tout autant de droits à la déférence de sa femme que s'il était majeur, et il est tout aussi capable d'agréer et de sentir une marque de respect et de soumission. Cela est si vrai que Pothier, *Puissance du mari*, n° 29, n'hésitait pas à admettre que le mari, quoique mineur, pût autoriser sa femme. Mais le code Napoléon a précisément une disposition toute contraire. L'article 224 porte : *Si le mari est mineur, l'autorisation du juge est nécessaire.*

2° Pourquoi l'incapacité de la femme subsisterait encore après que le mari a perdu la puissance maritale, de telle sorte que l'effet survivrait à la cause. Or le mari perd la puissance maritale lorsqu'il est

frappé d'une condamnation emportant peine afflictive ou infamante. Et cependant la femme continue
à avoir besoin d'une autorisation. Elle est donnée
alors par le juge. Art. 221.

3° Pourquoi la nullité de l'acte fait par la femme
sans autorisation, nullité qui n'est plus aujourd'hui
que relative, pourrait être invoquée par la femme
elle-même, comme le porte en termes exprès l'article 225.

Le premier système doit donc être écarté ; il n'y
a de choix possible qu'entre les deux derniers. Est-
ce indépendamment de la puissance maritale, à laquelle tout le monde accorde d'être un des motifs
de l'incapacité de la femme mariée, est-ce l'intérêt
personnel et individuel de la femme, que le législateur a voulu protéger ? ou bien, au contraire, s'est-il
préoccupé seulement et exclusivement des intérêts
collectifs du mariage, c'est-à-dire de ces intérêts
communs aux deux époux, dont le mari est sans
doute le représentant, mais qui concernent aussi la
femme ?

Le deuxième système (intérêt personnel de la
femme) rend compte, on ne peut mieux, 1° de l'impossibilité pour le mari mineur d'autoriser sa femme
(art. 224) ; 2° du maintien de la nécessité de l'autorisation après que le mari a perdu sa puissance
maritale (art. 221) ; et 3° enfin, du droit qui appartient à la femme de se prévaloir elle-même de son
incapacité (art. 225). Mais, dans le troisième système,
on s'explique aussi très-bien ces trois dispositions de
la loi. En effet les intérêts matrimoniaux sur lesquels
il fonde la nécessité de l'autorisation comprennent

la conservation des biens de la femme. Sans doute il est naturel que le mari, chef de la famille, soit constitué le représentant et le gardien de l'intérêt collectif de cette famille. Mais si, quant à la puissance maritale, l'autorisation est pour lui un droit, sous le rapport des intérêts matrimoniaux elle est encore pour lui un devoir : il doit veiller, dans l'intérêt de la famille, à la conservation des biens de la femme. Dès lors on comprend parfaitement :

1º Que le mari mineur ne puisse pas autoriser sa femme. La loi ne lui reconnaît pas encore assez d'expérience pour accomplir son devoir de gardien des intérêts communs de la famille : elle lui substitue la justice.

2º Que la nécessité de l'autorisation subsiste encore, même après que le mari est déchu de sa puissance maritale. Le droit perdu, reste le devoir, et, comme il est incapable et indigne de le remplir, la justice encore viendra le suppléer.

3º Que la femme puisse elle-même opposer la nullité résultant du défaut d'autorisation. La protection du mari ayant manqué aux intérêts matrimoniaux, la femme, que ces intérêts concernent manifestement, a le droit de se prévaloir d'une incapacité établie pour leur garantie.

A laquelle de ces deux opinions faut-il s'en tenir? J'avoue que le choix exclusif de l'une d'entre elles me paraît, non point seulement difficile et embarrassant, mais impossible. Je crois sérieuses et fondées les conclusions de chacun de ces deux systèmes, et je les adopte à la fois en ce qu'ils n'ont pas de contradictoire. Voici la proposition à laquelle je

m'arrête en définitive sur le point de savoir quel est
le fondement de l'incapacité de la femme mariée.

L'autorisation maritale est exigée en même temps :
1° dans l'intérêt de la puissance maritale ; 2° dans
l'intérêt personnel de la femme ; et 3° dans l'intérêt
collectif du mariage lui-même.

M. Demolombe, IV, n° 117, pense que cette doctrine est, en théorie et en législation, la meilleure et
la plus prévoyante : toutefois il ne l'adopte pas, par
la raison qu'il lui « paraît résulter de l'ensemble des
dispositions du Code que cette autorisation n'est
fondée que sur la nécessité de maintenir l'autorité
maritale et sur la garantie due aux intérêts matrimoniaux, mais qu'elle n'a pas pour principe l'intérêt
particulier et individuel de la femme. » J'avoue
qu'après avoir étudié avec soin, et principalement
dans M. Demolombe lui-même, dont l'ouvrage m'a
été d'une grande utilité, toutes les dispositions du
Code sur cette matière, je n'ai point trouvé dans le
livre du savant professeur la démonstration du système qu'il se borne à indiquer en termes un peu va-
gues, il faut le reconnaître ; et que je n'ai rencontré
non plus aucune disposition de loi qui fît véritablement obstacle à ce que l'on pût fonder la nécessité
de l'autorisation sur l'intérêt propre de la femme en
même temps que sur l'intérêt moral du mari et sur
les intérêts collectifs de l'union conjugale. Je m'en
tiens donc fermement à la doctrine, telle que je l'ai
formulée, puisqu'elle est, d'une part, reconnue en
elle-même la meilleure, et qu'il est, d'autre part,
impossible de prouver que le Code l'ait effectivement
repoussée.

CHAPITRE II

Étendue de l'incapacité de la femme mariée.

§ 4. GÉNÉRALITÉS.

L'incapacité de la femme mariée est indépendante du régime sous lequel les époux se trouvent placés, en ce sens que, sous tous les régimes et quelles que soient les stipulations du contrat de mariage, il est un grand nombre d'actes que la femme est incapable de faire sans autorisation. Mais cette incapacité peut, à l'égard de certains autres, être modifiée par les conventions matrimoniales. Nous avons donc à étudier dans la femme mariée une capacité invariable et une capacité susceptible de plus ou de moins.

J'examinerai successivement :

1° *L'incapacité invariable*, c'est-à-dire pour quels actes l'autorisation est toujours nécessaire, quel que soit le régime sous lequel la femme se trouve mariée ;

2° *La capacité* également *invariable*, c'est-à-dire quels sont les actes que, sous tous les régimes, la femme peut faire sans aucune autorisation ;

3° Enfin, *la capacité variable*, dont la plus large

expression se trouve dans le régime de séparation de biens.

Les dispositions qui concernent l'autorisation maritale constituent des règles de capacité. Il en résulte :

1° Que, bien différentes sous ce rapport des règles qui régissent l'état des citoyens, elles s'appliquent aux situations juridiques établies dès avant leur promulgation. C'est pourquoi la femme mariée, avant le Code Napoléon, sous l'empire d'une législation qui lui permettait de faire tel ou tel acte sans autorisation, ne pourrait plus, depuis la promulgation du Code, faire valablement ce même acte sans autorisation préalable, et cela, quand même une stipulation spéciale du contrat de mariage lui aurait expressément conféré le droit de faire seule l'acte en question. Proudhon, t. I, p. 29, 3°. Demolombe, I, 44. Aubry et Rau, d'après Zachariæ (3ᵉ édition), § 30, notes 18 et 20. Limoges, 22 juin 1828. Sirey, 29, 2, 20. Civ. cass., 3 janvier 1832. Sir., 32, 1, 317. Civ. cass, 19 novembre 1832. Sir., 33, 1, 24.

2° Que, par application de l'alinéa 3 de l'art. 3 du Code Nap., la femme française est incapable lorsqu'elle se trouve en pays étranger, de passer sans autorisation les actes pour lesquels cette autorisation lui est nécessaire en France. Et par argument d'analogie de ce même article, que la femme étrangère n'a pas besoin d'autorisation pour ester en jugement ou contracter en France, si cette autorisation ne lui est pas nécessaire d'après la loi de son pays. Bastia, 16 février 1844. Sir., 44, 2, 663.

La nécessité de l'autorisation découle essentiellement du mariage ; elle est indispensable pendant toute sa durée. La séparation de biens n'y apporte aucun terme, ce qui se comprend et se justifie parfaitement en raison. Bien plus, la séparation de corps n'y met pas fin, ce qui est peut-être regrettable. La femme séparée de corps est, à cet égard, dans la même position que la femme seulement séparée de biens. Demolombe, IV, n° 119. Civ. cass., 13 nov. 1844. Sir., 45, 1, 45.

L'effet ne devant pas précéder la cause, il est évident, dit Pothier, que la nécessité de l'autorisation ne commence qu'à partir de la célébration du mariage. C'était un point déjà presque universellement établi dans notre ancien droit. On peut seulement rapporter comme un exemple singulier la disposition de certaines Coutumes, telle que celle d'Artois, art. 87, qui assujettissait la femme, aussitôt qu'elle était fiancée, à se faire autoriser par son futur époux. Cette disposition, que Dumoulin appelait inepte, faisait cependant la loi dans le territoire régi par cette Coutume. Pothier, *Puissance du mari*, n°s 7 à 11.

§ 5. INCAPACITÉ DONT LA FEMME EST FRAPPÉE DANS TOUS LES RÉGIMES.

Ou des actes qu'elle ne peut jamais faire sans autorisation.

Ce paragraphe et les cinq paragraphes suivants sont consacrés à l'étude de cette incapacité immuable à laquelle la femme ne peut se soustraire par aucune stipulation de son contrat de mariage. Nous y verrons quels sont les actes qu'elle ne peut jamais faire sans autorisation, sous quelque régime qu'elle soit mariée. Il s'agira, dans le reste du chapitre, soit de la capacité qu'elle conserve dans tous les régimes, sans avoir besoin de se la réserver, soit de cette capacité qui est susceptible de varier selon les conventions matrimoniales arrêtées entre les époux.

Il y a cinq classes d'actes que la femme ne peut pas faire sans autorisation, sous quelque régime qu'elle soit mariée.

1° Ester en jugement. Ce qui est absolu en matière civile seulement (Art. 215 et 216).

2° Faire aucune acquisition, de meubles ou d'immeubles, à titre gratuit ou à titre onéreux (art. 217).

3° Faire aucune aliénation, soit de meubles ou d'immeubles, soit à titre gratuit, soit à titre onéreux (art. 217).

4° Hypothéquer (art. 217).

5° Contracter aucune obligation (Arg. de l'art. 217 et des art. 220, 221, 222 et 224).

Si cependant l'acquisition, l'aliénation ou l'obligation rentrait dans la sphère des actes d'administration, la femme aurait la capacité d'y procéder seule et sans autorisation, dans les cas où l'administration de ses biens lui appartiendrait d'après les stipulations du contrat de mariage. C'est dans cette limite seulement que les conventions matrimoniales peuvent faire varier la capacité de la femme.

Je vais reprendre en détail chacune des cinq incapacités que je viens d'énumérer. Je présenterai le développement des règles qui les concernent dans autant de paragraphes spéciaux.

§ 6. DE L'INCAPACITÉ D'ESTER EN JUGEMENT.

Ester en jugement est une vieille formule qui signifie comparaître en justice, figurer comme partie dans un procès. Elle nous vient de l'ancien droit, où l'on traduisit ainsi la locution latine : *stare in judicio.*.

Le Code l'a conservée dans son article 215, bien que ce fût une expression assez singulière et une traduction plus singulière encore. Car, ainsi que le remarque M. Demolombe, IV, 122, le mot *judicium*, dans la langue du droit romain, veut dire *instance* et non *jugement*. C'est le mot *sententia* qui exprime l'idée d'une décision judiciaire.

La femme est incapable de figurer comme partie dans un procès. En matière civile, cette règle est absolue : elle ne souffre aucune exception.

Il en est autrement en matière criminelle, correctionnelle ou de police, en un mot devant les tribunaux de justice répressive. Il faut alors faire une distinction selon que la femme est demanderesse ou défenderesse.

1. Elle est incapable de plaider sans autorisation comme demanderesse même devant les tribunaux de justice répressive. L'ancien droit variait sur ce point. Pothier était déjà de cet avis, bien que la Coutume d'Orléans (art. 200), assimilant la demande à la défense, permît aux femmes mariées de *poursuivre* sans autorisation en matière de grand ou de petit criminel, *Puissance du mari,* n°s 64 et 65. Plusieurs autres Coutumes l'admettaient également. Il me semble qu'une fois admise en principe la nécessité de l'au-

torisation pour ester en jugement, on doit approuver, comme plus logique, la disposition des Coutumes qui, tout en permettant à la femme de défendre au criminel sans autorisation, ne lui permettaient pas de poursuivre. Telle était, entre autres, celle de Poitou, art. 226. Vaslin disait avec raison, *sur la Rochelle*, art. 22, n° 43 : « Lorsqu'une femme est accusée, qu'elle soit innocente ou coupable, il est naturel qu'elle ait le droit de se défendre. Au lieu que, lorsqu'elle se plaint, il n'est pas sûr qu'elle ait raison ; il convient donc que pour agir elle soit autorisée de son mari ou de la justice. » Néanmoins la Coutume de Paris étant muette sur cette question, il paraît que la jurisprudence s'était fixée dans le sens de l'assimilation entre la poursuite et la défense. Quoi qu'il en soit, le Code ne l'a point suivie. Dans son article 216, il n'excepte que la défense de la nécessité de l'autorisation. L'attaque reste donc dans la règle posée par l'art. 215. On ne saurait en douter aujourd'hui. Merlin, *Répert.*, V° *Autorisation maritale*, § 7, n° 18. Dalloz, *Alphab.*, V° *Mariage*, t. X, p. 130, n° 14. Demolombe, IV, 140. Marcadé, sur l'art. 216. Crim. cass., 1er juillet 1808. Sir., 8, 1, 528.

2. Lorsque la femme est défenderesse, elle peut, au contraire, plaider sans autorisation devant les tribunaux de justice répressive (Art. 216). Il n'y a pas à distinguer si la poursuite est dirigée contre elle par le ministère public ou formée par la partie civile. Ce point toutefois est controversé. Je l'établirai au § 11, en traitant des cas où la femme n'a pas besoin d'autorisation.

Revenons aux procès en matière civile. J'ai dit qu'à cet égard la nécessité de l'autorisation est sans exception. Elle existe en effet:

1° Sous quelque régime que la femme soit mariée.

2° Quand même la femme serait marchande publique.

3° Dans quelque espèce de procès que ce soit.

4° Quel que soit le rôle joué par la femme dans l'instance.

5° Quelque soit l'adversaire de la femme.

Et 6° A quelque époque que le procès ait été engagé.

1. Sous quelque régime que la femme soit mariée, elle ne peut ester en jugement sans autorisation. L'art. 215 l'exprime en ces termes: *Quand même elle serait... non commune ou séparée de biens*. *Non commune* fait allusion à la femme mariée sous le régime exclusif de communauté, appelé aussi régime sans communauté, dont il est spécialement question aux art. 1530 à 1535. Le mot *même* appliqué à la femme *non commune* est un véritable non-sens. Car, une fois établi que la femme commune ne peut pas ester en jugement, il est évident que personne ne s'avisera de prétendre que la femme non commune en ait la capacité. Mais il se comprend lorsqu'on l'applique à la femme *séparée de biens*. Comme elle jouit de la libre administration de ses biens (art. 1449), on aurait pu croire qu'elle pouvait sans autorisation ester en jugement en ce qui concernait cette administration. D'autant plus que cette faculté lui était déjà reconnue dans l'ancien droit. V. l'art. 224 de

la Coutume de Paris. Ce que Pothier trouvait tout naturel : « C'est, disait-il, *Puissance du mari*, n° 62, une suite de ce pouvoir (d'administrer) que la femme puisse donner les demandes qui concernent cette jouissance, et y défendre, sans le consentement de son mari, qui n'y a aucun intérêt. » Les rédacteurs du Code en ont jugé autrement : ils n'ont point regardé l'action de plaider comme un acte d'administration. Ils ont considéré le mari comme ayant toujours un intérêt moral à ce que la femme ne s'engage point à son insu dans un procès. La célérité que demande une bonne administration s'accorderait mal, sans doute, avec la nécessité d'une autorisation qui devrait être renouvelée à chaque instant. Il n'est, au contraire, jamais désirable de se jeter avec trop de précipitation dans un procès.

2. Quand même la femme serait marchande publique, elle ne peut ester en jugement sans y être autorisée. L'art. 215 le porte en termes exprès. L'autorisation que le mari donne à sa femme d'être commerçante permet bien à celle-ci de faire, sans recourir à une nouvelle et spéciale autorisation, un grand nombre d'actes pour lesquels une autorisation spéciale est d'ordinaire indispensable. Mais l'étendue de l'autorisation de faire le commerce ne va pas jusqu'à lui permettre de soutenir sans autorisation les procès auxquels les affaires de son négoce pourraient donner lui. On retrouve ici les mêmes raisons qui ont fait également refuser cette capacité à la femme séparée de biens. Il y avait cependant autrefois quelques Coutumes qui donnaient aux femmes marchandes publiques le pouvoir d'intenter sans

autorisation les demandes relatives à leur commerce, et d'y défendre. Telles étaient celles de Dourdan, tit. 6, art. 80, et de Mantes, art. 125. Si, comme nous venons de le voir, Pothier approuvait les coutumes qui donnaient à la femme séparée la faculté d'ester en jugement, il en blâme l'extension à la femme commerçante, et il décide qu'elle ne doit point être admise sous l'empire des coutumes qui ne la lui ont pas formellement reconnue. Il en donne pour raison, *loc. cit.*, que c'est pour son compte particulier que la femme séparée jouit de ses biens, tandis qu'au contraire la femme marchande publique exerce son commerce pour le compte de la communauté.

3. Dans quelque espèce de procès que ce soit, et devant quelque tribunal que l'instance soit engagée, la femme ne peut plaider sans autorisation. Voici quelques applications de ce principe.

a. La femme ne peut, sans autorisation, former une demande en séparation de corps (art. 878, Proc.), ou en séparation de biens (art. 865 du même Code). Ce qui ne saurait être douteux, puisque la séparation, même prononcée, n'a point pour effet de permettre à la femme d'ester en jugement sans autorisation. D'ailleurs quand même elle aurait cet effet, ce ne serait pas, en bonne logique, la simple demande qui pourrait relever la femme de son incapacité. Seulement il est bien évident que ce n'est pas le mari qui autorisera dans un cas pareil. Ce ne sera pas même le tribunal entier, comme cela doit avoir lieu dans tous les cas où l'autorisation émane de la justice. Il suffit exceptionnellement alors d'une autorisation donnée par le président du tribunal seul. Ce magistrat ne peut même point la refuser à la femme. La loi le décide elle-même en matière de séparation de corps ; et c'est un point généralement admis, bien qu'avec plus de difficulté, en matière de séparation de biens. Chauveau sur Carré, *Les Lois de la Procédure civile*, t. VI, quest. 3430 quater. *Observations* de Gilbert, Sirey, 44, 2, 563. Aussi peut-on dire que cette autorisation n'est que de pure forme. Valette sur Proudhon, t. I, p. 456, note *a*. — Remarquons, en passant, que la femme n'a besoin d'aucune autorisation pour présenter au président du tribunal la requête par laquelle elle prie ce magistrat de l'autoriser à former sa demande en séparation. C'est un point sur lequel je reviendrai au § 11.

b. Alors même qu'elle exerce une action que lui donne la loi, la femme doit être autorisée pour ester en jugement. Par exemple, lorsqu'en vertu des art. 490 et 513, elle provoque l'interdiction de son mari ou demande qu'il lui soit nommé un conseil judiciaire. On pourrait en douter, par cette raison que la loi, en accordant une action à la femme, doit être censée l'autoriser suffisamment et par cela seul à l'exercer. Mais cette raison n'est pas décisive. La règle de l'art. 215 est posée en termes absolus. D'ailleurs elle pourrait être ici fort utile et prévenir une poursuite téméraire et regrettable. Merlin, *Rép.*, v°*Autor. marit.*, sect. 7, n° 16. Demolombe, IV, 126. Deux arrêts ont implicitement reconnu, pour le cas qui nous occupe, la nécessité d'une autorisation : Rouen, 16 floréal, an XIII. Sir., 5, 2, 113. Toulouse, 8 février 1823. Sir., 23, 2, 13. Seulement, ils ont jugé, et avec raison, ce me semble, que l'autorisation d'ester en jugement résultait suffisamment de l'autorisation que la justice aurait déjà donnée à la femme de convoquer le conseil de famille et de citer son mari défendeur en interdiction.

Sans doute ce ne sera pas le mari lui-même qui, le plus souvent, autorisera la femme dans un cas pareil ; ce sera la justice. S'il arrivait cependant que le mari autorisât, rien n'empêcherait de regarder même ici son autorisation comme suffisante. Et c'est une hypothèse qu'il n'est pas impossible ni absurde de proposer. On a bien prévu qu'un homme, habituellement dans un état d'aliénation mentale, pourrait avoir, dans des intervalles lucides, conscience de cet état, et vouloir profiter de cet éclair de raison pour demander à la justice des garanties contre lui-même. On a décidé qu'il ne devait pas être reçu à provoquer lui-même son interdiction, par la raison « qu'une addition aussi notable aux règles tracées par le Code civil sur la matière de l'interdiction, était trop difficile à admettre. » Valette sur Proudhon, t. II, p. 521. Mais si, dans un intervalle lucide de ce genre, un mari autorisait sa femme à provoquer son interdiction, je n'aperçois aucune raison de ne pas considérer cette autorisation comme bonne et valable.

c. Dans l'hypothèse inverse, lorsque c'est au contraire la femme dont l'interdiction est provoquée, ou que l'on veut faire pourvoir d'un conseil judiciaire, elle ne peut pas figurer comme défenderesse sans y être dûment autorisée. Il est bien entendu que si c'est le mari lui-même qui provoque cette interdiction ou cette nomination de conseil judiciaire, la femme pourra plaider en défendant sans s'y faire davantage autoriser, car elle l'est suffisamment, et par cela seul que son mari se constitue demandeur contre elle. Mais il est hors de doute que si la demande est formée par les parents de la femme, celle-ci doive être autorisée pour y défendre valablement. Merlin, *Rép.*, *Additions*, t. XVI, v° *Aut. marit.*, sect. 7, n° 18 *bis*. Demolombe, IV, 125. Un arrêt de cassation, du 9 janvier 1822, Sir., 22, 1, 156, a reconnu ce principe et a décidé que le mari était recevable à attaquer par voie de tierce-opposition le jugement d'interdiction rendu contre sa femme non autorisée.

d. Enfin, lors même que la femme demande la nullité de son propre mariage, elle ne peut agir sans l'autorisation de son mari ou de la justice. Cette solution peut sembler, au premier abord, rigoureuse et même singulière. Ne pourrait-on pas dire qu'il est contradictoire d'exiger ici que la femme procède comme femme mariée, de la contraindre à subir les conséquences d'un acte juridique qu'elle prétend précisément ne pas remplir les conditions auxquelles la loi subordonne sa validité? Un examen attentif montre bientôt que cette argumentation n'est pas concluante. Car la femme reconnaît implicitement qu'elle est mariée de fait, par cela seul qu'elle prétend ne pas être mariée de droit. Or il n'en faut pas davantage pour la soumettre à l'application des articles 215 et 218. Le mariage subsiste avec tous ses effets jusqu'à ce qu'il soit annulé. Cette doctrine est, sauf quelques dissidences, généralement admise par les auteurs : Merlin, *Rép.*, t. XVI. *Additions*, v° *Ma-*

riage, sect. 6, § 2. Demolombe, IV, 127. Elle a de plus été consacrée par la jurisprudence constante de de la cour de Cassation : Civ. cass., 21 janvier 1845. Sir. 45, 1, 366. Req. rej., 10 février 1851. Sir. 51, 1, 202. Civ. cass., 19 mai 1858. Sir. 58, 1, 720. J'appelle cette jurisprudence constante, bien qu'un arrêt du 30 août 1824, Sir. 24, 1, 360, contienne dans ses motifs une proposition directement contraire. Mais les circonstances dans lesquelles il est intervenu justifient, au fond, la décision rendue par cet arrêt. Un mari formait contre sa femme une demande en réintégration de domicile conjugal, et c'est comme moyen de défense que la femme opposait reconventionnellement la nullité même du mariage. Or il est de principe que le mari qui actionne sa femme l'autorise par cela seul à se défendre et à proposer en conséquence même des demandes reconventionnelles. V. *Observations* de Gilbert sur l'arrêt de 1845 précité. Il y a plus : la question qui nous occupe était tout à fait accessoire dans l'espèce soumise alors à la cour, et presque perdue dans une question de compétence d'officier de l'état civil. On ne peut donc faire sonner bien haut, pour la solution de notre question, cet arrêt de 1824, auquel la cour de cassation n'a jamais cessé depuis de donner un démenti, toutes les fois que son attention a été particulièrement appelée sur la question d'autorisation, et que la femme jouait le rôle de demanderesse principale.

Il va de soi qu'ici l'autorisation ne sera pas de pure forme, comme en matière de séparation, où le juge ne peut pas la refuser. La loi ne pose aucune

limite au droit d'examen des tribunaux, relativement
à l'autorisation qu'ils auraient à accorder en matière
de nullité de mariage. Le cas reste donc sous l'empire
de l'art. 218, suivant lequel le juge *peut* accorder
l'autorisation, ce qui suppose le droit de la refuser.
Il n'est pas à craindre d'ailleurs que les tribunaux
refusent légèrement à la femme l'autorisation de demander la nullité de son mariage. Ils l'accorderont
dès que le moindre doute pourra se présenter, mais
ils pourront et devront même la refuser, si la demande de la femme était manifestemént déraisonnable, scandaleuse et contraire à ses véritables intérêts. V. l'arrêt précité du 10 février 1851. Sir., 51,
1, 202.

Avant de clore les développements relatifs à l'incapacité d'ester en jugement dans quelque instance et devant quelque tribunal que ce soit, je ferai
remarquer qu'il est certain et hors de controverse
que la femme doit être autorisée pour chaque degré
de juridiction, en appel donc aussi bien qu'en première instance, pour se pourvoir en cassation comme
pour former une requête civile. Mais il est très-controversé de savoir si l'autorisation donnée pour comparaître devant tel tribunal implique autorisation
pour comparaître devant tel autre. Je ne traite point
ici cette question, qui se présentera naturellement
lorsque j'étudierai comment on doit interpréter l'autorisation une fois donnée. (*Infra* § 25.)

4. Quel que soit le rôle joué par la femme dans le
procès, c'est-à-dire, soit qu'elle figure comme demanderesse, soit qu'elle plaide comme défenderesse,
la nécessité de l'autorisation est la même en matière

civile. Mais, si le principe ne varie pas, il en est autrement de ses applications, et je montrerai, aux §§ 21, 22, 25 et 33, qu'il importe de ne pas confondre le cas où la femme demande et celui où elle défend, en ce qui concerne : la compétence du tribunal, la manière dont l'autorisation doit être accordée, les effets de l'autorisation et les effets du défaut d'autorisation.

5. Quel que soit l'adversaire de la femme, elle ne peut plaider sans autorisation. Cette proposition ne peut paraître douteuse que lorsque la femme a précisément son mari pour adversaire. Or, même dans ce cas, l'autorisation lui est nécessaire; seulement, si c'est le mari qui joue le rôle de demandeur, l'autorisation est implicite et virtuelle, la femme, par cela seul, est autorisée à défendre. Ce principe, que j'ai déjà plusieurs fois rappelé dans le cours de ce paragraphe, est universellement reconnu en doctrine et en jurisprudence. V., entre autres, Merlin, *Rép.*, t. XVI, *Additions*, v° *Aut. marit.*, sect. 7, n° 16. Demolombe, IV, 138. Nancy, 24 avril 1811. Sir. 12, 2, 443. Colmar, 14 janvier 1812. Sir. 12, 2, 442.

6. A quelque époque que le procès ait été engagé, la femme ne peut y figurer sans autorisation. Ainsi, lorsqu'une instance est liée, soit avec une fille qui se marie, soit avec une veuve qui se remarie, pendant le cours du procès, elle ne peut plus être continuée valablement jusqu'à ce qu'elle ait été reprise par le mari, ou que, sur le refus du mari de reprendre l'instance, la femme ait été autorisée par justice à continuer sa poursuite ou sa défense. Pothier, *Puissance du mari*, n° 56.

La femme ne peut pas davantage, si un jugement ou un arrêt a été rendu à son profit ou contre elle, plaider sans autorisation, soit en appel, soit en cassation, relativement à ce jugement ou à cet arrêt. Civ. cass., 7 août 1815. Sir. 15, 1, 346, pour l'appel. Civ. rej., 7 octobre 1811. Sir. 12, 1, 10. Civ. cass., 5 mai 1834. Sir. 34, 1, 403. Civ. cass., 23 novembre 1836. Sir. 37, 1, 31. Civ. cass., 30 mars 1841. Sir. 41, 1, 349, pour le pourvoi en cassation.

Les principes que je viens d'exposer reçoivent cependant quelques restrictions d'après les règles du Code de procédure sur les reprises d'instances. Ces restrictions consistent : 1° En ce que, si l'affaire est ce qu'on appelle *en état*, le jugement ne sera pas différé par le mariage de la fille ou veuve devenue femme (art. 342, C. de proc.). L'article suivant (343) détermine à quelle phase de la procédure une affaire est en état. Il donne lieu à des difficultés qu'il n'entre point dans mon sujet d'examiner.

2° En ce que, lors même que l'affaire n'est pas en état, les procédures peuvent être continuées avec la femme non autorisée, tant que son mariage n'est pas notifié à la partie adverse (art. 345, C. de proc.) Req. rej. 10 déc. 1812. Sir. 14, 1, 196.

Il convient donc de distinguer le cas où la fille se marie tandis que son procès est pendant devant une juridiction quelconque, du cas où le mariage intervient entre l'une des périodes du procès, c'est-à-dire, soit après le jugement de première instance, mais avant l'appel, soit après l'arrêt d'appel, mais avant le pourvoi en cassation. Dans le premier cas, tant que le mariage n'est pas notifié à la partie adverse, la procédure est valablement continuée. Dans le second, au contraire, l'adversaire de la femme, lors même que le mariage ne lui serait pas notifié, ne peut valablement procéder avec elle que si elle est régulièrement autorisée. Il s'agit de commencer alors une nouvelle instance. C'est à lui de s'assurer de l'état et de la capacité de celle avec qui il plaide. Toutefois la cour de cassation a déclaré recevable un appel dirigé contre une femme mariée non autorisée, en raison de l'ignorance où la partie adverse s'était trouvée du changement d'état de la femme. Mais il faut remarquer que, dans l'espèce sur laquelle la cour a statué, l'adversaire avait été induit en erreur par le fait de la femme elle-même. Req. rej. 17 août 1831. Sir. 31, 1, 319.

§ 7. DE L'INCAPACITÉ D'ACQUÉRIR.

La femme mariée ne peut, sans autorisation, faire aucune acquisition de meubles ni d'immeubles, à titre gratuit ou à titre onéreux.

Tel est le principe consacré par l'art. 217, ainsi conçu : *La femme, même non commune ou séparée de biens, ne peut..... acquérir, à titre gratuit ou onéreux, sans le concours du mari dans l'acte ou son consentement par écrit.* Le mot *même* ne se comprend qu'autant qu'on l'applique à la femme *séparée.* Il n'a point de sens quant à la femme *non commune.* C'est une observation exactement semblable à celle que suggère déjà la rédaction analogue de l'art. 215.

A. La femme mariée est incapable d'acquérir à

titre gratuit sans autorisation. Cette incapacité est
conçue dans un esprit à la fois de défiance et de protection. D'un côté, la loi veut que le mari connaisse
et approuve les libéralités faites à sa femme. D'un
autre côté, l'acquisition, sans perdre son caractère
d'acquisition à titre gratuit, peut entraîner des
charges. Ainsi la donation entre-vifs est quelquefois
soumise à des conditions plus ou moins onéreuses.
Ainsi encore et surtout, la succession offerte à la
femme peut être grevée de dettes : l'acceptation irré-
fléchie serait souvent très-préjudiciable.

Du principe général que la femme ne peut acquérir à titre gratuit, on trouve des applications spéciales :

1° Dans l'art. 776, relativement à l'acceptation
des successions proprement dites ou légitimes.

2° Dans l'art. 934, relativement à l'acceptation
des donations entre-vifs. J'étudierai, au § 32, quelle
est précisément la portée de cet article, combiné avec
les art. 938 et 225, et quels sont les effets du défaut
d'autorisation en matière d'acceptation de donations.
C'est un point très-controversé.

Aucune disposition semblable à celle des art. 776
et 934 ne rappelle particulièrement l'incapacité de
la femme mariée, quant à l'acceptation des legs ou
successions testamentaires. Mais elle résulte suffisamment de l'art. 217, dont les expressions générales rendaient même inutile la disposition des
art. 776 et 934.

L'incapacité d'acquérir à titre gratuit est la même,
sous quelque régime que la femme soit mariée. Les
conventions matrimoniales ne peuvent y apporter

aucune dérogation. L'art. 217 nous avertit de ne point excepter de cette règle la femme séparée de biens. Il ne faut pas même en excepter la femme séparée de corps. Il est également hors de doute qu'on ne doit plus admettre aujourd'hui que la femme mariée sous le régime dotal puisse, sans autorisation, recevoir un bien qui lui serait donné pour lui tenir lieu de paraphernal. Notre article 217 ne contient aucune distinction semblable à celle qui se trouvait dans l'article 9 de l'ordonnance de 1731, *sur les Donations.*

B. La femme mariée est incapable d'acquérir à titre onéreux. C'est ainsi qu'elle ne peut ni acheter, ni échanger, ni recevoir de payement. Elle ne saurait acquérir à titre onéreux sans donner un équivalent; or elle ne peut précisément donner cet équivalent sans y être autorisée, puisqu'elle est également incapable d'aliéner et de s'obliger sans autorisation, comme je le montrerai aux §§ 8 et 10.

Aucune distinction n'est à faire ici entre les meubles et les immeubles. La femme est aussi incapable d'acquérir les premiers que les seconds. Cette proposition ne souffre pas en droit la moindre difficulté. Cependant elle paraît, au premier abord, contraire à ce qui se passe habituellement sous nos yeux. Ne voit-on pas tous les jours des femmes mariées acheter cent objets divers? Ces achats seraient-ils donc réprouvés par la loi? Non, sans doute; ils sont, en général, parfaitement valables. Mais c'est par une raison tout à fait étrangère à la capacité de la femme mariée. C'est parce que le mari est censé donner à sa femme le pouvoir de faire ces acquisitions. Il ne s'agit plus alors d'*autorisation*, mais bien de *procuration ou de mandat.* La femme n'agit point en son nom, elle n'acquiert pas, elle ne s'oblige pas ; elle agit au nom de son mari qui seul acquiert et qui seul devient obligé. Tel est du moins le principe général : mais il peut s'élever sur les limites et les effets de ce pouvoir des questions que je n'ai point à examiner ici ; elles n'ont aucun trait à la théorie de l'incapacité de la femme mariée.

L'incapacité d'acquérir à titre onéreux est en principe indépendante du régime adopté par les époux. Toutefois elle ne conserve pas toujours une rigueur aussi absolue que l'incapacité d'acquérir à titre gratuit. En effet, malgré la généralité de ces termes de l'art. 217 : « *La femme,... même séparée de biens, ne peut acquérir à titre onéreux,.....* il faut admettre que la femme séparée de biens peut, dans une certaine limite, acquérir sans autorisation, soit des meubles, soit même des immeubles. Cette limite est celle-ci : lorsque l'acquisition rentre dans la sphère d'une libre administration. Je donnerai, au § 12 ci-dessous, les développements nécessaires sur ce point assez délicat, que je ne fais ici qu'indiquer.

§ 8. DE L'INCAPACITÉ D'ALIÉNER.

La femme mariée est incapable d'aliéner sans autorisation. Tel est le principe : *La femme,.....* dit l'art. 217, *ne peut donner, aliéner....... sans le concours du mari dans l'acte ou son consentement par écrit.* Pour en bien saisir la portée, il convient de distinguer trois classes d'aliénations :

1° Les aliénations à titre gratuit, ou donations entre-vifs, soit de meubles, soit d'immeubles.

2° Les aliénations, à titre onéreux, d'immeubles.

3° Enfin, les aliénations, à titre onéreux, de meubles.

Les deux premières classes d'aliénations ne peuvent jamais être faites, sans autorisation, par une femme mariée, quels que soient le régime de ses biens et les stipulations de son contrat de mariage. La troisième, au contraire, est valablement faite par la femme séparée de biens lorsqu'elle constitue un acte d'administration.

I. ALIÉNATIONS A TITRE GRATUIT OU DONATIONS. La femme mariée ne peut faire sans autorisation aucune donation entre-vifs. (Elle peut, au contraire, faire son testament sans avoir besoin d'aucune autorisation, art. 226.) L'incapacité de donner entre-vifs s'applique aux meubles comme aux immeubles, quand même la femme serait séparée de biens ou mariée sous le régime dotal avec des paraphernaux.

Personne n'a songé à contester ce principe quant aux *donations d'immeubles*. Mais on a prétendu que la femme séparée de biens pouvait faire sans autorisation une *donation de meubles*, parce que l'art. 1449, al. 2, lui permet de *disposer de son mobilier et de l'aliéner*. En ce sens, Delvincourt, t. II, p. 58, note 16. Cette opinion doit évidemment être rejetée. Demolombe, IV, 150. Aubry et Rau, d'après Zachariæ, 3ᵉ éd., t. V, § 648, note 19. En effet, le texte des art. 217 et 905 s'y opposent manifestement, et l'argument tiré de l'art. 1449, al. 2, ne peut pas se soutenir. On s'accorde à reconnaître aujourd'hui que la disposition du deuxième alinéa de l'art. 1449 doit être interprétée par celle du premier alinéa de ce même article. D'où il résulte que la faculté d'aliéner son mobilier , donnée à la femme séparée par le deuxième alinéa de l'art. 1449 n'est point absolue, mais qu'elle comprend seulement les aliénations rentrant dans le cercle de la libre administration qui lui est conférée par le premier alinéa. Or une *donation* n'est jamais un *acte d'administration*. La cour de Paris l'a reconnu dans un arrêt du 28 juin 1851. Sir. 51, 2, 337. Elle a décidé, avec raison, que la donation d'un capital mobilier faite par une femme séparée, sans l'autorisation de son mari, était une donation nulle. Il s'agissait, dans l'espèce, d'un don manuel et d'une mère qui faisait donation à sa fille. Deux circonstances qui ne diminuaient en rien la nécessité de l'autorisation maritale.

Le même arrêt avait à juger une autre question plus délicate : celle de savoir si la femme séparée peut au moins donner, sans autorisation, non pas un capital, mais une portion de ses revenus, à mesure qu'elle les touche et avant qu'ils s'accumulent dans ses mains de manière à devenir eux-mêmes un véritable capital. Je crois que la question, posée en principe, doit être résolue négativement. L'arrêt de Paris précité contient, il est vrai, une solution contraire; mais elle s'explique par les circonstances toutes particulières de la cause. On peut seulement trouver que cet arrêt va un peu loin dans quelques-uns de 'ses motifs, et penser qu'il eût été bon de donner une place plus saillante à cette restriction qui se rencontre plus tard dans les termes mêmes de l'arrêt : « sans entendre aucunement préjuger la question en thèse générale et d'une manière absolue. »

La manière dont s'exprime M. Troplong, *Donations*, t. II, n° 594, ne me paraît pas à l'abri de toute critique. « La femme, dit-il, peut donner des portions de ses revenus sans l'autorisation maritale, pourvu que ce soient des dons modiques ne dépassant pas le cercle de l'administration. » Il ne me semble pas qu'une donation, même modique, puisse jamais constituer précisément un acte d'administration. Je dirais seulement que la femme séparée peut faire sans autorisation certains cadeaux ou présents de peu d'importance, qui se prélèvent sur les revenus et que l'usage commande ou autorise dans les différentes circonstances de la vie. En un mot, j'appliquerais ici, par analogie, l'art. 852, permettant à la femme de faire sans autorisation les présents d'usage, du genre de ceux qui ne sont point soumis au rapport.

Du principe que la femme ne peut pas faire de donation entre-vifs, il résulte qu'elle ne peut pas faire d'institution contractuelle sans y être autorisée. Il n'y a point, il est vrai, de disposition de loi qui le lui interdise formellement ; mais c'est une règle généralement admise, que l'institution contractuelle requiert dans le disposant la même capacité que celle qui est exigée pour la donation entre-vifs. La capacité de tester ne suffit point. Aubry et Rau, t. VI, § 739, note 16. Troplong, *Donations*, t. IV, n°ˢ 2368 et 2571. Grenier, *Donations*, t. II, n° 431, professe également cette doctrine ; il est cependant cité par MM. Aubry et Rau comme étendant à tort aux institutions contractuelles l'exception que les art. 226 et 905 établissent pour les testaments. Il est vrai que Grenier dit (aux derniers mots de son n° 431) : « On sent au moins qu'il est prudent de suivre cette formalité » (de l'autorisation). Mais ce même auteur s'exprime bien plus fortement quelques lignes plus haut : « La femme, dit-il, doit être autorisée. Elle ne peut avoir plus de capacité à cet égard que la loi ne lui en donne pour tous les cas où elle peut aliéner et disposer. » Après des termes si formels, ce n'est pas sa petite réflexion de la fin qui peut le faire considérer comme soutenant une opinion contraire.

II. Aliénations a titre onéreux de biens immeubles. La femme mariée est incapable de faire sans autorisation aucune aliénation d'immeubles, même à titre onéreux, sous quelque régime qu'elle soit mariée. L'art. 217 pose la règle, et l'art. 1538 la corrobore singulièrement. « *Dans aucun cas*, porte-t-il, *ni à la faveur d'aucune stipulation, la femme ne peut aliéner les immeubles sans le consentement spécial de son mari, ou à son refus, sans être autorisée par justice.* » Elle ne peut donc ni vendre ses immeubles, ni les échanger, ni constituer de servitude, ni consentir d'usufruit. Tous ces actes sont des aliénations. La cour de Cassation a jugé qu'elle ne pouvait pas davantage donner à antichrèse l'usufruit d'un immeuble. Req. rej. 22 nov. 1841, Sir. 42, 1, 48.

Lors même qu'il s'agirait d'un immeuble acquis par une femme séparée de biens avec les économies qu'elle aurait faites sur ses revenus, ou par une femme marchande publique avec les bénéfices qu'elle aurait réalisés dans son commerce, il ne pourrait pas être aliéné sans autorisation. La rédaction des art. 217 et 1535 est trop absolue pour qu'on puisse admettre cette exception. Demolombe, IV, 152. repousse l'objection qu'on pourrait faire, que la femme ayant le droit de disposer de ces économies et de ces bénéfices, doit avoir le droit de disposer de ce qui en provient. « Ce n'est pas l'encourager, dit-il, à les prodiguer et à les dépenser; c'est au contraire récompenser son esprit d'ordre en assurant des garanties de conservation à ce que ses économies ont produit. » Cette décision d'ailleurs est analogue à celle que l'on donne généralement en ce qui concerne le mineur émancipé, qui peut bien toucher ses revenus sans l'assistance de son curateur, mais qui ne peut, sans cette assistance, aliéner les immeubles qui proviendraient des économies faites par lui sur ces mêmes revenus. Proudhon, t. II, p. 433. Voy. cep. en sens contraire, quant à la femme mariée : req. rej., 8 sept. 1814. Sir., 15, 1, 39.

III. ALIÉNATIONS MOBILIÈRES A TITRE ONÉREUX. Ici l'incapacité n'est plus invariable; elle ne se trouve pas sous tous les régimes. On peut encore dire cependant qu'elle forme la règle, et que c'est seulement par exception que la femme peut, sans y être autorisée, aliéner à titre onéreux ses biens mobiliers. Pour qu'elle le puisse, il faut que l'administration de tout ou partie de ses biens lui appartienne. Peu importe d'ailleurs comment cette administration lui est acquise : soit par l'effet d'une séparation de biens judiciaire (art. 1449), soit par l'adoption du régime de séparation de biens contractuelle (art. 1536), soit par l'admission du régime dotal avec des biens paraphernaux (art. 1576), soit enfin dans tout autre régime, par l'insertion au contrat de mariage d'une clause portant que la femme se réserve l'administration et la jouissance de certains de ses biens personnels (on trouve dans l'art. 1534 l'exemple d'une clause de ce genre). Le droit d'administration, conféré à la femme dans tous ces cas, entraîne comme conséquence le droit de disposer de son mobilier et de l'aliéner à titre onéreux. C'est un point sur lequel je reviendrai au § 12, en traitant spécialement de la capacité de la femme séparée de biens.

Hors les cas où la femme mariée jouit ainsi du droit d'administrer sa fortune particulière en tout ou en partie, elle ne peut valablement aliéner son mobilier à titre onéreux que si elle y est autorisée par son mari ou par justice. C'est, je le répète, ce qui arrive le plus souvent, ce que l'on peut considérer comme formant le droit commun. Car la séparation de biens et le régime dotal sont regardés par le Code comme exceptionnels, et dans le régime de communauté, il n'est point fréquent de rencontrer au contrat des clauses conférant à la femme le droit d'administrer seule une partie de ses biens.

Je n'ai point parlé dans ce paragraphe de la disposition de l'art. 7 du Code de commerce, d'après lequel la femme autorisée à faire le commerce peut aliéner non-seulement ses meubles, mais encore ses immeubles, sans une nouvelle et spéciale autorisation. Cet article ne contient véritablement pas une exception à la nécessité de l'autorisation. Il déroge seulement au principe de la spécialité posé pa

l'art. 223 et reproduit dans l'art. 1518. (Voy. le
§ 17 ci-dessous.)

§ 9. DE L'INCAPACITÉ D'HYPOTHÉQUER.

La femme ne peut jamais valablement hypothéquer ses immeubles sans autorisation, quel que soit
le régime sous lequel elle se trouve mariée. L'art. 217
le déclare en termes formels. Cette incapacité d'ailleurs découlait déjà de la précédente, car, d'après
l'art. 2124, l'hypothèque ne peut être consentie que
par ceux qui ont la capacité d'aliéner les immeubles
qu'ils y soumettent.

L'hypothèque ne pourrait pas être constituée par
une femme jouissant de l'administration de tout ou
partie de ses biens, relativement à des obligations
contractées pour cause de cette administration.
Autre chose est administrer et contracter à cet effet
de simples engagements, autre chose est hypothéquer. Demolombe, IV, 162. L'opinion contraire devrait être admise par ceux qui, comme Toullier, II,
1298, soutiennent que la validité de l'hypothèque
dépend uniquement de la validité de l'obligation
principale. Mais c'est un système qui me paraît
inadmissible en présence de l'art. 2124 combiné avec
les art. 217 et 1449, 3ᵉ al.

L'art. 7 du Code de Commerce contient seulement
une exception au principe de la spécialité, et non à
celui de la nécessité de l'autorisation, en disposant
que la femme marchande publique peut hypothéquer ses immeubles.

§ 10. DE L'INCAPACITÉ DE S'OBLIGER.

Il n'est pas douteux que la femme mariée ne soit incapable de s'obliger sans autorisation dans le régime de communauté, dans le régime exclusif de communauté et dans le régime dotal, en ce qui concerne les biens dotaux, en un mot, et plus généralement, dans tous les cas où elle est incapable d'aliéner aucun de ses biens. L'incapacité d'aliéner entraîne nécessairement l'incapacité de s'obliger, la femme ne pouvant conférer à des créanciers le droit de faire vendre ses biens, alors qu'elle n'a point elle-même ce droit.

D'un autre côté il est également certain que, lorsque la femme peut aliéner quelqu'un de ses biens, elle peut, dans la même mesure, s'obliger sur ce bien. Or la femme séparée de biens (ou se trouvant dans une des situations analogues indiquées au § 8, III, ci-dessus), peut aliéner son mobilier : par conséquent elle peut aussi s'obliger sans autorisation. Mais dans quelle limite peut-elle *aliéner* ses biens immeubles ? Dans quelle mesure peut-elle *s'obliger* sur ses biens mobiliers ? Voilà deux questions intimement liées l'une à l'autre, et toutes deux fort délicates et très-controversées. Les développements qu'elles méritent viendront plus naturellement au § 12, consacré à la capacité de la femme séparée de biens. Voici seulement l'indication de la solution que j'y établirai : la femme séparée de biens ne peut *ni aliéner* son mobilier, *ni s'obliger* sur ce mobilier *d'une manière indéfinie*. L'aliénation et l'obligation, consenties par elle sans autorisation, ne sont vala-

bles qu'autant qu'elles constituent *des actes d'administration*.

§ 11. DE LA CAPACITÉ QUE LA FEMME CONSERVE DANS TOUS LES RÉGIMES.

Ou des actes qu'elle peut toujours faire sans autorisation.

Quoique le principe de l'incapacité de la femme mariée ait, comme je viens de le voir, une portée considérable, il doit cependant céder le pas à un autre principe encore plus général, savoir, que les incapacités sont de droit étroit, et qu'il ne faut point les étendre au delà des limites qui leur sont tracées par la loi. Ce principe général est de toutes les législations et de tous les temps. Il n'aurait même pas besoin d'être écrit dans notre droit positif pour être universellement admis. Il s'y trouve cependant proclamé. Non-seulement le code Nap. l'a reconnu en thèse générale dans l'art. 1123, mais encore il l'a spécialement appliqué aux femmes mariées, dans l'art. 1124. Voici les dispositions de ces deux articles : « *Toute personne peut contracter, si elle n'en est pas déclarée incapable par la loi.* » (Art. 1123.) « *Les incapables de contracter sont.... les femmes mariées,* DANS LES CAS EXPRIMÉS PAR LA LOI. » Ces articles se trouvent placés dans la matière des *contrats ou des obligations conventionnelles ;* mais leur disposition est de telle nature qu'elle doit, sans contredit, s'appliquer à tous actes juridiques quelconques, lors même que ces actes ne constitueraient point proprement un contrat.

Pour la femme mariée, comme pour tout autre,

la capacité est donc la règle, l'incapacité l'exception. Cette exception sans doute est fort étendue. Car, en vertu des art. 215 et suivants, elle ne peut ni ester en jugement, ni acquérir, ni aliéner, ni hypothéquer, ni s'obliger, sans autorisation. Mais il ne faut point l'étendre encore : hors ces cas, elle est capable. D'où il suit qu'elle peut, sans autorisation, faire tout acte quelconque, pourvu que cet acte ne renferme ni acquisition, ni aliénation, ni constitution d'hypothèque, ni obligation, et que, par cet acte, la femme ne figure point dans un procès.

Voici donc la première règle d'après laquelle on doit décider si tel ou tel acte peut-être fait par une femme mariée sans autorisation : l'acte n'a pas besoin de lui être permis, il suffit qu'il ne lui soit pas défendu.

A cette première règle il faut en ajouter une seconde : un acte, bien qu'étant compris de sa nature dans l'incapacité de la femme mariée (un procès, une acquisition, une aliénation et une obligation), peut cependant être fait valablement par la femme non autorisée si la loi a dispensé cet acte de la nécessité de l'autorisation, soit qu'elle contienne à cet égard un texte exprès, soit que ce résultat doive être admis par une conséquence logique et nécessaire de ses dispositions.

Ces idées générales une fois établies, entrons dans l'examen des divers cas où l'autorisation maritale n'est point nécessaire. Nous indiquerons d'abord quelques-uns des actes pour lesquels la femme reste capable, par la seule raison qu'ils ne rentrent point dans ceux qui lui sont interdits. Nous verrons ensuite les cas où, en termes exprès, la loi dispense la femme mariée de la nécessité de l'autorisation. Nous examinerons enfin les cas où la dispense de l'autorisation ne résulte pas des expressions mêmes de la loi, mais où elle découle logiquement et nécessairement de ses dispositions. On comprend tout de suite que ce dernier point est le plus délicat. Aussi les controverses n'y manquent-elles pas.

I. La femme mariée est capable de faire sans autorisation les actes qui ne lui sont pas interdits par les art. 215 et suivants. C'est ainsi qu'elle peut, sans aucune autorisation :

a. Exercer les droits de la puissance paternelle que la loi accorde à la mère. La loi habilite suffisamment la femme à les exercer, par cela seul qu'elle lui confie quelques-uns de ces droits qui, en général, appartiennent au père. Il serait vraiment absurde de prétendre que la femme dût alors être soumise à la nécessité de l'autorisation. Elle peut donc , sans avoir besoin d'être aucunement autorisée à cet effet, consentir au mariage de ses enfants, non-seulement d'un premier lit, mais encore de ceux qu'elle aurait eus avec le mari sous la puissance duquel elle se trouve lorsqu'elle donne ce consentement. Cpr. Demolombe, IV, 167. Rolland de Villargues, *Répertoire du Notariat*, v° *Consentement à mariage*, n° 9, parle uniquement de la veuve remariée dont le consentement est requis pour le mariage de ses enfants d'un premier lit. Ce qui est très-propre à induire en erreur, et à faire croire, par *a contrario,* qu'il devrait donc en être autrement si les enfants étaient issus du mariage encore subsistant. Opinion complétement inadmissible. Outre qu'elle choquerait étrangement la raison, il est impossible d'apercevoir sur quelle disposition de loi on se fonderait pour exiger ici la nécessité de l'autorisation.

b. Faire en général tous actes purement conservatoires, comme des sommations, des protêts, des saisies-arrêts ou oppositions et autres actes semblables. C'est ainsi que la femme peut, sans aucune autorisation :

Présenter au président la requête par laquelle elle demande l'autorisation de plaider, en séparation de corps ou de biens, ainsi que les requêtes par lesquelles s'ouvre la procédure d'autorisation judiciaire, et dont il est parlé aux art. 661, 863 et 864 du Code de Procédure ;

Prendre une inscription hypothécaire, soit sur un tiers, soit sur son mari. Les art. 2139 et 2194 prévoient ce dernier cas ;

Requérir une transcription : soit la transcription d'une donation entre-vifs qu'elle a été préalablement autorisée à accepter (l'article 940 en contient la disposition expresse) ; soit la transcription de tout autre acte qu'une donation, dans les cas où elle serait devenue nécessaire en vertu de la loi du 23 mars 1855; soit enfin la transcription en France de l'acte de célébration de son mariage contracté en pays étranger.

De ce que tous ces actes sont valables, il faut en conclure que la femme est obligée d'en payer le coût à l'huissier ou autre officier ministériel qu'elle a employé à cet effet. Il ne faut pas hésiter à admettre cette petite exception à son incapacité de s'obliger. Elle ne repose sur aucun texte exprès, il est vrai, mais elle est fondée sur le bon sens le plus évident. Qui veut la fin veut les moyens. La loi donnant la capacité de faire un acte donne implicitement la capacité accessoire de faire ce qui est nécessaire pour accomplir cet acte. Proudhon, t. I, p. 459. Mourlon, *Rép. écrit.*, t. I, p. 391, note 2.

Par une juste réciprocité, il faut admettre que des actes conservatoires seront valablement faits par des tiers contre la femme non autorisée.

Toutefois n'allons pas trop loin. La nécessité de l'autorisation reparaît aussitôt que la femme veut suivre devant la justice les effets d'un de ces actes conservatoires, comme assigner en validité de saisie-arrêt, ou en garantie d'un protêt fait à sa requête. De même les tiers ne peuvent contre la femme non autorisée dépasser les limites des actes conservatoires. Les actes d'exécution qu'ils feraient ne seraient donc point valables. Des arrêts ont cependant jugé le contraire en se fondant sur l'article 2208. Mais précisément cet article fait voir que l'autorisation est alors nécessaire, puisqu'il porte que *la femme, au refus du mari, peut être autorisée en justice*. Demolombe, IV, 131. Ces arrêts sont de Bordeaux, 4 août 1829. Sir., 30, 2, 86, et d'Amiens, 21 novembre 1838. Sir., 39, 2, 258. L'arrêt d'Amiens a été déféré à la cour de Cassation. Le pourvoi a été rejeté, il est vrai, req. rej., 11 novembre 1839, Sir. 39, 1, 948, mais en raison des circonstances particulières de la cause; et le conseiller-rapporteur a fait observer que, sur le point qui nous occupe, la doctrine de la cour d'Amiens était susceptible d'être contestée. V. Sir., 39, 1, 949.

c. La femme peut, sans aucune autorisation, révoquer le mandat qu'elle a donné. Un arrêt de la cour de Caen l'a jugé avec raison, 15 juillet 1824, Sir. 25, 2, 177, dans une espèce où il s'agissait d'un mandat qu'une femme avait conféré à son mari lui-même.

II. Des cas où la loi, par une disposition expresse, dispense la femme mariée de la nécessité de l'autorisation.

a. Lorsqu'elle est *défenderesse* en matière criminelle, correctionnelle ou de police, la femme mariée n'a besoin d'aucune autorisation pour *ester en jugement.* Telle est la disposition de l'article 216, dont voici le texte : « *L'autorisation du mari n'est pas nécessaire lorsque la femme est poursuivie en matière criminelle ou de police.* » Il est hors de doute que cet article s'applique aux matières *correctionnelles*, bien que ses termes mêmes ne s'y réfèrent pas formellement.

On a dit que le motif de cette exception est que le mari ne peut arrêter l'action de la loi. Proudhon, t. I, p. 458, en donnait cette raison; mais M. Valette fait observer qu'elle mènerait beaucoup trop loin. Car il est évident qu'en matière civile le mari ne peut pas davantage arrêter l'action de la loi. Nous avons vu cependant (§ 6 *supra*) que la femme ne peut pas défendre en matière civile sans autorisation.

Le véritable motif est qu'un accusé ou prévenu ne doit pas être condamné sans avoir pu présenter sa défense. On a toujours intérêt à se défendre en matière criminelle. Au contraire, en matière civile, il peut y avoir des cas où il est préférable de se laisser condamner par défaut. Si l'autorisation avait été nécessaire à la femme pour défendre au criminel, il aurait fallu décider qu'elle ne pouvait pas être refusée. Mieux valait dire qu'on était dispensé de la demander ; ce qu'on a fait.

Lorsqu'une femme a commis un crime, un délit ou une contravention, quatre hypothèses peuvent se présenter :

Première hypothèse. La femme est poursuivie par le ministère public.

Deuxième hypothèse. Elle est poursuivie par la partie civile en même temps et devant les mêmes juges que par la partie publique. — Pas de difficulté dans ces deux cas. Tout le monde reconnaît qu'alors elle n'a besoin d'autorisation ni pour défendre à l'action publique, ni pour défendre à l'action civile.

Troisième hypothèse. La femme est poursuivie par la partie civile seulement et à fin de dommages-intérêts, *devant le tribunal civil.* Elle doit alors être autorisée, au contraire. L'article 216 est hors de cause, et l'article 215 seul peut être appliqué. C'est encore un point dont tout le monde convient. On ne peut pas dire que la femme soit poursuivie au criminel, l'action est purement civile.

Quatrième hypothèse. La femme est poursuivie encore seulement par la partie civile et à fin de dommages-intérêts, mais *devant le tribunal correctionnel ou de police.* (Application des articles 145 et 182 du Code d'Instruction criminelle.) Le ministère public ne la poursuit d'ailleurs en aucune façon pour le moment. C'est ici que la controverse s'est élevée. Des auteurs ont traité ce cas comme le précédent: Ils ont dit que la femme ne pouvait alors défendre sans autorisation, par la raison que, le ministère public n'agissant pas, l'action se réduit à un intérêt purement civil et pécuniaire. Zachariæ (2ᵉ édit.) t. III, p. 335. Marcadé, sur l'article 216, n° 1. Cette opinion doit être rejetée. L'assimilation entre les deux dernières hypothèses me paraît évidemment inexacte. Par cela seul que la partie civile agit devant un tribunal de justice répressive, la femme est poursuivie au criminel. Le ministère public n'agit point pour le moment, cela est vrai ; mais son attention est éveillée. Le tribunal est compétent pour apprécier l'acte de la femme sous le rapport de la criminalité, et il peut prononcer une condamnation pénale si le ministère public, qui est présent, la requiert tout à coup, comme il en a le droit. Quelle raison dès lors de ne pas appliquer l'article 216? On est en plein dans les motifs qui servent de base à la disposition de cet article. V. en ce sens : Demolombe, IV, 143. M. Valette, *Explic. Somm. du liv. premier du Code Nap.*, p. 123 *in fine*.

b. La femme mariée n'a besoin d'aucune autorisation pour *faire son testament*. Bien que cette faculté lui fût déjà formellement concédée par l'art. 226, qui se trouve au siége même de notre matière, l'art. 905, al. 2, reproduit purement et simplement la même disposition. Rien pourtant n'est plus naturel que de reconnaître à la femme le droit de tester sans aucune autorisation. Qui ne sent que le testament doit être essentiellement l'œuvre unique et libre de son auteur? D'ailleurs c'est un acte toujours révocable, qui n'engage à rien, et, bien plus, qui ne doit avoir d'effet qu'après la mort de la femme, c'est-à-dire à une époque où il ne sera plus question de puissance maritale. Ce qui nous explique l'insistance des rédacteurs du Code sur un point qui semble aller de soi, c'est que, dans l'ancien droit français, là nécessité de l'autorisation s'étendait jusqu'aux testaments eux-mêmes, d'après la disposition de plusieurs Coutumes. Sans doute ce droit rigoureux ne formait pas le droit commun de la France ; il y était exceptionnel, et reçu seulement dans les Coutumes générales de Normandie, Bourgogne et Bretagne, d'Artois, de Nivernais et de Bourbonnais, ainsi que dans plusieurs Coutumes locales indiquées au § 2 ci-dessus.

c. La femme peut, sans autorisation, *révoquer la donation entre-vifs* qu'elle aurait faite à son *mari* pendant le mariage. Cette faculté aurait pu se suppléer aisément, dans le silence même de la loi. Elle est formellement écrite dans l'art. 1096, al. 2.

d. La femme mariée n'a besoin d'aucune autorisation pour *accepter et exécuter un mandat* (article 1990), soit *ad litem*, soit *ad negotia*, la loi ne distingue pas. Le mandant qui l'aura choisie pour le remplacer sera valablement représenté par elle à l'égard des tiers, soit dans un procès, soit dans un contrat, en général dans toute opération juridique quelconque. Ce n'est que lorsque la femme agit en son nom que l'autorisation lui est nécessaire. Voilà tout ce qui ressort de la disposition de l'art. 1990 : il faut se garder d'aller plus loin. Il est hors de doute que la femme mariée ne peut pas plus s'obliger par le contrat de mandat que par tout autre. Si plus tárd elle est recherchée, soit pour inexécution des obligations qu'impose en général le mandat, soit en reddition de compte, elle peut opposer la nullité résultant de ce qu'elle a accepté le mandat sans y être autorisée. Le mandant ne peut se plaindre, il doit s'imputer d'avoir confié ses intérêts à un incapable. Proudhon et Valette, t. 1er, p. 462. Demolombe, IV, 166, 168. Aubry et Rau (3e éd.), t. III, § 411, note 8. L'art. 1990 le décide d'ailleurs dans sa dernière partie. Seulement, il fait un renvoi qui n'est pas heureux ; car ce n'est point au titre *du Contrat de mariage*, mais bien au titre du *Mariage*, que sont établies les règles auxquelles il fait allusion.

Il est bien évident que si la femme s'est enrichie, ou s'est rendue coupable de détournements, dans l'exécution du mandat qu'elle a accepté sans autorisation, elle ne peut, dans aucun régime, échapper, soit à l'action *De in rem verso*, soit à l'action résultant de son délit. Aubry et Rau, § 411, notes 8 et 9.

III. Des cas où la dispense de l'autorisation ne résulte pas d'une disposition expresse de la loi, mais où elle doit être admise cependant parce qu'elle en découle implicitement. Voyons d'abord les cas où la dispense de l'autorisation n'est pas contestée ; nous verrons ensuite les points susceptibles de controverse.

: *a.* La femme peut sans autorisation *révoquer son testament.* Ce qui résulte par *a fortiori* du droit qu'elle a d'en faire un. Elle peut d'ailleurs le révoquer autrement qu'en faisant un nouveau testament. Un acte devant notaires, portant déclaration de son changement de volonté, suffit pour elle comme pour tout testateur en général (art. 1035).

b. Elle n'a également besoin d'aucune autorisation pour reconnaître l'enfant naturel qu'elle aurait eu avant son mariage, soit de son époux lui-même, soit d'un autre que son époux. Arg. de l'art. 337. Cet article ne fait effectivement aucune distinction entre la reconnaissance qui émane du père et celle qui émane de la mère. On sent d'ailleurs qu'une telle déclaration doit être essentiellement libre et personnelle. Il serait enfin assez difficile de faire rentrer la reconnaissance d'un enfant naturel dans le cercle des actes interdits à la femme non autorisée par les art. 215 et 217. V. en ce sens Proudhon, t. II, p. 146. Demolombe, t. III, n° 127 et t. IV, n° 187.

c. Elle peut certainement acquérir, sans autorisation, par accession et par prescription. Et de même, elle peut être dépouillée de sa chose par l'effet de ces deux mêmes causes. Car, en principe, la prescription court contre la femme mariée : elle est seulement, dans certains cas, suspendue en sa faveur. (Art. 2254-2256.)

d. Elle est obligée, par ses délits et quasi-délits, sans qu'il y ait à parler d'autorisation maritale. Il suffit d'énoncer cette règle pour que son évidence saute aux yeux. La femme mariée est, comme toute personne, soumise au principe que chacun est responsable du dommage qu'il cause à autrui. (Articles 1382 et 1383.)

e. L'obligation de gérer une tutelle, dérivant de la loi elle-même, art. 1370, la femme n'a besoin d'aucune autorisation pour accepter cette charge dans les cas où elle lui est déférée, et pour répondre des suites d'une mauvaise administration. Demolombe, IV, 176. V., en sens contraire, Duranton, II, 500.

Jusqu'ici, point de difficulté sérieuse. Mais voici où la controverse commence.

f. La femme mariée peut, dans le cas prévu par l'art. 935, accepter sans autorisation, et même malgré son mari, la donation entre-vifs qui serait faite à ses enfants ou petits-enfants. Il est vrai que l'art. 935 ne la dispense pas en termes exprès de la nécessité de l'autorisation. Mais ce silence de la loi me paraît devoir être suppléé. L'opinion très-générale des auteurs est avec raison fixée en ce sens, Toullier, t. II, n° 630, et t. V, n° 198. Proudhon et Valette, t. 1er, p. 462. Rolland de Villargues, *Rép. du not.*, v° *Acceptation de donation*, n° 66. Dalloz, *Alphab.*, v°, *Dispositions entre-vifs et testamentaires*, t. V, p. 515, n° 43. Demolombe, IV, 167. Troplong, *Donations*, III, 1129. Aubry et Rau, § 652, note 2. L'opinion contraire est enseignée par Grenier, *Donations*, t. 1er, n° 64. Il se fonde sur cette raison, que l'on ne peut stipuler pour autrui relativement à un objet pour lequel on ne pourrait pas stipuler pour soi-même. Il ajoute que l'on sent aisément le motif sur lequel elle est fondée. Mais il me paraît que l'on sent encore plus aisément les nombreux motifs pour lesquels il faut adopter une solution opposée. Quant à la règle qu'il invoque, à supposer qu'elle fût vraie en général, il faudrait reconnaître que la loi y fait ici une dérogation. Mais d'ailleurs cette prétendue règle n'est écrite nulle part. Tenons au contraire pour certain que la mère et l'aïeule peuvent accepter la donation faite à leur descendant, non-seulement sans l'autorisation de leur mari, mais encore malgré son opposition formelle. Il est de principe, nous l'avons vu, que la femme n'a pas besoin d'être autorisée lorsqu'elle n'agit point en son propre nom. (Art. 1990.) L'ancien droit le reconnaissait déjà. Pothier, *Puissance du mari*, n° 49. Or le droit d'accepter la donation pour son fils ou petit-fils n'est pas autre chose qu'un mandat conféré par la loi. La femme ne contracte pas pour elle. Elle ne s'oblige en aucune façon. La loi lui accorde ce pouvoir en considération du lien du sang et de l'affection de la mère ou aïeule pour son enfant ou petit-enfant. Le droit qui lui est conféré serait presque inutile et réduit à rien s'il lui fallait le concours de son mari. Enfin la loi ne semble nullement, dans l'art. 935, donner à la mère et à l'aïeule un pouvoir qui ne serait que subsidiaire à celui du père ou de l'aïeul de l'enfant donataire.

g. La femme mariée peut-elle être obligée sans autorisation par l'effet des quasi-contrats? C'est une question complexe, à laquelle on ne peut faire une réponse unique. Pour certains quasi-contrats il faut, sans hésiter, répondre oui. Pour d'autres on doit, sans hésiter davantage, répondre non. Il en est quelques-uns qui sont plus embarrassants.

Et d'abord il n'est pas douteux qu'il y ait certains quasi-contrats par l'effet desquels la femme sera obligée sans autorisation.

a.) Un tiers a géré les affaires de la femme de telle sorte qu'il aurait incontestablement une action *negotiorum gestorum*, s'il avait ainsi géré celles de toute autre personne. Nul doute que son action ne soit efficace aussi contre la femme, sans qu'il y ait à distinguer, comme on a cherché à le faire (Duranton, II, 497), si la femme profite ou non en dernière analyse de la gestion. Il suffit qu'elle ait été utile dans le principe. Demolombe, IV, 177. Marcadé, sur l'art. 217, n° 2.

b.) Si la femme a retiré un profit quelconque d'une opération dont elle pourrait opposer la nullité à raison du défaut d'autorisation, elle est obligée jusqu'à concurrence de ce qui a tourné en profit pour elle, *de in rem verso*, formule latine très-généralement adoptée pour exprimer cette situation. Cela revient à dire qu'une femme mariée, pas plus qu'une autre personne, ne peut pas s'enrichir aux dépens d'autrui, dans le sens où cet axiome est reçu en droit. Les art. 1241 et 1312 ne sont pas autre chose que l'application de ces idées. V. Bordeaux, 16 mars 1854. Sir., 54, 2, 694. Req. rej., 24 janvier 1855. Sir., 56, 1, 56.

Il est, d'un autre côté, hors de doute qu'il existe certains quasi-contrats par l'effet desquels la femme ne saurait être obligée si elle n'est autorisée. C'est ainsi, par exemple, qu'elle ne peut pas accepter de succession (art. 776) ni la charge d'exécutrice testamentaire. (Art. 1029.)

Mais que décider lorsque la femme mariée non autorisée a entrepris une gestion d'affaires? *Quid juris* lorsqu'elle a reçu un payement indu? Ces deux questions sont controversées.

a.) Examinons d'abord la gestion d'affaires. Une femme non autorisée à gérer, soit l'affaire d'autrui, soit des affaires communes entre elle et un tiers, est-elle obligée envers le maître? Toullier, XI, 39 ; Valette sur Proudhon, t. I, p. 463 ; Mourlon, *Répét.*, t. I, p. 392, tiennent pour l'affirmative. On peut dire à l'appui de cette solution que le maître dont l'affaire a été gérée n'est point du tout dans la même position que celui qui a donné à la femme un mandat dont elle s'est mal acquittée. Car il n'a rien à se reprocher ; ce n'est pas lui qui a choisi la femme, puisque c'est à son insu qu'elle a géré l'affaire. Le fait de gérer est sans doute volontaire ; mais, ce fait une fois accompli, l'obligation ne dépend pas de la volonté de la femme, elle découle de la loi elle-même. A ces raisons on oppose que le but essentiel du principe de l'autorisation étant de faire dépendante la volonté de la femme, à moins qu'elle ne s'enrichisse ou ne commette un délit, la femme ne doit pas être obligée par suite d'un acte volontaire et intentionnel de sa part, lors même que cet acte ne constituerait pas un contrat. Elle ne peut donc être poursuivie, en raison de la gestion d'affaires qu'elle a entreprise, qu'autant que les fautes de sa gestion pourraient être considérées comme constituant un quasi-délit, ou dans la mesure de ce dont elle serait devenue plus riche. V. en ce sens Pothier, *Puissance du mari*, n° 50 ; Duranton, II, 497 ; Demolombe, IV, 181 ; Aubry et Rau (3ᵉ éd.), t. III, § 441, note 1ʳᵉ. C'est à cette opinion que je crois devoir m'arrêter. « Il n'y a pas lieu, dit M. Demolombe, de s'inquiéter si fort, dans l'intérêt du maître, des suites de cette doctrine ; car, en fait, il est à peu près certain que la femme non autorisée ne trouvera pas de tiers qui veuillent contracter avec elle pour une gestion d'affaires qu'elle entreprendrait ; et si les tiers s'en mêlaient, ils deviendraient eux-mêmes responsables (art. 1382). » Malgré ces observations, qui sont fort justes, il pourrait cependant se présenter des cas où l'intérêt du maître souffrira de ce que la femme n'est pas obligée par le quasi-contrat lui-même de gestion d'affaires ; car les tiers responsables peuvent être insolvables, et les fautes, commises par la femme dans sa gestion, n'être proprement que des fautes contractuelles et non de véritables quasi-délits. Mais la réunion de toutes ces circonstances sera excessivement rare. Aussi ne me paraît-elle point de nature à faire admettre une exception au principe, que la femme non autorisée ne saurait être valablement obligée par suite d'un acte, au fond, purement volontaire et intentionnel de sa part. En résumé la femme est tenue seulement *de in rem verso*, et en raison de son quasi-délit, mais elle ne peut-être poursuivie par une action *negotiorum gestorum* proprement dite.

b.) Enfin la femme non autorisée a reçu un payement qui ne lui était pas dû. Est-elle obligée de restituer toute la somme qui lui a été comptée, ou ne doit-elle être tenue de la rendre que jusqu'à concurrence de ce que le demandeur prouverait avoir tourné à son profit ? Pour que la question puisse s'élever, il faut supposer que la femme avait la capacité de recevoir ce payement; car, si elle en était incapable, il est hors de doute qu'elle ne serait tenue que de *in rem verso*, puisque si la dette avait existé, elle pourrait demander un second payement, sous la déduction seulement de ce dont le premier payement l'aurait enrichie. Or, le plus souvent, la femme non autorisée n'a pas la capacité de recevoir un payement; c'est un acte qui renferme à la fois une acquisition et une aliénation. Elle n'a cette capacité que lorsque l'administration de ses biens lui appartient ou lorsqu'une clause particulière du contrat de mariage la lui a expressément réservée (V. art. 1449 et 1576, 1534 et 1549, al. 3). Dès lors l'examen de cette question sera mieux à sa place dans le paragraphe suivant, où je déterminerai jusqu'où s'étend la capacité de la femme séparée de biens, dont la condition est le type de la femme jouissant de l'administration de ses biens. V. *infra*, § 12, p. 217.

§ 12. Capacité particulière de la femme séparée de biens.

La capacité de la femme mariée est en général indépendante du régime matrimonial adopté par les époux ainsi que des stipulations du contrat de mariage. J'ai déjà signalé ce principe et je le rappelle ici, au commencement même d'un paragraphe spécialement destiné à étudier précisément les modifications que peut subir la capacité de la femme. Nonobstant ces modifications, le principe ci-dessus posé peut demeurer comme règle générale, car ce n'est que relativement aux actes d'administration que cette capacité est susceptible de plus ou de moins, et l'on peut dire que pour les actes les plus importants, la capacité de la femme mariée est invariable.

Je ne parlerai dans tout ce paragraphe que de la femme séparée de biens, parce que sa condition est l'expression la plus large de la variation dont la capacité de la femme mariée soit susceptible. Les développements dans lesquels je vais entrer s'appliquent, en général, à toute femme à qui appartient l'administration de tout ou partie de ses biens. Or, la femme jouit de cette administration dans les quatre circonstances que voici :

1° Dans la séparation de biens judiciaire (art. 1449);

2° Dans la séparation de biens contractuelle (art. 1536);

3° Dans le régime dotal, en ce qui concerne les biens paraphernaux (art. 1576);

4° Dans tous les autres régimes (communauté, sans communauté, et dotal quant aux biens dotaux), relativement aux biens dont elle s'est réservé l'administration par une clause de son contrat de mariage (art. 1387 cbn. avec 1534 et 1549, al. 3).

Il n'y a aucune distinction à faire entre les trois premières situations, sous le rapport de la capacité qui en résulte pour la femme. Je n'hésite point à les assimiler entièrement, bien que l'on ait cherché à établir des distinctions entre la femme séparée judiciairement, d'un côté, et la femme, soit séparée contractuellement, Vazeille, *Du mariage*, t. II, n° 315 et 316, soit paraphernale, d'un autre côté, Rodière et Pont, *Du contrat de mariage*, t. II, n° 708-710 et 788. Mais il est très-généralement reconnu que toute distinction semblable doit être rejetée. Duranton, XV, 313 ; Dalloz, *Alph.*, v° *Contrat de mariage*, t. X, p. 371, n° 3. Valette sur Proudhon, t. I, p. 464 ; Rolland de Villargues, *Rép. du not.*, v° *Séparation de biens*, n° 9 ; Demolombe, IV, 148 ; Marcadé, sur l'art. 1449, *in fine*.

Je ne me propose assurément pas d'exposer ici toutes les règles de la séparation de biens ; mais il rentre tout à fait dans mon sujet de rechercher en quoi la capacité de la femme se trouve augmentée, et de bien préciser jusqu'où s'étend la dispense d'autorisation qui découle de son droit d'administrer. Le sujet tout entier est renfermé au fond dans la disposition de deux articles (217 et 1449). Mais la conciliation de ces deux articles n'est malheureusement pas toujours facile, et la controverse abonde sur les points de détail.

La réponse à toutes les difficultés qui ont été soulevées se résume, à mes yeux, dans la proposition suivante : la loi confère à la femme séparée de biens l'administration de son patrimoine, et la lui donne libre et entière, mais elle ne lui donne rien au delà.

Voici la double conséquence de cette proposition, qui est la règle fondamentale de notre matière. 1° Dès qu'un acte peut être compris dans la sphère d'une large et pleine administration, il rentre par là même dans la capacité de la femme séparée de biens; 2° tout acte, qui dépasse les limites d'une administration largement entendue, excède aussi la capacité, qui appartient à la femme séparée de biens, d'agir sans aucune autorisation.

A. **Des actes que la femme séparée de biens peut faire sans autorisation.**

Le droit d'administration de la femme séparée de biens est plus étendu que celui du mineur émancipé. Elle est appelée *libre* (1449) et *entière* (1536), tandis que l'art. 484 ne permet au mineur émancipé que les actes de *pure* administration. La loi ne s'est pas expliquée dans les détails sur la différence que pouvait amener dans l'application la diversité de ces épithètes. On ne peut suivre, à cet égard, que son esprit. Pour s'y conformer, il faut reconnaître capacité d'agir seule à la femme, dès qu'il pourra être permis d'envisager l'acte dont il sera question comme rentrant dans la sphère d'une administration largement entendue.

Comme conséquence de son droit de libre administration, la femme séparée de biens peut, sans autorisation :

1. Toucher ses revenus, recevoir ses capitaux, donner valable quittance et même consentir la mainlevée d'une inscription hypothécaire. Turin, 19 janvier 1810. Sir. 11, 2, 79.

2. Payer ses dettes, lors même que l'objet en serait immobilier. Rolland de Villargues, *Rép. du not.*, V° *Payement*, n° 7 ; comme aussi accomplir ses obligations, même naturelles. Paris, 12 mai 1859. 59, 2, 561.

3. Placer ses capitaux, et, à plus forte raison, ses revenus, de toute manière qu'elle jugera à propos, à condition que ce placement ne dépasse pas les limites de l'administration. Elle peut donc :

4. Acquérir, soit des *meubles*, soit *même des immeubles*, à titre de placement de fonds actuellement disponibles. Quant aux *meubles*, c'est une faculté qui lui est reconnue par tout le monde. Dalloz, *Alphab.*, V° *Contrat de mariage*, t. X, p. 372, n° 7, *in fine*. Demolombe, IV, n°ˢ 154 et 158, p. 170. On ne distingue pas d'ailleurs entre les meubles corporels et les meubles incorporels, tels que rentes sur l'État, actions de la Banque, actions d'une Société d'industrie ou autres. La seule condition qui soit nécessaire, c'est qu'elle ne *s'oblige pas* pour *acquérir*, car on ne pourrait plus dire alors que son acquisition est un placement de fonds. Ce ne serait plus un acte d'administration.

Quant au point de savoir si la femme séparée de biens peut acheter des *immeubles* sans autorisation, les opinions sont divisées. Plusieurs lui refusent absolument cette faculté. V. entre autres, Dalloz, *loc. cit.*, t. X, p. 372, n° 7. Cet auteur examine la question relativement à la femme dotale qui acquerrait des immeubles moyennant des sommes provenant de ses fruits paraphernaux. J'ai déjà dit, et je ne saurais assez répéter que la capacité de la femme séparée de biens et celle de la femme dotale en ce qui concerne ses paraphernaux, sont régies par les mêmes règles. Faut-il vraiment décider que la femme séparée ne peut jamais, et dans aucun cas, acheter un immeuble sans y être autorisée? Je ne le crois pas, malgré l'argument assez sérieux qu'on a tiré de l'art. 217 pour le soutenir d'une manière absolue. L'art. 217, a-t-on dit, porte que la femme, même séparée de biens, est incapable d'aliéner et d'acquérir sans autorisation. L'art. 1449 y déroge quant au droit d'aliéner seulement, mais non quant au droit d'acquérir. L'incapacité d'acquérir subsiste donc.—Cet argument semble d'abord irrésistible. Il est très-sérieux en effet, mais on peut y répondre avec succès. Voici comment : sans doute, il est vrai que la femme séparée de biens ne peut pas acquérir à titre onéreux sans autorisation (217); mais il n'est pas moins certain qu'elle a la libre administration de sa fortune (1449). Ces deux règles sont écrites dans la loi d'une manière aussi claire et aussi expresse l'une que l'autre. Au lieu de les mettre en opposition et de sacrifier l'une à l'autre, on doit les faire marcher ensemble et les interpréter l'une par l'autre. Pour y arriver il faut, lorsqu'on se trouve en présence d'une acquisition faite sans autorisation par une femme séparée de biens, rechercher quel est le caractère prédominant de cette acquisition. Si la femme, sans avoir de fonds disponibles, *achète pour acheter*, et contracte une obligation, il est impossible de voir là un acte d'administration. L'article 217 est alors applicable, et l'autorisation né-cessaire. Mais si la femme emploie ses capitaux ou ses créances actuellement disponibles, à plus forte raison les économies faites par elle sur ses revenus, à l'acquisition d'un immeuble, l'opération principale est alors *le placement, l'emploi de ses fonds*, c'est-à-dire un acte d'administration. C'est l'art. 1449 qu'il faut appliquer, aucune autorisation ne doit être exigée.

L'argument tiré de l'art. 217 est si loin d'être un obstacle insurmontable à l'admission de cette doctrine que ceux-là même qui le mettent en avant reconnaissent que la femme peut acquérir des meubles sans aucune autorisation. Pourtant l'art. 217 n'est pas plus modifié par l'art. 1449 en ce qui concerne l'acquisition des meubles qu'en ce qui touche l'acquisition des immeubles.

Enfin l'esprit du code Napoléon est, on le sait, de montrer partout une prédilection pour les immeubles. Il serait bien singulier que, permettant à la femme de placer ses fonds en acquisition de meubles, il ne lui permît pas de les placer aux mêmes conditions en acquisition d'immeubles. Rien n'autorise une distinction entre ces deux genres d'acquisition au point de vue qui nous occupe. Tenons donc pour certain que la femme séparée de biens peut, sans autorisation, acquérir des immeubles aussi bien que des meubles, pourvu que ce soit *au comptant et non à crédit*. Ce qui revient purement et simplement à faire ici l'application de cette idée, qu'elle peut agir sans autorisation dans les limites d'une libre administration, mais non au delà. V. en ce sens, M. Demolombe, IV, 157, qui me paraît avoir parfaitement mis ce point en lumière.

5. Aliéner son mobilier, quel qu'il soit, corporel ou incorporel, la loi (1449) ne distingue pas, et par conséquent, non-seulement vendre ses meubles proprement dits, mais encore céder et transporter ses créances. *Pourvu que ce soit pour cause d'administration de ses biens;* restriction que je vais bientôt justifier. (V. sous la lettre B de ce même paragraphe, n° 6.) Bien qu'ainsi restreint aux actes d'administration, le droit concédé à la femme séparée de biens

d'aliéner son mobilier peut encore aller très-loin. Il peut s'étendre à des aliénations qui, au fond, ne sont point de véritables actes d'administration, mais qui devront cependant être maintenues, en raison de la bonne foi des tiers. Ces tiers sont le plus souvent dans l'impossibilité de vérifier les causes de l'aliénation, de bien voir si la femme n'excède point les limites d'une administration proprement dite. Leur sécurité doit être assurée, sans quoi, personne ne voulant traiter avec la femme, son droit d'administrer seule serait souvent fort entravé. Ce droit entraînera donc des conséquences regrettables quelquefois, mais inévitables. Les tribunaux ont un pouvoir discrétionnaire pour apprécier, d'après les circonstances, si l'aliénation du mobilier rentre ou non dans les limites de l'administration confiée à la femme, et si les tiers ont été de bonne foi. Ils devront toujours s'attacher au principe que le droit d'aliéner le mobilier n'a été concédé à la femme que comme un moyen d'administration, et prononcer sans hésiter la nullité d'une aliénation mobilière qui serait d'une nature telle que les tiers n'eussent raisonnablement pas pu se faire d'illusion. Demolombe, IV, 155.

6. Transiger sur les difficultés relatives à l'administration de ses biens, dans la limite de son droit d'aliénation du mobilier. La femme séparée de biens a, en effet, la capacité requise par l'article 2045, Demolombe, IV, 159. Duranton, XVIII, 409, de disposer des objets compris dans la transaction.

7. Acquiescer aux demandes relatives à ses meubles et à celles relatives à l'administration de ses

immeubles. Rolland de Villargues, *Rép. du not.*, V°
Acquiescement, n°ˢ 13 et 14.

8. Consentir des baux à loyer ou à ferme aux
conditions ordinaires de ees sortes de contrats. Ce
sera donc pour neuf ans seulement, en règle générale (arg. des art. 595, 1429 et 1430). Mais les
tribunaux ont une certaine latitude d'appréciation
pour en valider qui serait d'une plus longue durée.
Demolombe, IV, 154.

9. Contracter des emprunts, et, en général, s'o-
bliger d'une manière quelconque, pour cause d'administration de ses biens ; par exemple, pour faire
faire à ses immeubles des dépenses d'entretien, ou
pour se procurer les objets nécessaires à son usage.

C'est une question controversée de savoir si, lorsque l'obligation contractée par la femme est ainsi
valable comme se rattachant à l'administration de
ses biens, *l'exécution* peut en être poursuivie, non-
seulement *sur ses meubles* et sur les *revenus de ses
immeubles*, mais encore sur la *propriété même de
ses immeubles*. Je comprends ici la divergence des
opinions, car des arguments fort graves, ce me
semble, peuvent être apportés dans les deux sens.
On peut dire pour l'exécution sur les immeubles :

1° L'obligation contractée par la femme, dans ces
circonstances, doit avoir autant d'efficacité que si
elle eût été contractée avec l'autorisation de son
mari ; car c'est alors la loi elle-même qui l'autorise.

2° « Quiconque s'est obligé personnellement est
tenu de remplir son engagement sur tous ses biens
mobiliers et immobiliers, présents et à venir. » Disposition textuelle de l'art. 2092.

3° « La loi qui accorde à la femme la libre administration de ses biens (art. 1449) n'a pas dû la lui rendre impossible ; or, d'une part, il en serait ainsi très-souvent si la femme ne pouvait pas contracter des obligations personnelles dans cette limite et pour cette cause ; et, d'autre part, elle ne pourrait pas vraiment contracter des obligations personnelles si ces obligations n'étaient pas, en effet, aussi valables et aussi légitimes que toutes les autres obligations : donc il résulte de la première partie de l'art. 1449 et de l'art. 2092 que l'obligation contractée en pareil cas par la femme est exécutoire sur tous ses biens mobiliers et immobiliers. » C'est ainsi que s'exprime M. Demolombe, IV, 161. Aj. en ce sens ; Duranton, II, 492 ; Valette sur Proudhon, t. I, p. 465. Rodière et Pont, *du Contrat de mariage*, t. II, n° 803.

Voilà certes des raisons bien décisives. Mais on y répond par des arguments auxquels on ne peut s'empêcher de reconnaître aussi uné très-grande valeur :

1° La loi, par le même article qui donne à la femme séparée de biens le droit d'administrer librement sa fortune (1449) lui interdit formellement d'aliéner ses immeubles sans autorisation. Or contracter une obligation exécutoire sur ses immeubles, c'est aliéner ces immeubles indirectement. On ne peut admettre que la femme donne à ses créanciers un droit qu'elle n'a point elle-même.

2° L'argument tiré de l'art. 2092 n'est qu'une pétition de principe, car il suppose une obligation contractée par une personne capable d'aliéner ses immeubles aussi bien que ses meubles. Or la question est précisément de savoir si la femme, dans les cas où elle est capable d'engager ses meubles, est également capable d'engager ses immeubles. L'art. 2092 doit être laissé de côté, puisqu'il présuppose ce qu'il s'agit d'établir. Cette hypothèse d'ailleurs n'est pas la seule où une obligation valablement contractée n'est cependant pas exécutoire sur tous les biens du débiteur. Supposons en effet que, sous le régime dotal, la femme s'oblige avec l'autorisation de son mari : bien que valable, cette obligation n'est pas exécutoire sur les biens dotaux, en dépit de la disposition de l'art. 2092, disposition très-formelle sans doute, mais qui, statuant *de eo quod plerumque fit*, doit naturellement recevoir échec dans des hypothèses exceptionnelles. De même que les biens dotaux sont inaliénables, de même les immeubles de la femme, même séparée de biens. sont véritablement *inaliénables sans autorisation*.

3° Les inconvénients qui résultent de cette doctrine ne sont pas grands, si inconvénients il y a. Il n'arrive pas souvent que les besoins de l'administration soient si considérables qu'il faille nécessairement, pour y faire face, engager la propriété même des immeubles. Et lorsque des cas aussi graves se présentent, il n'y a certes rien d'extraordinaire à ce que l'on appelle alors le mari ou la justice pour interposer leur autorisation. V. en ce sens Zachariæ (2ᵉ édit.), t. III, p. 484. Massol, *De la séparation de corps*, ch. IV, n° 21. Marcadé, sur l'art. 1449, n° 3.

La solution théorique de cette question m'embarrasse quelque peu, je l'avoue, tant je trouve dignes de considération les raisons alléguées de part et d'autre. J'inclinerais cependant à donner la préférence a la première. Mais, pratiquement, je donnerai à celui qui traite avec la femme séparée de biens le conseil de la faire autoriser, s'il estime que la dette contractée envers lui sera d'une importance telle que les meubles et les revenus des immeubles de la femme ne seront pas suffisants pour lui en garantir le payement.

B. Des actes que la femme séparée de biens ne peut pas faire sans autorisation.

Ce sont en général tous les actes qui dépassent les limites d'une véritable administration, quelque libre d'ailleurs qu'on la suppose. J'ai déjà vu aux §§ 6 à 10 les actes qu'elle ne pouvait pas faire sans autorisation en étudiant l'incapacité qui reste toujours la même. Je les rappelle ici, en consacrant des développements à ceux qui méritent une attention particulière. La femme, séparée de biens, ne peut sans autorisation :

1. Ester en jugement (art. 215 et 216).

2. Compromettre même sur les difficultés relatives à l'administration de ses biens et à son mobilier. V. toutefois en sens contraire, Boitard, *Procédure civile*, t. II, n° 381, qui se fonde sur la combinaison des articles 1003 du Code de Procédure, et 1449 du Code Napoléon. Mais on répond qu'il résulte d'une autre combinaison d'articles, celle des articles 1004 et 83, n° 6 du Code de Procédure, que la femme séparée de biens ne peut pas compromettre sans l'autorisation de son mari, ce que je crois plus exact. Rolland de Villargues, *Rép. du not.*, V° *Compromis*, n° 27. Demolombe, IV, 160.

3. Acquérir à titre gratuit (art. 217, 934).

4. Acquérir à titre onéreux, à moins que ce ne soit à titre de placement de fonds actuellement disponibles (art. 217 et 1449).

5. Aliéner ou hypothéquer ses immeubles (art. 217 et 1538).

6. ALIÉNER SON MOBILIER NI S'OBLIGER MÊME SUR SON MOBILIER AUTREMENT QUE POUR CAUSE D'ADMINISTRATION DE SES BIENS. Ces deux points sont encore aujourd'hui très-diversement jugés par les cours et tribunaux, et fort controversés entre les auteurs.

Voici les arguments que l'on a présentés pour établir que la femme séparée de biens peut, sans autorisation, aliéner son mobilier d'une manière indéfinie, et contracter, pour quelque cause que ce soit, des obligations exécutoires sur ce mobilier : L'art. 217 ne défend point expressément à la femme mariée de s'obliger sans autorisation ; il lui défend seulement d'aliéner. L'incapacité d'aliéner entraîne, il est vrai, l'incapacité de s'obliger, parce que celui qui s'oblige aliène indirectement. Mais de ce que l'incapacité de s'obliger est seulement une conséquence de l'incapacité d'aliéner, il résulte nécessairement que lorsque l'incapacité d'aliéner sera levée dans une certaine mesure, l'incapacité de s'obliger disparaîtra dans la même proportion. Or la femme séparée de biens peut aliéner son mobilier ; l'art. 1449, al. 2, n'apporte à ce droit aucune restriction. Donc elle peut aussi s'obliger, jusqu'à concurrence de ce mobilier, pour quelque cause que ce soit, et non pas seulement pour cause d'administration. — Ce n'est point par inadvertance que les rédacteurs du Code n'ont pas expressément déclaré la femme incapable de s'obliger sans autorisation ; car le Tribunat a spécialement appelé leur attention sur ce point. Il leur a demandé d'ajouter le mot *s'obliger*, dans l'art. 217, parce que (voici ses propres expressions) : « Il pourrait s'élever quelques doutes sur cette dernière prohibition. » Locré, *Législation de la France*, t. IV, p. 458-9. Et cependant la rédaction de l'art. 217 n'a point été modifiée. — Il ne faut donc apporter aucune limite au droit qu'a la femme séparée de biens d'aliéner directement son mobilier et de contracter des obligations personnelles jusqu'à concurrence de la valeur de ce mobilier. — V. en ce sens : Req. rej., 16 mars 1813. Sir., 14, 1, 160. Civ. cass., 18 mai 1819. Sir., 19, 1, 339. Colmar, 8 août 1820. Sir., 21, 2, 266. Besançon, 31 janvier 1827. Sir., 27, 2, 250. Lyon, 18 juin 1847. Sir., 48, 2, 98.

Ces arguments sont loin d'être aussi concluants qu'ils le paraissent d'abord. Ils pèchent par la base. « L'incapacité de s'obliger n'est pour la femme qu'une conséquence de son incapacité d'aliéner. » Voilà leur point de départ. Il est tout à fait faux. Une analyse attentive de l'art. 217 démontre au contraire que la femme est, en principe, d'après cet article même, incapable de s'obliger aussi bien que d'aliéner. « En effet, dit M. Valette, sur Proudhon, t. I, p. 464, on ne peut s'obliger que de deux manières, c'est-à-dire gratuitement ou à titre onéreux. Or la femme mariée ne peut s'obliger gratuitement, car l'art. 217 ne lui permet pas de donner. Ainsi, par exemple, si elle accepte un mandat, elle donne au mandant une créance contre elle-même. Elle ne peut non plus s'obliger moyennant un équivalent, car le

même article 217 lui interdit d'acquérir à titre onéreux. » Il n'y a rien à répondre à cet argument de
texte, aussi serré que décisif. — Mais, quand bien
même l'art. 217 ne renfermerait pas implicitement,
comme il le fait, l'incapacité de s'obliger, cette incapacité résulterait clairement des art. 220, 221, 222
et 224, qui sont rédigés en forme d'exception ou
d'application par rapport au principe posé dans
l'art. 217, et qui parlent formellement de *s'obliger* et
de *contracter*. — Dès lors on comprend que les auteurs du Code n'aient point cru devoir obtempérer
à la demande du Tribunat, et modifier une rédaction
qui, sainement entendue, suffisait à poser en principe l'incapacité de s'obliger.

De ce que la femme mariée est incapable de s'o-
bliger, principalement et abstraction faite de son incapacité d'aliéner, il résulte que, son incapacité d'a-
liéner venant à disparaître dans une certaine mesure,
ce n'est pas une raison pour que son incapacité de
s'obliger s'évanouisse dans la même proportion. De
cela seul que la femme séparée de biens aurait la capacité d'aliéner son mobilier pour une cause étrangère à l'administration de sa fortune, il ne s'ensuivrait
donc pas qu'elle pût également s'obliger sur ce mobilier pour une cause étrangère à cette administration.
Or l'art. 1449, al. 2, porte seulement que la femme
séparée de biens peut aliéner son mobilier; mais,
comme il ne dit rien quant à la capacité de s'obliger,
cette capacité resterait donc régie par l'article 217.

Faut-il s'arrêter là, comme l'ont fait certains auteurs et quelques arrêts, dont le système consiste à
distinguer les aliénations directes du mobilier, des

obligations sur ce mobilier, qui n'en renferment qu'une aliénation indirecte? La femme séparée de biens, disent les partisans de ce système, peut aliéner directement son mobilier d'une manière indéfinie, mais elle ne peut s'obliger personnellement sur ce mobilier qu'autant que les obligations qu'elle contracte rentrent dans la catégorie des actes d'administration. Ils justifient cette doctrine par la raison qu'une aliénation proprement dite entraîne un dépouillement immédiat et ne peut d'ailleurs porter que sur le mobilier actuel, tandis qu'une obligation, infiniment plus dangereuse, est favorable aux illusions, et, sans faire faire aucun sacrifice pour le moment, engage tout le mobilier présent et à venir de la femme. Ils font enfin remarquer que de pareilles considérations ne sont point étrangères à la science du droit, et ils rappellent le souvenir du sénatus-consulte Velléien et de la loi Julia. V. en ce sens : Vazeille, *Du mariage*, n° 318. Solon, *Des nullités*, t. I, n° 113. Odier, *Du contrat de mariage*, t. I, n° 404. Rodière et Pont, *Du contrat de mariage*, t. II, n° 882. Paris, 7 août 1820. Sir., 20, 2, 315. Nimes, 4 juillet 1824. Sir., 24, 2, 72. Montpellier, 10 juin 1830. Sir., 31, 2, 104.

Cette doctrine intermédiaire ne me paraît point devoir être adoptée. Il ne faut établir aucune différence entre l'aliénation directe et l'aliénation indirecte ou obligation.

Cela me semble résulter avec évidence de l'article 1449, lu et compris dans son ensemble comme doit l'être toute disposition législative. La femme séparée de biens jouit de la libre administration de sa fortune : — voilà l'idée principale, la disposition essentielle de cet article. Or qui ne comprend qu'une administration, surtout une administration qualifiée *libre*, doit raisonnablement entraîner avec elle une certaine latitude d'aliéner et de s'obliger ? Ne faut-il pas, par exemple, vendre les récoltes, se défaire d'un mobilier qui dépérit, contracter des obligations pour l'exploitation, l'entretien et la réparation de ses biens ? Assurément oui. Eh bien, les rédacteurs du code Napoléon, craignant qu'on n'exagérât l'incapacité d'aliéner écrite dans l'article 217, ont ajouté dans l'article 1449 un deuxième alinéa, corollaire du premier, par lequel ils décident que l'aliénation directe du mobilier rentre dans la sphère d'une administration largement entendue, et comme telle peut être faite sans aucune autorisation. Ils ne considèrent cette aliénation que comme une suite, un moyen du droit d'administrer. Cela est si vrai qu'ils permettent seulement à la femme celle du mobilier. Ils terminent l'article par un troisième alinéa, où ils avertissent de ne point étendre cette faculté à l'aliénation des immeubles, qui ne saurait, en effet, jamais constituer un simple acte d'administration. Mais qu'ils aient voulu, dans cet article 1449, conférer à la femme séparée de biens la faculté illimitée d'aliéner son mobilier et de s'obliger sur ce mobilier, alors même qu'elle devrait par là consommer sa ruine, c'est ce qu'il est impossible d'admettre. Donner une portée aussi étendue au deuxième alinéa de l'article 1449, c'est ne tenir aucun compte ni de la place qu'il occupe dans la loi, ni de ce qui le précède, ni de ce qui le suit.

Tenons donc pour également certaines les deux règles que voici : 1° La femme séparée de biens ne peut aliéner son mobilier sans autorisation, qu'autant que cette aliénation est exigée par les besoins de l'administration qui lui appartient. 2° Elle ne peut, sans autorisation, s'obliger jusqu'à concurrence de son mobilier pour une cause étrangère à l'administration de ses biens. Ces deux règles sont reconnues aujourd'hui par la plus grande majorité des auteurs et par une jurisprudence qui tend à devenir unanime. V. entre autres : Valette sur Proudhon, t. I, p. 463. Zachariæ (deuxième édition), t. III, p. 482. Demolombe, IV, 155 et 163. Marcadé, sur 1449, II. Troplong, *Contrat de mariage*, t. II, n° 1410-1420. Paris, 2 mai 1810. Sir., 10, 2, 313. Paris, 1er juin 1824. Sir. 25, 2, 66. Aix, 25 juin 1824. Sir., 25, 2, 185. Grenoble, 14 juin 1825. Sir., 26, 2, 38. Civ. cass., 5 mai 1829. Sir., 29, 1, 181. Civ. cass., 3 janvier 1831. Sir., 31, 1, 22. Caen, 6 mars 1844. Sir., 45, 2, 301. Nancy, 24 juin 1854. Sir., 54, 2, 550. Poitiers, 3 février 1858. Sir., 58, 2, 620. Paris, 12 mai 1859. Sir., 59, 2, 561. On trouvera peut-être un peu longue cette énumération d'arrêts. Je suis cependant encore loin d'avoir cité tous ceux qui ont été rendus sur cette question, qui s'est présentée très-souvent dans la pratique.

Les deux principes que je viens de poser sont féconds en conséquences. Les auteurs, et surtout les arrêts, en fournissent des applications très-diverses que je ne me propose pas d'énumérer. Quelques-unes sont assez délicates, notamment les deux suivantes :

1° La femme séparée de biens ne peut pas sans

autorisation placer ses capitaux à rente viagère. On ne saurait guère, en effet, considérer un pareil placement comme un acte d'administration proprement dite. Demolombe, IV, 158. V. en sens contraire, Troplong, *Contrat de mariage*, II, 1422. Paris, 17 mai 1834. Sir., 34, 2, 280. — 2° Elle ne peut être obligée par le payement de l'indu au delà du profit qu'elle a retiré. Elle est bien capable de recevoir le payement, et par là même d'en supporter les suites directes et immédiates, mais non pas toutes les conséquences possibles et accidentelles qui le changeraient en une espèce de prêt. Demolombe, IV, 182.

Je rappelle ici l'observation que j'ai déjà faite, que les tribunaux ont un pouvoir discrétionnaire pour apprécier, d'après les circonstances, si tel ou tel acte excède ou non les limites de l'administration conférée à la femme. Un arrêt échappe à la censure de la cour de Cassation lorsque, appréciant les faits, il juge que tel acte n'excède pas les bornes de cette administration. Req. rej., 21 août 1839. Sir., 39. 1. 663.

Je ne veux point terminer ce paragraphe consacré à la femme séparée de biens sans indiquer deux questions qui se rattachent dans une certaine mesure à la théorie de l'incapacité de la femme mariée et à la puissance maritale. Elles sont généralement envisagées comme des questions de contrat de mariage et de dot : aussi ne les traiterai-je point d'une manière approfondie. Il s'agit de savoir :

1° Si le donateur ou testateur qui veut gratifier la femme peut, lorsque celle-ci n'a pas la jouissance et l'administration de tout ou partie de sa fortune, établir relativement aux objets donnés ou légués une espèce de séparation de biens. En d'autres termes, s'il peut faire à la femme une libéralité sous la condition que le mari n'aura ni l'administration ni la jouissance du bien donné ou légué.

2° Si la séparation de biens confère, relativement à l'administration, une capacité telle, que le mari ne puisse pas demander à la justice que la femme soit tenue, selon les circonstances, de prendre certaines précautions.

La première question est communément résolue dans un sens affirmatif. On admet la validité de la clause par laquelle le donateur ou testateur attribue à la femme seule l'administration et la jouissance des biens donnés ou légués. Proudhon, *De l'usufruit*, t. I, n° 283. Toullier, XII, 142. Duranton, XIV, 140. Demolombe, IV, 171 et 172, et entre autres arrêts : Toulouse, 20 août 1840. Sir., 41, 2, 114.

La seconde question n'est pas aussi généralement examinée par les auteurs, et les arrêts n'ont statué que sur les cas où les époux étaient mariés sous le régime dotal. M. Demolombe, IV, 173, en généralise la décision : il pense que, dans tous les régimes, le mari peut demander que la femme soit tenue de prendre, suivant les cas, telles précautions que la justice ordonnera La doctrine que propose cet auteur me semble offrir de précieux avantages, tout en demeurant exempte d'inconvénients sérieux au moyen des tempéraments qu'il a soin d'y apporter.

CHAPITRE III

Par qui? De quelle manière? et à quel moment l'autorisation doit être donnée?

§ 13. GÉNÉRALITÉS.

L'incapacité de la femme mariée ne consiste point en ce que tel ou tel acte est absolument interdit à la femme; elle consiste uniquement en ce qu'une autorisation est nécessaire. Nous venons de déterminer l'étendue de cette incapacité; voyons à présent par qui, de quelle manière et à quel moment l'autorisation doit être donnée dans les cas où elle est exigée.

En principe, l'autorisation doit être donnée par le mari. Exceptionnellement, elle peut l'être par la justice.

L'autorisation donnée par le mari n'a plus rien de sacramentel aujourd'hui; elle n'a pas besoin d'être expresse. Elle résulte suffisamment de son concours dans l'acte passé par la femme. Mais elle ne peut être générale, du moins en principe, car nous verrons que la règle de la spécialité souffre une double exception : 1° relativement aux actes d'administration, 2° relativement à ceux que fait la femme marchande publique, à raison de son commerce.

Il n'est pas nécessaire que le mari soit présent lors de la passation de l'acte par la femme, puisqu'il suffit d'avoir son consentement par écrit. Il peut donc accorder son autorisation, soit au moment même où l'affaire se traite, soit à une époque antérieure. Peut-il la donner après que l'affaire est conclue, de manière à faire complétement disparaître le vice résultant du défaut primitif d'autorisation? C'est une question fort controversée : je l'examinerai en son lieu (§ 18), avec le soin qu'elle mérite.

En règle générale, la justice peut toujours remplacer le mari et donner à la femme l'autorisation dont elle a besoin. « Comme il n'y a aucun pouvoir particulier qui ne soit soumis à la puissance publique, dit M. Portalis, dans son *Exposé des motifs*, Locré, *Lég.*, t. IV, p. 524, n° 66, le magistrat peut intervenir pour réprimer les refus injustes du mari et pour rétablir toutes choses dans l'état légitime. » Ce n'est pas seulement lorsque le mari refuse à tort son autorisation que la justice peut intervenir; c'est encore lorsqu'il se trouve dans une impossibilité de la donner, soit physique, comme l'absence, soit légale, comme la minorité, l'interdiction ou la déchéance que lui fait encourir une condamnation criminelle.

Exceptionnellement, la justice n'est pas admise à remplacer le mari, dont il faut absolument que la femme obtienne l'autorisation : 1° pour faire le commerce (c'est un point très-controversé); 2° pour compromettre; 3° pour doter les enfants communs, et 4° pour accepter la charge d'exécutrice testamentaire. Dans ces deux derniers cas, l'autorisation de la justice n'est point irrecevable d'une manière absolue;

les stipulations du contrat de mariage peuvent apporter quelque variation.

Le tribunal compétent pour autoriser la femme est, en principe, le tribunal civil d'arrondissement du domicile commun des époux. Il est cependant certains cas où l'on peut s'adresser à un autre.

La procédure en autorisation est une procédure exceptionnelle, dont le trait caractéristique est qu'elle doit se passer dans la chambre du conseil, en dehors de la publicité de l'audience.

Quant au fond du droit, l'autorisation de la justice est soumise, en général, aux mêmes règles que l'autorisation émanant du mari lui-même.

A. DE L'AUTORISATION DU MARI.

§ 14. DE L'AUTORISATION EXPRESSE.

Dans notre ancien droit français, l'autorisation du mari, nécessaire à la femme pour contracter (il en était autrement de l'autorisation exigée pour ester en jugement), ne pouvait être donnée, selon l'opinion commune, que d'une manière expresse, solennelle, on peut presque dire sacramentelle. Les signes les moins équivoques de l'adhésion du mari, sa présence, sa signature et sa coobligation solidaire, étaient considérés comme rien, si l'on ne s'était servi de l'expression voulue : *autoriser*, à laquelle on n'admettait guère pour équivalent que le mot d'*habiliter* V. le § 2 ci-dessus, et notamment les passages de Pothier et de Ferrière que j'y ai rapportés.

Rien de semblable ne saurait être admis sous l'empire de la législation actuelle, dont les rédac-

teurs ont indistinctement employé les mots *autorisation* et *consentement*, sur la différence desquels nos
anciens auteurs bâtissaient toutes leurs distinctions.
Cpr., entre autres, les articles 215, 216, 220, 226,
776, 1576 du Code Nap. et 5 du Code de Commerce,
d'une part, avec les articles 217, 934, 1426, 1449,
1535, 1538 du Code Nap. et 4 du Code de Commerce, d'autre part.

Non-seulement l'autorisation maritale n'a plus besoin de revêtir des formes solennelles, mais encore
elle peut ne pas être expresse. D'après l'article 217,
le concours du mari est une manifestation suffisante :
l'autorisation peut être tacite. J'examinerai au paragraphe suivant cette autorisation tacite et les circonstances dont elle peut s'induire. Voyons ici les
règles de l'autorisation expresse.

Trois questions se présentent.

1° Le consentement par écrit, dont parle l'art. 217,
peut-il se trouver dans un écrit quelconque, ou bien
faut-il, au contraire, qu'il soit contenu dans un acte
authentique, alors que l'acte pour lequel la femme
est autorisée doit être fait lui-même dans la forme
authentique, comme une donation entre-vifs ou une
constitution d'hypothèque? Il faut répondre non,
sans hésiter. Un acte sous seing privé quelconque,
et même une simple lettre missive, suffisent, dans
tous les cas, pour la manifestation valable du consentement du mari. Il n'y a pas à distinguer si l'acte
que la femme doit passer en vertu de cette autorisation exige ou n'exige pas l'emploi de formes authen-
tiques. Cette solution ne peut souffrir de difficulté
de la part de ceux qui admettent que la procuration

donnée pour consentir à un acte qui doit être fait devant notaires n'a pas besoin d'être authentique; mais rien n'empêche qu'elle ne soit aussi approuvée par ceux qui résolvent différemment la question relative au mandat. Autre chose est un mandat, autre chose est une autorisation qui, comme l'autorisation maritale, est une pure condition de capacité personnelle, tout à fait étrangère à la forme des actes pour lesquels elle est accordée. Demolombe, IV, 194. Zachariæ (2ᵉ édit.), t. III, p. 337.

2° Le consentement du mari doit-il nécessairement se trouver énoncé dans l'acte même passé par la femme; de telle sorte que si la femme avait contracté sans se dire autorisée, la nullité pût être opposée comme si réellement elle ne l'eût point été? Il faut encore répondre que non. Sans doute, le tiers intéressé devra prouver que l'autorisation a effectivement été donnée. Il fera donc bien d'en garder pardevers lui les moyens, surtout si l'autorisation n'est point constatée par acte authentique; mais, dès que l'existence de l'autorisation maritale est établie, peu importe où cette autorisation se trouvait contenue. Il est vrai que Toullier professe une opinion contraire : « C'est, dit-il, la même chose qu'il n'existe pas d'acte d'autorisation, ou que la femme n'en fasse pas usage, » t. II, n° 647. Il puise cette idée dans nos anciens auteurs, où elle était une conséquence de l'exagération qu'ils avaient donnée à la solennité de l'autorisation maritale. Cette manière de voir doit être complétement abandonnée sous l'empire d'une législation qui s'est profondément écartée, sous ce rapport, des errements de notre ancien droit. Demolombe, IV, 195. M. Duranton, II, 451, rejette avec raison l'opinion de Toullier; mais il semble exiger que l'acte d'autorisation soit au moins annexé à celui de la femme, ou remis au tiers. V. aussi Rolland de Villargues, *Rép. du not.*, *V° Autorisation maritale*, n° 199 Sans doute, c'est ce qu'il y a de mieux à faire dans l'intérêt du tiers, puisque c'est à lui de prouver que l'autorisation a effectivement été donnée; mais ce n'est pas tellement indispensable que l'acte dût être annulé, faute de cette annexion ou de cette remise, quand d'ailleurs le tiers ferait sa preuve autrement.

A plus forte raison, il faut reconnaître comme bonne et valable l'autorisation du mari qui ne se trouverait qu'à la fin de l'acte et après la signature de la femme Turin, 17 décembre 1810. Sir., 11, 2, 231. En supposant, bien entendu, que cette autorisation, quoique consignée seulement à la fin de l'acte, a été concomitante et non interposée après coup; car, si elle avait été postérieure à la passation de l'acte, ce ne serait plus une véritable autorisation, mais bien une ratification. Les effets en seraient fort différents, dans l'opinion du moins à laquelle je m'arrête; car c'est une question controversée. V. le § 18, ci-dessous.

D'un autre côté, quand même l'acte passé par la femme énoncerait qu'elle est autorisée, cette énonciation à elle seule ne ferait preuve ni contre le mari ni contre la femme. C'est au tiers à s'assurer, lorsqu'il contracte, que l'autorisation a véritablement été donnée, et à en fournir la preuve. Il en est de même dans le cas où la femme plaiderait comme

procuratrice de son mari, sans représenter sa procuration. Merlin, *Rép.*, t. 1 et t. XVI, V° *Autorisation maritale*, sect. 6, § 4. Paris, 9 thermidor an XII
et 9 janvier 1808. Sir., 7, 2, 790 et 791.

3° Est-il indispensable que le consentement du
mari soit écrit? son autorisation ne peut-elle pas
être verbale? et si elle peut l'être, comment établir
qu'elle a été effectivement donnée?

Cette question est plus difficile à résoudre que
les deux précédentes. A la lecture de l'article 217,
il semble que l'autorisation ne peut pas être verbale,
car cet article parle seulement de consentement par
écrit. Cette considération n'a point une assez grande
force pour que l'on puisse s'y arrêter en définitive,
et refuser absolument tout effet, et dans quelque
cas que ce soit, à l'autorisation du mari qui serait
seulement verbale. Tout ce qu'il est possible de tirer
avec sûreté de l'art. 217, c'est qu'il s'oppose à ce
que l'on prouve par témoins, même au-dessous de
150 francs, l'existence de l'autorisation verbale du
mari : ce qui entraîne comme conséquence de rendre
également irrecevable la preuve indirecte résultant
des présomptions de fait ou de l'homme ; car il est
de principe que cette dernière preuve n'est admissible qu'autant que la preuve testimoniale elle-
même peut être reçue. Art. 1353. Mais s'il est légalement démontré, par d'autres moyens, que le mari
a réellement donné une autorisation verbale, cette
autorisation sera aussi efficace que si elle eût été
constatée par écrit. Or il est deux moyens d'en justifier l'existence : c'est l'aveu judiciaire (art. 1356) et
le serment litis-décisoire (art. 1361 et 1363) du mari

ou de la femme, reconnaissant que l'autorisation est véritablement intervenue. Toutes ces propositions se fondent à la fois : 1° sur la nature même de l'autorisation maritale, qui n'a plus de formes sacramentelles comme autrefois; 2° sur les principes généraux du droit quant à la preuve des manifestations de volonté, pour laquelle on n'exige point, en général, de rédaction d'un acte instrumentaire; 3° sur l'interprétation qu'ont reçue d'autres articles du code Nap. qui ne font allusion qu'à des actes écrits, comme l'art. 1582, al. 2, pour la vente; ou qui même exigent formellement l'emploi de l'écriture, comme les art. 2044 et 2085, pour la transaction et l'antichrèse. Cpr. Aubry et Rau, d'après Zachariæ (3e édit.), t. III, § 420, note 5, et § 437, note 3.

Deux points seulement sont susceptibles de sérieuses difficultés : 1° La preuve testimoniale elle-même est-elle prescrite d'une manière absolue en matière d'autorisation maritale, de telle sorte qu'elle ne puisse jamais être admise dans aucun cas? 2° L'aveu et le serment de la femme et du mari auront-ils toujours et indistinctement pour effet de prouver d'une manière complète l'existence de l'autorisation? En termes plus simples, quel est l'effet de l'aveu qu'ils peuvent faire, du serment qu'ils peuvent prêter ou refuser de prêter?

Sur le premier point, on peut proposer deux hypothèses où la preuve testimoniale elle-même est admissible : 1° lorsqu'il existe un commencement de preuve par écrit, arg. de l'art. 1347; et 2° lorsqu'un acte écrit ayant d'abord été rédigé pour constater l'autorisation, cet acte est venu à se perdre par suite d'un cas fortuit ou de force majeure. Arg. de l'art. 1348, n° 4. J'avoue que la recevabilité de la preuve testimoniale a été contestée dans la première hypothèse. Demolombe, IV, 193. Mais, dans la seconde, elle me paraît à l'abri de toute controverse. Il serait inique que le tiers, qui d'abord avait employé tous les moyens mis à sa disposition par la loi pour assurer sa sécurité, demeurât victime d'un accident imprévu, alors qu'il proposerait de faire entendre des hommes qui ont tenu peut-être en leurs mains l'écrit où le consentement du mari se trouvait consigné.

J'arrive au second point : quel est l'effet de l'aveu, du serment ou du refus de serment émanant de la femme et du mari? Trois hypothèses sont possibles.

Première hypothèse. Le mari et la femme, tous deux ensemble, ont avoué judiciairement que l'autorisation avait été donnée; ou bien ils en ont fait serment; ou encore, ce qui revient au même, ils ont refusé de jurer que le mari n'avait pas accordé son autorisation. Nulle difficulté ici : l'existence de l'autorisation est établie d'une manière absolue envers et contre tous. L'acte de la femme est complétement inattaquable sous ce rapport.

Deuxième hypothèse. La femme seule avoue, prête serment ou refuse de jurer. Nulle difficulté encore. De deux choses l'une : elle avait ou elle n'avait pas la capacité nécessaire à cet effet. Si elle n'avait pas la capacité suffisante, on ne peut lui opposer aucun de ces faits pour établir contre elle l'existence de l'autorisation. Disons ici qu'elle n'a capacité à cet effet qu'autant qu'elle y a été autorisée, en ajoutant que l'autorisation d'ester en jugement entraîne par cela seul, dans certaines limites, l'autorisation de faire des aveux. V. *infra*, § 25. Au contraire, si la femme avait la capacité suffisante, l'existence de l'autorisation est légalement démontrée, non-seulement contre elle, mais encore, le plus souvent d'une manière absolue, c'est-à-dire contre le mari lui-même.

Troisième hypothèse. C'est le mari seul qui avoue, affirme par serment avoir autorisé sa femme, ou bien, sur la délation de serment qui lui est faite, refuse de jurer qu'il n'a pas donné son autorisation. Il est incontestable que l'acte passé par la femme est désormais inattaquable par lui, mari (art. 1356, 1361); il ne peut plus dire qu'il n'a pas autorisé. Mais l'acte de la femme demeure susceptible d'être annulé, sur la demande de la femme elle-même ou des héritiers de la femme. L'aveu, comme le serment, ne fait pleine foi que contre celui qui l'a fait. (1356, al. 2, et 1365, al. 1.) Je n'admets pas (V. *infra*, § 18) que la ratification postérieure du mari fasse perdre à la femme l'action en nullité qui lui compète. Demolombe, IV, 193.

— Pour terminer sur l'autorisation expresse, je dois dire que le mari peut la donner, soit par lui-même, soit par un mandataire. Toutefois il est indispensable qu'il la donne, dans ce dernier cas, en connaissance de cause ; par exemple, qu'il détermine lui-même, dans le mandat qu'il confère, les principales conditions auxquelles le mandataire autorisera la femme. En un mot, il peut sans doute autoriser sa femme par l'entremise d'un mandataire ; mais il faut que ce soit toujours lui, mari, qui autorise véritablement, et non point le mandataire. Il ne peut déléguer à un tiers la puissance maritale ; d'où il suit qu'il ne peut pas donner à ce tiers le mandat vague et général d'autoriser sa femme à aliéner, à emprunter, sans déterminer lui-même quels biens, quelles sommes, et à quelles conditions. Demolombe, IV, 209. Mais faut-il aller jusqu'à dire qu'il ne peut pas autoriser sa femme à faire un acte, aux conditions qui seront approuvées par telle personne en qui il a confiance ? M. Demolombe, IV, 209, semble répondre que oui ; et Armand Dalloz, *Dict. gén.*, V° *Autorisation de femme mariée*, n° 93, que non, tous deux d'une manière absolue ; en quoi précisément ils me paraissent répréhensibles. J'aimerais mieux dire que cela dépendra des circonstances, et qu'il faut tantôt valider, tantôt annuler une autorisation pareille, selon que le mari l'aura ou non donnée en connaissance de cause ; en un mot, se sera ou non rendu compte de l'affaire qu'il autorise et des suites qu'elle peut entraîner.

Enfin l'autorisation expresse du mari pourrait, dans des circonstances exceptionnelles, être valable quand même elle ne serait ni écrite ni verbale, mais donnée seulement par un simple signe ou tout autre moyen de communication. Telle serait l'autorisation donnée par un mari sourd-muet, à supposer, bien entendu, qu'il fût d'ailleurs capable de donner un consentement éclairé. Demolombe, IV, 224.

§ 15. DE L'AUTORISATION TACITE.

Généralement inconnue dans notre ancien droit (V. les §§ 2 et 14, ci-dessus), cette espèce d'autorisation a été introduite dans le code Napoléon par ces mots : « *Concours du mari dans l'acte,* » qui se trouvent dans l'art. 217. Elle est mise sur la même ligne que l'autorisation expresse résultant d'un consentement écrit. Si l'on ne trouve point d'expressions semblables dans l'article 215, il ne faut pas en conclure que le *concours du mari dans l'instance* ne suffit pas pour autoriser la femme à ester en jugement. Nos législateurs ne l'ont pas formellement déclaré pour ce dernier cas, parce que l'ancien droit admettait déjà l'autorisation tacite en matière judiciaire (§ 2 *supra*). Il serait absurde que le Code, qui se contente d'une autorisation tacite dans des cas où elle n'aurait point suffi autrefois, refusât de l'admettre dans ceux où l'on ne faisait jadis aucun doute de la trouver bonne. D'ailleurs, ce qui montre bien que l'emploi du mot *autorisation* dans l'art. 215 ne doit pas tirer à conséquence, c'est qu'il s'y trouve seulement pour l'agrément du style. On avait mis d'abord que la femme ne pourrait ester en jugement *sans l'assistance de son mari.* Locré, *Lég.*, t. IV, p. 394. Sur l'observation de M. Boulay, que le terme d'*assistance* se trouvait employé tout à côté (dans l'art. 212) avec une autre signification, on le remplaça par le mot *autorisation.* Locré, *Lég.*, t. IV, p. 397, Demolombe, IV, 191. Il est donc certain que l'autorisation tacite est suffisante pour les procès

comme pour les contrats. La femme est autorisée à
plaider par cela seul qu'elle est en cause avec l'assistance de son mari. Merlin, *Rép.*, t. I, V° *Autoris.*
marit., sect. 6, § 1. Carré et Chauveau, quest. 2914.
Demolombe, IV, 191. Req. rej., 22 avril 1828. Sir.,
28, 1, 208. Grenoble, 21 février 1832. Sir., 33, 2,
28. J'ai déjà vu (au § 6 *supra*) que le mari autorisait sa femme à se défendre par cela seul qu'il in-
tentait une action contre elle.

L'autorisation tacite peut s'induire des circonstances. L'art. 217 parle seulement du concours du
mari dans l'acte. Voyons d'abord ce que c'est au
juste que ce concours ; nous examinerons ensuite si
l'autorisation tacite ne peut pas résulter d'autres
circonstances que du concours du mari dans l'acte
ou dans l'instance.

Savoir quand le mari a concouru de manière à
autoriser, c'est principalement une question de fait
appréciable par les tribunaux, d'après les circonstances. Voici cependant quelques exemples : 1° de
cas où il est certain que le mari concourt dans l'acte
ou dans l'instance, de manière à autoriser ; et 2° de
cas où il est, au contraire, impossible de voir dans
son concours une autorisation.

1° CAS OU LE MARI CONCOURT DE MANIÈRE A AUTORISER.
A. *En matière extrajudiciaire :*

1. Le mari qui fait une donation à sa femme l'autorise, par cela même, à l'accepter.

2. Celui qui accepte une donation de la part de
sa femme l'autorise également à faire cette donation.

3. De même, celui qui tire une lettre de change

sur sa femme l'autorise à l'accepter. Caen, 2 août 1814. Sir., 14, 2, 399.

4. Lorsque le mari, en passant un contrat, s'engage à le faire ratifier par sa femme, en termes techniques, se porte fort pour elle, il l'autorise, par cela seul, à ratifier le contrat dont il s'agit, sans qu'il soit besoin d'une autorisation plus explicite. Liége, 25 pluviôse an xi. Sir., 4, 2, 393.

5. Par la même raison, si le mari a fait une déclaration de remploi au profit de sa femme, celle-ci se trouve tacitement autorisée, par là même, à accepter le remploi. (Art. 1435.) Rolland de Villargués, *Rép. du not.*, V° *Autorisation maritale*, n° 109.

6. Enfin, lorsque la femme s'oblige envers un tiers conjointement avec son mari, il y a concours du mari suffisant pour autoriser. V. entre autres arrêts, civ. cass. 8 avril 1829. Sir., 29, 1, 439. Qu'il y ait là concours du mari, cela est si évident que personne ne le conteste. Mais des auteurs ont prétendu qu'alors le concours, l'autorisation du mari ne suffisaient pas, et qu'il fallait en outre l'autorisation de la justice. La raison qu'ils donnent, c'est que le mari ne peut pas être *auctor in rem suam.* C'est une opinion qui doit être rejetée, comme je le montrerai au § 28, ci-après.

B. *En matière judiciaire :* 1. Le mari qui exerce une action contre sa femme l'autorise, par cela même, à se défendre. (V. § 6 *supra.*)

2. Il suffit même qu'il procède, soit comme demandeur, soit comme défendeur, conjointement avec elle, sans qu'il y ait à distinguer s'ils ont ou non des intérêts distincts dans la cause. (V.

les autorités citées au commencement de ce paragraphe.)

2° CAS OU L'ON NE PEUT PAS DIRE QUE LE MARI CONCOURT DE MANIÈRE A AUTORISER.

1. Le mari a souscrit un billet, et la femme écrit son obligation à la suite. Rien ne prouve qu'elle y ait été autorisée ; le créancier a pu la faire engager arrière du mari.

2. Il en est de même si la femme cautionne l'obligation de son mari. La cour de Riom l'a jugé dans une espèce où la femme avait mis ces mots : *pour caution*, au bas d'une lettre de change signée par son mari. Riom, 2 février 1810. Sir., 14, 2, 99. Il est évident qu'il en serait tout autrement si le cautionnement consenti par la femme était écrit de la main même du mari, à la suite de sa propre obligation. Le concours approbatif du mari ne saurait se manifester d'une manière plus certaine. Paris, 14 mai 1846. Sir., 46, 2, 299.

3. Un mari qui ne sait pas signer appose une croix sur les billets souscrits par sa femme. Ce n'est pas là une autorisation expresse : la croix n'est point une signature. Mais n'est-ce pas au moins une autorisation tacite ? N'est-il pas permis de considérer la croix comme une marque que le mari présent approuve l'opération , comme un concours du mari dans l'acte ? On a jugé que cette croix n'était pas susceptible d'être prise en considération. Paris, 13 juin 1807. Sir., 7, 2, 670. Cette décision ne me paraît point bonne, à la prendre d'une manière absolue. Elle ne peut se justifier que par suite du pouvoir discrétionnaire du tribunal appréciant les cir-

constances. Mais il me semble que le contraire peut très-bien être jugé, et cette apposition de croix être regardée comme la preuve d'un concours du mari, et valoir comme autorisation tacite.

4. Lorsque la femme passe un acte avec le concours d'un mandataire du mari, on ne saurait voir là un équivalent du concours personnel du mari, si le mandat ne comprend pas spécialement le pouvoir d'autoriser la femme. Civ. rej., 19 avril 1843. Sir., 43, 1, 393.

Nous venons de voir différents exemples de concours du mari dans l'acte ou dans l'instance. Recherchons à présent si ce concours est la seule circonstance d'où l'autorisation tacite puisse résulter. Généralement on distingue, et l'on dit . Quant à l'autorisation de faire le commerce, le consentement tacite du mari peut s'induire d'autres circonstances que de son concours ; par exemple, de ce qu'il aurait connu et toléré la conduite de la femme. Hors ce cas unique, le concours du mari dans l'acte est indispensable. Quand même il aurait connu, toléré, bien plus, conseillé l'acte fait par sa femme, les tribunaux ne seront pas admis à faire l'appréciation de ces circonstances et à en induire une autorisation tacite. V. entre autres, Demolombe, IV, 197. Mourlon, *Répét.*, t. I, p. 395. Bien que cette manière de voir soit très-généralement admise, il m'est impossible de l'adopter, et je crois, au contraire, que les tribunaux peuvent reconnaître en fait que le mari a consenti à l'acte passé par sa femme, lorsque les circonstances le démontrent clairement, alors même qu'il n'y aurait pas précisément de concours du mari

dans l'acte. Les raisons de distinguer entre l'autorisation pour faire le commerce et toute autre autorisation ne me semblent point décisives. Ou bien il
faut dire que le concours du mari est toujours indispensable, même pour autoriser la femme à faire le
commerce, ce qui est universellement repoussé par
les auteurs et les arrêts (V. entre autres, Duranton,
II, 475 ; Pardessus, *Droit commercial*, t. I, n°ˢ 61,
63 ; Bravard-Veyrières, *Manuel de droit commercial*, p. 20. Req. rej., 27 avril 1841. Sir., 41, 1,
385). Ou bien il faut dire que les tribunaux peuvent, dans tous les cas, apprécier en fait les circonstances de la cause et y voir le consentement tacite
du mari. Les mots : *concours du mari dans l'acte*,
de l'art. 217, ne s'y opposent pas plus que ceux de
consentement par écrit ne s'opposent à ce qu'on ad-
mette la validité d'une autorisation verbale dont
l'existence est légalement démontrée. Les rédacteurs
de la loi n'ont parlé du concours du mari dans l'acte
que parce que c'était l'exemple le plus éclatant d'autorisation tacite, et pour montrer qu'il n'avait pas
moins de valeur que le consentement par écrit, qui est
de son côté l'exemple le plus manifeste de l'autorisation expresse. On a mis en avant, relativement à
l'autorisation de faire le commerce, des propositions
que je trouve assurément fort justes sur le rôle des
tribunaux et la conciliation qu'ils doivent s'attacher
à faire entre les divers intérêts. Je les trouve si raisonnables que je veux précisément les étendre à
toutes les hypothèses. Je dirai donc, en thèse générale, pour les actes commerciaux comme pour les
actes non commerciaux, qu'il ne faut pas, d'un côté,

que le mari se trouve désarmé en présence d'un acte qu'il n'aura pas connu, mais qu'il ne faut pas non plus, d'un autre côté, que les tiers soient victimes d'un concert frauduleux entre les époux, et d'un désaveu tardif, fait par le mari, d'une opération qu'il approuvait fort dans le principe et qui se trouve ensuite avoir mal tourné. De toutes les différences que l'on a cherché à établir entre l'autorisation pour faire le commerce et les autres autorisations, la seule qui doive être conservée, c'est que les tribunaux pourront se montrer plus faciles pour déclarer que le mari a connu et approuvé le commerce exercé par sa femme, que lorsqu'il s'agira d'un acte non commercial.

§ 16. DU PRINCIPE DE LA SPÉCIALITÉ DE L'AUTORISATION.

L'ancien droit français présentait plus d'une variation sur le point de savoir si l'autorisation pouvait ou non être générale. Sans entrer à cet égard dans un examen détaillé, j'indiquerai seulement que la validité d'une autorisation générale n'était point communément reçue, mais qu'elle était plus facilement admise lorsque cette autorisation se trouvait dans le contrat de mariage lui-même, que lorsqu'elle intervenait pendant la durée de l'union conjugale. V. Merlin, *Rép.*, t. I, Vᵒ *Autoris. marit.*, sect. 6, § 2, art. 1 et 2.

Aucun doute ne saurait s'élever aujourd'hui sur le principe lui-même de la spécialité de l'autorisation. Il est expressément consacré par les art. 223 et 1538, al. 2, du code Nap., dont voici le texte :

Art. 223. « *Toute autorisation générale, même stipulée par contrat de mariage, n'est valable que quant à l'administration des biens de la femme.* »

Art. 1538, al. 2 . « *Toute autorisation générale d'aliéner les immeubles donnés à la femme, soit par contrat de mariage, soit depuis, est nulle.* »

L'autorisation doit donc toujours être spéciale, voilà le principe, à moins qu'il ne s'agisse d'actes d'administration. — Première exception, à laquelle il faut en ajouter une seconde résultant des art. 220 du code Nap., 4, 5 et 7 du code de commerce. (V. le paragraphe suivant.)

Si le principe de la spécialité se trouve désormais à l'abri de toute controverse, il en est autrement de l'application et des conséquences de ce principe. En quoi consiste-t-il précisément? Quand pourra-t-on dire qu'une autorisation est spéciale? Quand, au contraire, faudra-t-il reconnaître qu'elle est générale? La réponse à ces questions est importante, puisqu'il y va de la validité ou de la nullité de l'autorisation et des actes qui l'auraient suivie. Cependant les opinions des auteurs ne sont point nettes et uniformes sur ce point, non plus que les décisions de la jurisprudence.

Voici la règle d'interprétation à laquelle je propose de tout ramener. Pour savoir si une autorisation est spéciale ou générale, il faut rechercher si le mari a ou non autorisé *en connaissance de cause.* S'il a connu l'affaire avec ses principales circonstances et conditions, son autorisation est spéciale. Au contraire, s'il n'a pu suffisamment s'en rendre compte, son autorisation est générale. Faisons l'application de cette règle à quelques-unes des hypothèses soulevées par les auteurs ou résolues par les arrêts.

1. Le mari autorise sa femme à aliéner, non pas tous ses immeubles, la nullité serait évidente, aux termes de l'art. 1538, al. 2, mais tels ou tels immeubles nominativement désignés, et même un immeuble unique, si l'on veut. Il semble, au premier abord, que voilà bien une autorisation spéciale. Toutefois, n'allons pas trop vite : il faut la regarder de près et voir ce qu'elle contient. Sans doute, elle peut être spéciale; mais il peut aussi se faire qu'elle soit générale, et partant nulle. En effet, si l'on n'y trouve indiqués ni l'époque à laquelle l'aliénation devra se faire, ni le prix, ni, en un mot, aucune des conditions de la vente, on doit déclarer que ce n'est point une autorisation spéciale telle que la loi l'exige. Le mari n'a pas autorisé en connaissance de cause : une pareille autorisation n'est, au fond, qu'une abdication du droit d'autoriser, abdication dont le mari est incapable; car l'autorisation n'est pas seulement un droit qui lui appartient comme mari, c'est encore un devoir qui lui est imposé comme gardien des intérêts matrimoniaux. Il ne remplit pas ce devoir, lorsqu'il autorise en aveugle, sans savoir quand ni comment l'aliénation se fera. Demolombe, IV, 207.

2. Au contraire, l'autorisation donnée à la femme d'aliéner tous les immeubles qu'elle possède actuellement serait spéciale si le mari déterminait l'époque, le prix et toutes les conditions de l'aliénation. On ne peut pas dire alors que le mari ne se soit pas rendu suffisamment compte de ce qu'il faisait, ni que la femme soit indépendante de la puissance

maritale à cet égard. Ce n'est point au nombre ni à l'importance des immeubles qu'il faut s'attacher pour décider si l'autorisation est spéciale ou générale, mais bien aux détails contenus dans l'autorisation même. Demolombe, IV, 207.

3. Ce qui vient d'être dit des aliénations d'immeubles est également vrai de toutes autres affaires. La femme peut être autorisée pour plusieurs à la fois, pourvu que le mari s'explique sur chacune d'elles et en connaissance des circonstances principales. Je dis principales, car il n'est pas nécessaire, bien entendu, qu'il en connaisse tous les plus petits détails.

4. C'est ainsi que la cour de cassation, civ. rej., 29 juin 1842, Sir., 42, 1, 975, a jugé spéciale et suffisante l'autorisation donnée à la femme d'ester en justice pour faire annuler les engagements contractés par elle avec son mari, bien qu'elle comprît en masse tous ces engagements.

5. Tandis qu'au contraire la femme ne peut être valablement autorisée à emprunter, bien que les emprunts ne soient qu'une certaine classe d'affaires, si rien ne fixe le montant des obligations qu'elle pourra souscrire. C'est donc à tort que la cour de Poitiers, 25 février 1823, Sir., 40, 1, 201, en note (Dalloz, *Alphab.*, V° *Jugements*, p. 740) a déclaré bonne une autorisation d'*emprunter jusqu'à concurrence de la somme que la femme jugerait convenable;* et que la Cour de Paris, 12 décembre 1829, Sir., 30, 2, 322, a validé un cautionnement souscrit par une femme en vertu d'un pouvoir général de contracter toutes obligations. Et c'est au contraire avec raison

que la cour de Metz, 31 janvier 1850, Sir., 52, 2, 399, a annulé l'autorisation donnée à un mari par sa femme de garantir tous les emprunts que lui-même, mari, aurait besoin de faire chez un banquier.

6. Une femme autorisée par une clause de son contrat de mariage à aliéner tel immeuble déterminé comme elle le jugerait à propos n'est point suffisamment autorisée à faire cette aliénation pour laquelle une nouvelle et itérative autorisation est indispensable. Req. rej., 14 décembre 1840. Sir., 40, 1, 954. V. en sens contraire, Duranton, XV, 311.

7. Il ne faut point recourir, comme on l'a fait, aux articles 1987 et 1988 pour chercher, dans l'application qu'ils font au mandat du sens des mots *spécial* et *général*, une règle d'interprétation des articles 223 et 1538. En effet, il est certain, d'après les art. 1987 et 1988, que le mandat d'aliéner tous les immeubles du mandant est un *mandat spécial*, car il n'embrasse pas toutes les affaires du mandant. Tandis qu'il est au contraire hors de doute que l'autorisation d'aliéner tous les immeubles de la femme *n'est pas une autorisation spéciale*, puisque l'art. 1538, al. 2, la prohibe précisément en qualité de générale.

8. D'après ce qui précède, l'autorisation d'aliéner *les immeubles situés dans tel département* ou *dans les colonies* doit, sans hésiter, être déclarée nulle, si l'on n'y trouve aucun détail plus circonstancié. Où faudrait-il s'arrêter si une pareille autorisation était valable? V. en sens contraire, Duranton, II, 449.

9. Voici une hypothèse fort délicate, où se trouve une des applications les plus remarquables du principe de la spécialité de l'autorisation : La femme a donné procuration à son mari lui-même d'aliéner et d'hypothéquer ses immeubles, ou de contracter en son nom des emprunts illimités. Les tiers avec lesquels le mari aura traité en vertu d'un pareil mandat sont-ils bien assurés de la validité de leurs contrats? La femme a-t-elle été représentée? est-elle engagée? Il faut répondre que non. V. en ce sens, Demolombe, IV, 210. Amiens, 1er mars 1839. Sir., 40, 2, 28. Req. rej., 18 mars 1840. Sir., 40, 1, 201. Civ. cas., 10 mai 1853. Sir., 53, 1, 572. — V. en sens contraire, Paris, 16 janvier 1838. Sir., 40, 1, 201, à la note. En effet, lors même qu'elle contracte avec son mari, la femme a besoin d'être autorisée. J'admets sans doute, ce qui est cependant contesté, que l'autorisation du mari lui-même suffit alors pour habiliter la femme. Mais cette autorisation n'est point exceptée de la règle de la spécialité : elle doit donc être spéciale, aussi bien qu'une autre. Or le mari ne peut autoriser sa femme à donner un mandat général, sans nécessairement accorder à cet effet une autorisation générale. L'autorisation du mari étant nulle pour défaut de spécialité, le mandat donné par la femme en vertu de cette autorisation est lui-même nul comme donné en vertu d'une autorisation qui n'était pas valable. Dès que le mandat de la femme est nul, son consentement fait défaut dans tous les actes passés par son mandataire; elle n'est point représentée par lui; elle n'est point engagée; les tiers ne seront aucunement assurés de

la validité de leurs contrats. Supposons un instant que la femme ait donné à tout autre qu'à son mari le mandat d'hypothéquer et d'aliéner ses immeubles, ainsi que de l'obliger d'une manière indéfinie : n'est-il pas hors de doute que le mari, en autorisant la femme à donner cette procuration, n'a point autorisé en connaissance de cause ; en d'autres termes, que son autorisation est nulle comme générale, et partant que le mandat est nul aussi comme donné par la femme en vertu d'une autorisation nulle? La circonstance que le mandataire est le mari, au lieu d'être un étranger, ne saurait évidemment *transformer de générale en spéciale* l'autorisation accordée pour consentir le mandat.

On fait une objection. On dit : Lorsque plus tard le mari passera la vente, consentira l'hypothèque ou contractera l'obligation, son autorisation sera suffisamment spécialisée par son concours dans chacun de ces actes où il figurera tout à la fois comme mari à l'effet d'autoriser, et comme mandataire à l'effet de contracter. Cette objection ne doit pas longtemps embarrasser : elle n'est autre chose qu'une véritable pétition de principe, car elle suppose le mari mandataire valable. C'est précisément là ce qu'il s'agit de savoir, et ce qui n'est pas. J'espère l'avoir démontré, puisque le mandat est nul comme donné par la femme en vertu d'une autorisation générale. Le mari a beau autoriser ensuite spécialement, au fur et à mesure de chaque acte, son autorisation ne s'applique à rien : c'est alors le consentement de la femme qui manque, car on ne peut le trouver dans une procuration nulle.

Il est donc certain, au point de vue purement juridique, que la femme ne peut donner par avance à
son mari le pouvoir vague et général de l'obliger
d'une manière illimitée et de disposer de ses biens.
Il est heureux, au point de vue moral, que le droit
réprouve des actes de cette nature, qui offriraient
quelquefois de très-graves dangers. Combien de maris obtiendraient des procurations illimitées de leurs
femmes, qui n'en comprendraient pas toute l'importance, et qui ne sauraient, d'ailleurs, ni les refuser
ni les révoquer plus tard !

Il faut se garder d'appliquer le principe de la spécialité de l'autorisation à l'hypothèse précisément
inverse de celle que je viens d'examiner; je veux dire
au cas où c'est, au contraire, le mari qui donne à sa
femme la procuration la plus générale d'emprunter
en son nom, de l'obliger d'une manière quelconque,
ainsi que d'aliéner et d'hypothéquer, soit tous ses
biens personnels à lui mari, soit même tous les biens
de la communauté. Cette procuration est valable, et
tous les actes faits par la femme en vertu de ce pouvoir illimité doivent, sans aucun doute, être maintenus. Ce serait une erreur profonde d'appliquer à
cette espèce le principe de la spécialité, qui est ici
complétement étranger. Le mari est libre de faire ce
qu'il veut de ses biens personnels et de ceux de la
communauté. Il peut placer sa confiance en qui bon
lui semble, par conséquent en sa femme comme en
tout autre. L'autorisation maritale ne joue point ici
de rôle; car on ne peut parler d'autorisation que lorsque la femme, traitant en son propre nom et sur ses
biens personnels, fait des actes qu'elle aurait le

droit de faire sans contrôle, si elle n'était point ma·
riée.

La procuration générale, dont je m'occupe, serait
même valable, toujours seulement comme mandat, et
non point comme autorisation proprement dite,
quant à l'administration des biens personnels de la
femme, si cette administration appartenait au mari
d'après les conventions matrimoniales; ce qui a lieu,
sauf stipulations contraires, dans le régime de communauté, dans le régime exclusif de communauté et
dans le régime dotal quant aux biens dotaux. En
effet, le mari ne peut changer les conventions du
contrat de mariage, ni se décharger de la responsabilité qu'elles lui imposent. La femme ne saurait donc
être autorisée dans le sens propre du mot. Dans un
cas pareil, la femme administrera ses biens personnels comme mandataire du mari, lequel conservera
toute la responsabilité de cette administration,
comme s'il l'avait gérée lui-même ou s'il en avait
confié la charge à un tiers.

De tout ce qui précède il résulte qu'une procuration générale donnée par le mari à sa femme de
l'obliger et de s'obliger elle-même, d'aliéner et d'hypothéquer tous les immeubles de lui mari, de la
communauté et enfin de la femme elle-même, est en
partie valable et en partie nulle. La femme peut efficacement obliger le mari, aliéner et hypothéquer les
immeubles du mari et ceux de la communauté,
comme aussi faire tous les actes d'administration
de ses biens personnels à elle femme; mais elle ne
sera pas valablement obligée, et ses immeubles ne
seront pas valablement aliénés ni hypothéqués. Toul-

lier, II, 644. Duranton, II, 448. Rolland de Villargues, *Rép. du not.*, *V° Autorisation maritale*, n°s 128 à 130. Demolombe, IV, 204 et 205. Poitiers, 5 pluviôse an XIII. Sir., 5, 2, 81.

§ 17. DES EXCEPTIONS A LA SPÉCIALITÉ DE L'AUTORISATION.

Le principe de la spécialité de l'autorisation souffre deux exceptions : 1° quant aux actes d'administration ; 2° lorsque la femme est marchande publique.

1. *Des actes d'administration.* Une véritable autorisation générale peut être donnée à la femme par contrat de mariage, en ce qui touche l'administration de ses biens personnels. (Art. 223.) Elle résulte, aux termes de la loi elle-même, de l'adoption du régime de séparation de biens (art. 1536), ainsi que de celle du régime dotal en ce qui touche les biens paraphernaux. (Art. 1576.) Elle peut être stipulée dans tous les régimes, au moyen de conventions particulières qui la donnent avec une étendue plus ou moins grande. Cbn. des art. 1387, 1534 et 1549, al. 3.

Toute clause du contrat de mariage qui accorderait à la femme une autorisation générale plus considérable doit être restreinte aux actes d'administration. Art. 223.

J'ai déterminé dans le § 12 ci-dessus quels étaient les principaux actes contenus dans le droit d'administration conféré à la femme séparée de biens. Qu'il me suffise ici d'y renvoyer, en disant que ces actes peuvent être faits par toute femme autorisée à administrer ses biens en tout ou partie, dans la mesure de l'administration qui lui appartient.

C'est seulement par contrat de mariage que le mari peut donner à sa femme une véritable autorisation générale d'administrer ses biens personnels; car, si les époux sont mariés sans contrat, ou que les conventions matrimoniales soient muettes à cet égard, le mari pourra sans doute valablement confier à la femme l'administration des biens de cette femme elle-même, qui appartient à lui mari, aux termes des art. 1428, 1531 et 1549, al. 1. Mais ce ne sera pas une autorisation proprement dite; ce sera une véritable procuration, comme je l'ai montré à la fin du paragraphe précédent.

Il est cependant un cas où, pendant la durée du mariage, une autorisation proprement dite est conférée à la femme, quant à l'administration de ses biens : c'est celui de la séparation de biens judiciaire. Art. 1449.

2. *De la femme marchande publique.* « *La femme,* dit l'art. 220 du Code Nap., textuellement reproduit dans l'art. 5 du Code de Commerce, *si elle est marchande publique, peut, sans l'autorisation de son mari, s'obliger pour ce qui concerne son négoce; et, audit cas, elle oblige aussi son mari, s'il y a communauté entre eux.* » Ces derniers mots : *et, audit cas...* sont déplacés dans le chapitre du Code où ils se trouvent, comme le fait observer M. Vallette, sur Proudhon, t. I, p. 461, note III; car la question qu'ils décident n'est pas une question de capacité se rattachant à l'état de la personne, mais une question de régime matrimonial, c'est-à-dire de

rapports pécuniaires existant entre les époux. Il ne rentre donc point dans mon sujet d'étudier les conséquences des dernières expressions de l'art. 220 et les controverses qu'elles soulèvent.

La situation de la femme marchande publique est souvent présentée comme un des cas où, par exception à l'art. 217, l'autorisation maritale n'est pas nécessaire. C'est un point de vue inexact, puisque l'autorisation est indispensable pour que la femme puisse devenir marchande publique. Art. 4 du Code de Commerce. L'exception est faite, non pas à la règle de l'art. 217, mais à celle de l'art. 223. En effet, l'art. 220 décide qu'ainsi autorisée elle peut, d'une manière générale, s'obliger pour ce qui concerne son négoce; et l'art. 7 du Code de Commerce ajoute qu'elle peut même aliéner et hypothéquer ses immeubles.

§ 18. A QUEL MOMENT LE MARI DOIT DONNER SON AUTORISATION.

Le mari peut donner son autorisation *avant* l'acte pour lequel la femme en a besoin; il peut aussi la donner *pendant*, mais il ne peut la donner *après* l'opération conclue par la femme.

Il peut la donner avant : l'art. 217, en effet, déclare suffisant son consentement par écrit; ce qui montre bien que sa présence n'est point indispensable.

Il peut la donner au moment même où l'affaire se conclut : cela résulte encore de l'art 217, d'après lequel son concours dans l'acte suffit pour habiliter la femme.

Mais il ne peut la donner après coup. V. en ce

sens : Toullier I, 648. Merlin, *Rép.*, t. I et t. XVI, *Additions, V° Autorisation maritale* , sect. 6 , § 3, n° 2. Duranton, II, 518. Valette sur Proudhon, t. I, p. 467, note *b*. Demolombe, IV, 211. Mourlon, *Répét.*, t. I; p. 393. Turin, 17 décembre 1810. Sir., 11, 2, 231. Rouen, 18 novembre 1825. Sir., 26, 2, 271. Req. rej., 12 février 1828. Sir., 28. 1, 356. Grenoble, 26 juillet 1828. Sir., 29, 2, 28. Civ. cass., 26 juin 1839. Sir., 39, 1, 878. Paris, 12 mai 1859, Sir., 59, 2, 561. *V. en sens contraire :* Proudhon, t. I, p. 466. Delvincourt, t. I, p. 73, note 5, p. 395. Rolland de Villargues , *Rép. du not., V° Autoris. maritale*, n°ˢ 117 et 230. Dalloz , *Aphab. V° Mariage*, t. X, p. 149, n° 2. Zachariæ (2ᵉ édit.), t. III, p. 344. Marcadé, sur l'art. 225, n° 1. Riom, 23 janvier 1809. Devill., Coll. nouv., 3, 2, 11. Colmar, 28 novembre 1816. Sir., 17, 2, 145. Dijon, 1ᵉʳ août 1818. C. N., 5, 2, 409.

Avant d'établir l'opinion à laquelle je m'arrête, je ferai remarquer que la solution de la difficulté ne dépend pas aussi étroitement qu'on l'a prétendu de l'opinion que l'on adopte sur la question de savoir quel est le fondement de l'incapacité de la femme mariée. Veut-on que cette incapacité soit établie, non-seulement dans l'intérêt de la puissance maritale, mais encore dans l'intérêt propre et personnel de la femme , on reste libre d'admettre l'efficacité de l'autorisation postérieure, comme, par exemple, Proudhon ; ou de la rejeter, comme, par exemple, M. Valette. Veut-on, au contraire, que l'autorisation ne soit exigée, indépendamment de la puissance maritale, que dans l'intérêt de la famille et du mariage lui-même, considéré comme distinct de l'intérêt individuel de la femme, on peut encore admettre à son choix, quant à la validité de l'autorisation postérieure, celle des deux solutions que l'on croira meilleure. C'est ainsi que MM. Zachariæ et Demolombe sont en désaccord sur ce dernier point, bien qu'ils partagent, relativement aux motifs de la nécessité de l'autorisation, la même manière de voir. (Cpr. le § 3, ci-dessus.)

Abordons l'examen de la question, qu'il importe d'abord de bien poser. Il ne s'agit pas de savoir si le mari pourrait, alors que la femme a rétracté son consentement, la forcer à subir les conséquences de l'acte qu'elle désavoue. Les auteurs mêmes qui admettent la validité, à l'encontre de la femme, de l'autorisation postérieure du mari ne vont pas jusque-là, par la raison, disent-ils, que « si la femme avait rétracté son consentement, il n'y aurait plus d'acte susceptible de ratification de la part du mari. » Proudhon, t. I, p. 467.

Ils reconnaissent également que, après la mort de la femme, le mari ne pourrait pas ratifier de manière à enlever aux héritiers de la femme l'action en nullité qui leur compète, aux termes de l'art. 225. Proudhon, t. I, p. 468; Marcadé, sur 225, n° 1.

D'un autre côté, le mari peut très-bien ratifier l'acte de sa femme quant à lui, et renoncer à l'action en nullité qui lui appartient en propre. C'est encore un point sur lequel tout le monde est unanime.

Enfin il est incontestable (V. le § 36 *infra*) que le vice résultant du défaut d'autorisation peut disparaître entièrement par l'effet d'une ratification émanant, soit des deux époux à la fois, soit de la femme autorisée de son mari à l'effet de ratifier.

Quel est donc le point si vivement débattu? C'est de savoir si le mari peut, *par une autorisation*, ou plutôt *par une ratification* POSTÉRIEURE à l'acte de sa femme, rendre cet acte inattaquable d'une manière absolue; c'est-à-dire, non-seulement renoncer à l'action en nullité qui lui appartient, mais encore enlever à la femme l'action en nullité qu'elle aussi tient de la loi. Je dis : *ou plutôt par une ratification ;* car ce n'est pas proprement d'autorisation qu'il peut s'agir, mais seulement de ratification. Quand un acte est accompli, on ne peut pas l'autoriser; on ne peut que le ratifier.

Le mari est impuissant à ratifier l'acte annulable passé par sa femme, de manière à faire disparaître le vice résultant du défaut d'autorisation, à l'encontre de la femme elle-même. On en a donné plusieurs raisons. Voici la première :

L'art. 225 ouvre deux actions en nullité, dont l'une est donnée à la femme et l'autre au mari. L'action de la femme appartient à celle-ci, aussi complétement que l'action du mari appartient à ce dernier. La loi ne fait pas de distinction entre ces deux actions; on ne doit donc en introduire aucune. N'est-ce point un principe, dont on trouve dans le droit mille applications, que lorsque deux personnes sont saisies d'un droit ou d'une action, l'une n'est point obligée de subir les conséquences des actes ou renonciations qu'il plaît à l'autre de faire; en un mot, que nul ne peut être dépouillé de son droit sans son consentement? Ce principe, dira-t-on, souffre des exceptions. Sans doute, mais à quelles conditions? A la condition que ces exceptions soient formellement écrites dans la loi. Or, il n'est écrit nulle part que le mari puisse disposer des biens propres à sa femme. Tout au contraire, l'art. 1428 déclare que le mari ne peut aliéner les immeubles de sa femme sans son consentement. Or l'action en nullité que la femme tient de la loi s'appliquera souvent à un acte par lequel un immeuble se trouvera engagé; cette action représentera donc un immeuble personnel de la femme; le mari ne doit pas plus pouvoir l'aliéner que tout autre immeuble, sans le consentement de celle-ci. Ce raisonnement suffit à lui seul pour établir l'opinion que j'ai embrassée.

On a proposé, à l'appui de l'opinion que je défends, une seconde argumentation que, pour moi, j'approuve sans réserve, mais que je ne regarde toutefois que comme subsidiaire, parce que son point de départ est contesté, à tort, je le crois; mais enfin cette seconde raison, si elle était seule, compromettrait le système que je soutiens aux yeux de ceux qui rejettent ce point de départ, tandis qu'il ne peut rien être opposé de décisif à la première raison que je viens de présenter. Cette seconde argumentation consiste à dire : Si le mari pouvait ratifier pendant le mariage de manière à enlever à la femme elle-même son action en nullité, l'expiration du délai de dix ans, qui n'est pas autre chose qu'une ratification tacite, en faisant perdre au mari son action en nullité, ferait perdre aussi, par voie de conséquence, l'action en nullité qui appartient à la femme. Il arriverait donc que, par suite d'un délai courant pendant le mariage, la femme aurait perdu son action : résultat directement contraire à l'art. 1304, suivant lequel cette action ne commence à se prescrire qu'après la dissolution du mariage. Il n'y a rien à répondre à cet argument de la part de ceux qui admettent que le délai de dix ans court contre le mari du jour où il a eu connaissance de l'acte fait sans autorisation. Ce que pour moi je n'hésite point à reconnaître. (V. *infrà*, le § 36.) Mais certaines personnes contestent précisément que le mari lui-même perde son action en nullité par suite d'un délai courant pendant le mariage : elles pensent que les dix ans ne courent qu'à partir de la dissolution du mariage, contre lui aussi bien que contre la femme. Pour toutes ces personnes, l'argument que je viens d'exposer en dernier lieu n'a, je l'avoue, aucune valeur. Mais cela ne compromet pas en définitive la solution à laquelle je me suis arrêté, puisque la première raison que j'ai fait valoir à l'appui suffit pour l'établir.

Ce qui démontre puissamment la force de l'opinion que je soutiens, c'est que, de tous les arguments que l'on a proposés en faveur de l'opinion contraire, il n'en est aucun qui puisse se soutenir : c'est là ce qu'il me reste à faire voir.

1. On a dit : La femme persévère dans son consentement tant qu'elle n'attaque pas l'acte qu'elle a fait. Dès lors, le consentement du mari survenant, les deux volontés concourent : le vice est couvert. Ce raisonnement tombe de lui-même, quand on réfléchit que la femme peut très-bien ne pas attaquer

l'acte qu'elle a fait, sans nécessairement par là persévérer dans son consentement. « Son silence, dit M. Mourlon, a une autre explication qui est bien plus naturelle. N'oublions pas qu'elle ne peut citer en jugement sans autorisation. » Pour attaquer cet acte, il lui faudrait demander à son mari de l'autoriser à cet effet, c'est-à-dire lui révéler la faute qu'elle a commise en contractant à son insu.

2. On a invoqué un argument d'analogie tiré de l'art. 183. Nous voyons dans cet article que la ratification d'un mariage, par les ascendants dont le consentement n'avait pas été requis, alors qu'il était nécessaire, fait perdre à l'enfant lui-même l'action en nullité de mariage qui lui compétait. Cet argument ne me paraît pas heureux. Il se retourne contre les adversaires. Au lieu d'un argument *a pari*; l'art. 183 fournit un argument *a contrario*, tout aussi en forme, et mieux en harmonie avec les principes généraux du droit. Pour que le mineur marié perde, sans son consentement, l'action en nullité qu'il tenait de la loi, il a fallu une disposition expresse de la loi elle-même. Voilà bien une de ces exceptions au principe dont je parlais au commencement de cette discussion. Peut-on nous en montrer une pareille pour le cas qui nous occupe?

3. On a dit encore : L'art. 217 parle du consentement par écrit, sans distinguer s'il est antérieur ou postérieur : nous ne devons pas distinguer davange. (Dalloz, p. 149, cit.) Il est bien vrai qu'il ne faut pas introduire dans la loi de distinction arbitraire. C'est une règle que je respecte, et dont j'ai déjà fait plusieurs fois moi-même l'application. Mais il ne

faut pas non plus confondre des choses essentielle-ment distinctes ; or, je le répète, une *autorisation* est essentiellement distincte d'une *ratification*. L'une s'applique au présent ou à l'avenir, l'autre au passé. C'est une distinction, fondée sur la nature des choses.

4. Je ne puis terminer l'examen de cette question sans dire un mot des travaux préparatoires du Code. Le projet contenait, après l'art. 217, un alinéa ainsi conçu : « Le consentement du mari, quoique postérieur à l'acte, suffit pour le valider. » Locré, *Lég.* t. IV, p. 394, art. 4. Cet alinéa a disparu. Tel est le fait. On l'a d'abord fait valoir en faveur du système que j'ai adopté. Merlin, t. XVI, p. 94. Puis on en a, au contraire, tiré argument en faveur du système opposé, en établissant que la suppression de cet alinéa n'avait point eu lieu dans l'intention de rejeter l'autorisation postérieure. Marcadé, sur 225. Je ne veux pas entrer dans tous les détails d'une dis-cussion sur des remaniements de textes et je m'en tiendrai à la réflexion qu'ils suggèrent à M. Demo-lombe. Sans méconnaître en thèse générale la valeur des arguments puisés dans les travaux préparatoires du Code, je dirai qu'ils ne sont pas nécessairement décisifs lorsqu'ils ne s'accordent pas avec les textes mêmes tels qu'ils ont été finalement votés, ni avec les principes généraux du droit. Ce qui est précisé-ment le cas de la question actuelle.

Tout ce que je viens de dire sur le moment où le mari doit donner son autorisation est aussi vrai lorsqu'il s'agit pour la femme d'ester en jugement que lorsqu'il s'agit pour elle de contracter. 'Toutefois il faut ajouter, relativement à l'autorisation de plaider, quelques observations. Sans doute le principe est le même : l'autorisation ne peut intervenir après coup. Mais une procédure se compose d'une série d'actes successifs. Auquel de ces actes l'autorisation doit-elle être antérieure ou concomitante? On décide généralement que l'autorisation est toujours à temps d'intervenir jusqu'au jugement de l'instance. Les assignations, actes d'appels et autres, ne sont point toujours et nécessairement nuls par cela seul que la femme les aurait donnés ou reçus sans que le mari l'eût assistée. Tout peut être régularisé par une autorisation ou assignation postérieure donnée par le mari. V. les développements sur ce point au § 33 ci-dessous, ainsi que les auteurs et les arrêts qui s'y trouvent cités.

B. DE L'AUTORISATION DE JUSTICE.

§ 19. DES CAS OU LA JUSTICE PEUT ACCORDER A LA FEMME L'AUTORISATION DONT ELLE A BESOIN.

Ces cas se réduisent à deux : *Refus* et *impossibilité* de l'autorisation du mari.

Le premier ne présente pas de difficulté. Le mari a, sans aucun doute, le droit de refuser à sa femme l'autorisation qu'elle lui demande. Une autorisation forcée ne serait pas une véritable autorisation. D'un autre côté, la femme ne doit pas être victime d'un refus injuste. C'est aux tribunaux qu'il appartient de décider si le refus a une cause légitime, et d'accorder à la femme l'autorisation dont elle a besoin. (Art. 218.)

L'impossibilité où peut être le mari d'accorder son autorisation demande des développements plus considérables. Elle résulte : 1° de son absence ; 2° de sa minorité ; 3° de sa condamnation à une peine afflictive ou infamante ; 4° de son interdiction ; 5° de ce qu'il est placé dans un établissement d'aliénés ; 6° de ce qu'il est pourvu d'un conseil judiciaire. Après avoir passé en revue ces différentes hypothèses, je dirai quelques mots du cas où la femme est elle-même mineure, interdite ou pourvue d'un conseil judiciaire, ainsi que de celui où le mari est en prison pour dettes.

1) LE MARI EST ABSENT. L'art. 222 dispose que *si le mari est absent, le juge peut autoriser la femme.* Le mot *absent* a deux sens : un sens vulgaire et usuel, exprimant l'état d'une personne qui ne se trouve pas dans tel lieu auquel on se réfère ; et un sens légal et technique, exprimant l'état d'une personne qui a disparu ou est restée si longtemps sans donner de nouvelles, que son existence est devenue incertaine. (Art. 115 à 143 du code Nap.) La loi ne se sert point, en général, du mot absent pour faire allusion à la première de ces deux situations, que l'on désigne communément en droit par l'expression de *non-présence*. L'art. 222 ne s'applique, en principe, qu'à l'absent proprement dit. Il n'est d'ailleurs pas nécessaire qu'il soit *absent déclaré ;* il suffit qu'il soit dans la période de *présomption d'absence.* (V. les premiers mots de l'art. 863 du code de procédure)

Toutefois je ne dirai pas d'une manière absolue,

comme l'a fait, par exemple, Marcadé, sur l'art. 222, que jamais la justice ne peut être appelée à autoriser la femme quand le mari est simplement non présent. Sans doute il ne faut pas que la femme profite d'un voyage du mari pour traiter à son insu des affaires importantes. Mais il ne faut pas non plus qu'elle soit empêchée de faire un acte urgent pour lequel il serait trop long d'attendre le retour du mari ou son autorisation par lettre. Le cas peut encore se présenter aujourd'hui nonobstant la rapidité des moyens de communication. Le mot absent de l'art. 222, bien qu'il ne doive pas être pris en principe dans le sens de non présent, ne s'oppose cependant pas absolument à cette solution. M. Tronchet le faisait déjà remarquer, Locré, *Lég.* t. IV, p. 400; « d'ailleurs le tribunal n'autorise qu'en connaissance de cause, raison qui permet de donner plus de latitude à la disposition. » La justice appréciera d'après les circonstances, s'il est ou non impossible d'obtenir en temps utile l'autorisation du mari. Demolombe, IV, 214. Mourlon, t. Ier, p. 387. V. aussi Pothier, *Puissance du mari*, n° 12.

2) LE MARI EST MINEUR. Le mari mineur est incapable d'autoriser sa femme. (Art. 224.) Cette innovation (car il en était autrement dans notre ancien droit, Pothier, n° 29) est une des raisons les plus fortes de rejeter l'opinion de ceux qui pensent que l'autorisation est exigée exclusivement, *propter reverentiam*, dans l'intérêt de la puissance maritale; car un mari mineur n'a pas moins de droits qu'un mari majeur au respect et à la déférence de sa femme. La disposition de l'art. 224 ne peut s'expli-

quer qu'en reconnaissant à la nécessité de l'autorisation un but de protection, soit de la femme elle-
même, soit des intérêts matrimoniaux. (V. le § 3
supra.) La loi trouve le mari mineur incapable
d'exercer suffisamment cette protection, elle appelle
la justice à le remplacer.

Voici le motif qu'en donne M. Portalis : « Comment le mari pourrait-il autoriser les autres, quand
il a lui-même besoin d'autorisation? » Locré, *Lég.*,
t. IV, p. 524, n° 68. On est parti de ces termes pour
poser, en principe, que le mari, même mineur, pouvait encore, malgré l'art. 224, autoriser sa femme à
faire certains actes, savoir, tous ceux qu'en qualité
de mineur émancipé (par le mariage, art. 476), il
peut faire seul et sans l'assistance de son curateur.
On trouve généralement cette observation juste en
elle-même. Je ne sais jusqu'à quel point on pourrait
se fonder d'une manière bien solide sur un exposé
de motifs, quelque remarquable qu'il fût d'ailleurs,
pour apporter au texte de la loi une restriction qu'à
la rigueur il ne comporte pas. Mais cette observation, bien que trouvée juste, est généralement aussi
reconnue peu utile. En effet, elle ne conduit à rien,
du moins à presque rien ; car les actes pour lesquels
le mari mineur émancipé est capable sans l'assistance de son curateur, sont précisément, soit des
actes pour lesquels la femme n'a pas besoin d'autorisation, soit des actes pour lesquels elle ne peut pas
être proprement autorisée, par la raison qu'il appartient au mari de les faire lui-même : par exemple,
des actes d'administration (art. 482). De deux choses l'une : ou la femme ne jouit pas du droit d'ad-

ministrer seule sa fortune personnelle, c'est le mari qui administre (art. 1428, 1531 et 1549); il n'a dès lors aucune autorisation à donner, puisque la femme n'a aucun droit à exercer. Ou la femme est investie de l'administration de ses biens, et le mari n'a encore aucune autorisation à donner, puisque la femme est précisément dispensée de l'autorisation pour les actes de cette administration (art. 1449, 1534, 1536, 1549, al. 3 et 1576). De même pour les actions mobilières et les actions possessoires; sans doute le mari, mineur émancipé, peut les former et y défendre seul et sans aucune assistance (Arg. des art. 482 et 1428. Aubry et Rau, d'après Zachariæ, (3e édit.), t. Ier, § 132, notes 13 et 16), encore ce point n'est-il pas admis par tout le monde. Mais il n'y a pas d'avantage à en tirer ici une utile conclusion, du moins la plupart du temps; car, le plus souvent, l'exercice de ces actions appartient précisément au mari (art. 1428-1549, al. 2). La femme n'ayant pas à les exercer, ne saurait être dans le cas d'être autorisée à cet effet. C'est seulement lorsque la femme est séparée de biens, ou mariée sous le régime dotal, si elle a des paraphernaux, que le mari n'est point investi de l'exercice des actions mobilières et possessoires de sa femme. Alors seulement l'observation dont il s'agit pourra trouver une application pratique, s'il faut la regarder comme irrésistible, ce qui ne me paraît point établi. On dira donc que le mari, même mineur, peut autoriser sa femme à ester en jugement sur des actions mobilières et possessoires. Encore faudra-t-il excepter certaines actions mobilières que le mari lui-même ne peut exercer sans l'assistance de son curateur. Telles sont les demandes en partage d'universalités mobilières (art. 838 et 840), et celles qui concernent des capitaux mobiliers (Arg. de l'art. 482). V. sur ces deux derniers points qui, bien que généralement admis, sont cependant contestés par quelques personnes, Aubry et Rau, § 132, notes 14 et 15, et § 133, notes 11 et 12.

3) LE MARI EST CONDAMNÉ A UNE PEINE AFFLICTIVE OU INFAMANTE. Il est indigne, souvent même il se trouve dans une impossibilité physique d'autoriser sa femme. La justice le remplacera (art. 221). Deux difficultés se présentent sur cet article.

a. La dégradation civique fait-elle perdre au mari son droit d'autorisation? Il semble d'abord que oui, car c'est une peine infamante (art. 8 du code pénal), et l'art. 221 du code Napoléon ne l'a point exceptée. Cependant, on s'accorde généralement à dire que la dégradation civique n'a point un pareil effet. Il en résulterait que la déchéance du droit d'autorisation serait toujours perpétuelle, sauf le cas fort rare de la réhabilitation. Ce qui serait directement contraire à ces expressions de l'art. 221 : *Pendant la durée de sa peine.* On ne peut évidemment sortir de la difficulté qu'en altérant d'une manière ou de l'autre le texte de l'art. 221. Il faut, ou bien supprimer et déclarer inutiles, hors le cas de réhabilitation, ces mots : *Pendant la durée de sa peine.* C'est ce qu'a proposé M. Delvincourt, t. I⁰ʳ, note 12 de la p. 73, p. 399 ; ou bien restreindre la généralité de termes qui paraissent s'appliquer à toutes les peines infamantes, en exceptant la dégradation civique, pour trouver un sens aux expressions : *Pendant la durée de sa peine.* Je regarde ce dernier parti comme préférable. D'autant plus que l'art. 34 du code pénal, énumérant les incapacités qui résultent de la dégradation civique, ne prononce point la déchéance du droit d'autorisation. V. en ce sens Duranton, II, 507; Valette sur Proudhon, t, Ier, p. 470, note *a*; Demolombe, IV, 216.

b. La seconde difficulté à laquelle donne lieu l'art. 221 vient encore de ces mêmes expressions : *Pendant la durée de sa peine,* combinées cette fois avec ces autres termes : *Encore que la condamnation n'ait été prononcée que par contumace.* En effet, le condamné par contumace ne subit point de peine, et ne peut même pas en subir, puisque sa représentation anéantit l'arrêt de condamnation. (Art. 476 du code d'instruction criminelle.) On concilie entre elles ces diverses parties de l'article, en considérant comme durée de la peine la durée de la contumace elle-même, c'est-à-dire tout le temps qui s'écoule jusqu'à ce que le condamné par contumace ait acquis la prescription de sa peine. (Art. 635, Code d'Instruct. Crim.). Valette sur Proudhon, 1, p. 471, en note. Demolombe, IV, 218.

4) LE MARI EST INTERDIT. *Si le mari* EST INTERDIT, *le juge peut autoriser la femme.* (Art. 222). Rien de plus naturel qu'une pareille disposition.

Lorsque c'est la femme elle-même qui est nommée tutrice de son mari interdit, aux termes de l'art. 507, l'état d'interdiction du mari conduit à des résultats qui peuvent sembler bizarres au premier aspect. La femme joue alors un double rôle, celui de femme mariée et celui de tutrice. Comme femme mariée, et relativement à ses biens personnels, elle doit être, comme en général toute femme d'un mari interdit, autorisée par la justice. Au contraire, elle n'a jamais besoin de l'autorisation de la justice proprement dite, en qualité de tutrice et relativement aux biens personnels du mari. Elle peut faire seule tous les actes qu'un tuteur peut faire seul, et, si la justice intervient, ce ne sera que pour donner son homologation, conformément aux règles de la tutelle des interdits et des mineurs. Aux biens personnels du mari, il faut assimiler les biens de la communauté, et même les biens personnels de la femme, quant à l'administration et la jouissance, si, d'après les conventions matrimoniales, cette administration et cette jouissance appartiennent au mari.

Quand l'interdiction du mari n'a pas été prononcée, ce n'est pas une raison pour que l'autorisation qu'il aurait donnée ne puisse pas être attaquée pour cause de démence. L'autorisation maritale, au fond, est un consentement dont la manifestation, à moins d'un texte contraire, est soumise aux règles du droit commun. On pourrait donc attaquer, du vivant du mari, l'autorisation qu'il aurait donnée en établissant qu'il était, à l'instant même où il l'a accordée, privé de l'usage de ses facultés intellectuelles. Il ne serait point nécessaire que la preuve de la démence résultât de l'autorisation même. L'art. 504 ne peut recevoir d'application que si l'autorisation était attaquée, pour cause de démence, après la mort du mari, dont l'interdiction n'aurait été ni prononcée, ni provoquée. Cpr. Valette sur Proudhon, t. II,

p. 540 ; Aubry et Rau, d'après Zacharie (3ᵉ édit.),
t. Iᵉʳ, § 127, notes 10 à 14. Ce sera, bien entendu,
au demandeur en nullité de l'autorisation à prouver
la démence. « Il serait même équitable, dit M. Demolombe, IV, 223, de ne faire subir les conséquences
de cette nullité aux tiers qui ont traité avec la
femme, que s'ils avaient connu l'état de démence
du mari. »

5) LE MARI, SANS ÊTRE INTERDIT, SE TROUVE DANS UN
ÉTABLISSEMENT D'ALIÉNÉS. Remplacer alors son autorisation par celle de la justice est certainement, en
pratique, le plus sage, et la loi ne s'y oppose en aucune façon. Mais elle ne le prescrit pas non plus.
Sans doute il sera souvent dans l'impossibilité, même
physique, de donner son autorisation. Mais est-il
dans l'impossibilité légale de l'accorder ? Est-il absolument incapable d'exercer son droit de puissance maritale ? Je ne crois pas qu'il faille aller jusque-là. Son
placement, sans jugement d'interdiction, dans une
maison d'aliénés, ne saurait avoir le même effet
qu'une interdiction elle-même. L'autorisation qu'il
aurait donnée dans cet établissement, ne pourrait
être attaquée qu'autant qu'il serait prouvé qu'elle
a été accordée dans un instant de démence. Loi du
30 juin 1838, art. 39. Demolombe, IV, 225.

6) LE MARI EST POURVU D'UN CONSEIL JUDICIAIRE. Il
convient de distinguer deux classes d'actes. Quant à
ceux pour lesquels le mari n'a pas besoin de l'assistance de son conseil, il peut autoriser sa femme à les
faire. Mais quant aux actes pour lesquels cette assistance lui est nécessaire, il faut recourir à l'autorisation de la justice. Il serait déraisonnable que le mari

pût habiliter la femme à faire des actes pour lesquels il est lui-même incapable. Je ne saurais me ranger au sentiment de MM. Duranton, II, 506 et Dalloz, *Alph.*, t. X, p. 147, n° 12, qui émettent une opinion contraire. Il faut également rejeter l'opinion de ceux qui pensent que le mari donnera son autorisation avec l'assistance de son conseil. V. en ce sens, Chauveau, VI, 2925. Paris, 27 août 1833. Sir., 33, 2, 562. Nous savons, en effet, que le mari mineur n'autorise pas avec l'assistance de son curateur. Ce n'est pas non plus le tuteur du mari interdit qui autorise à sa place. Dès que le mari ne peut autoriser par lui-même, c'est la justice qui est appelée à le suppléer. Il est vrai que l'art. 222 ne prononce pas contre le pourvu d'un conseil judiciaire l'incapacité qu'elle établit contre l'interdit. Mais ce n'est pas ici la seule occasion où la loi, ne parlant que de l'interdit, il faille cependant lui assimiler le pourvu d'un conseil judiciaire. C'est ainsi que tout le monde admet que le second est incapable d'être tuteur ou membre d'un conseil de famille, bien que la loi (art. 442, al. 2), ne parle formellement que du premier. Aubry et Rau, § 92, notes 7 et 11. Demolombe, IV, 226. Civ., cass., 11 août 1840. Sir., 40, 1, 858. Rennes, 7 décembre 1840. Sir., 41, 2, 423.

7) DU CAS OU LA FEMME EST MINEURE. C'est encore une hypothèse que la loi n'a point prévue. L'autorisation de justice proprement dite n'interviendra que si le mari est aussi mineur lui-même, art. 224. Le tribunal devra désigner à la femme un curateur *ad hoc*, pour chaque affaire, arg. de l'art. 2208, al. 3.

Mais il ne pourrait lui nommer un curateur permanent, l'état d'une femme mariée ne le comportant pas. Mourlon, *Répét.* t. I, p. 389 en note.

Si le mari est majeur, il est de droit le curateur de sa femme mineure. Arg. des art. 506 et 2208, al. 3. Aubry et Rau, § 131 note 2. Son autorisation suffira pour tous les actes qu'un mineur émancipé peut faire avec la seule assistance de son curateur. Quant aux actes pour lesquels il faut en outre l'autorisation du conseil de famille et l'homologation du tribunal, la femme devra recourir à ces formalités, indépendamment de l'autorisation de son mari qu'elle devra en outre obtenir. Demolombe, IV, 229.

8) LA FEMME EST INTERDITE. On ne saurait jamais parler ici d'une autorisation de justice proprement dite, car la théorie de l'incapacité de la femme mariée n'a trait qu'aux actes que la femme a le droit de faire elle-même, et quand elle est interdite, elle n'en peut faire aucun. Le plus souvent son tuteur sera son mari lui-même, ar. 507. Mais dans le cas où ce serait un autre que son mari, il suffirait à ce tuteur de se conformer aux règles ordinaires de la tutelle des interdits, sans qu'on doive lui imposer en outre la nécessité d'aucune autorisation maritale. Demolombe, IV, 228. Amiens, 29 décembre 1825. Sir., 26, 2, 199.

9) LA FEMME EST POURVUE D'UN CONSEIL JUDICIAIRE. Faut-il donner ici la même solution que dans le cas précédent, et dire que si le conseil nommé à la femme est un autre que le mari, ce dernier devra rester complétement à l'écart? M. Demolombe, IV, 229, ne s'explique pas positivement sur ce point, mais il

paraît bien assimiler ces deux hypothèses. Il me semble toutefois qu'il convient de les distinguer. La raison en est que la femme, pourvue d'un conseil judiciaire, agit toujours par elle-même, à la différence de la femme interdite, qui n'agit point. Le mari doit intervenir concurremment avec le conseil, l'un pour donner son autorisation, l'autre pour fournir son assistance. J'approuve donc ce considérant de la cour de Montpellier, blâmé par M. Demolombe : « Que la nomination d'un conseil judiciaire ne porte aucune atteinte à l'autorité maritale et la laisse subsister dans toute sa force pendant le mariage. » Montpellier, 14 décembre 1841. Sir., 42, 2, 310. Nous pourrons en conséquence avoir ici une autorisation de justice proprement dite.

10) Du cas ou le mari est en prison pour dettes. Il ne faut pas voir dans l'art. 1427 un nouveau cas où la justice pourrait intervenir pour habiliter la femme. Cet article n'ajoute rien aux principes sur la capacité de la femme mariée établis dans les art. 215 et suivants. Il ne peut recevoir d'application que si le mari est pour quelque cause dans le cas d'être remplacé par la justice, par exemple s'il est mineur. Ce que décide l'art. 1427, c'est une question de régime seulement. Mais si le mari est majeur et capable, on n'a que faire de l'autorisation de la justice. Il ne refusera pas d'autoriser sa femme à s'obliger pour le tirer de prison. Et si par hasard il refusait, il me semble assez difficile que la justice puisse alors autoriser contrairement à son refus.

§ **20.** DES CAS OU L'AUTORISATION DE LA JUSTICE NE PEUT REMPLACER CELLE DU MARI.

Il faut absolument que la femme soit autorisée par son mari lui-même :

1° Lorsque, mariée sous le régime dotal, elle veut aliéner ses biens dotaux pour l'établissement des enfants communs (art. 1556). Il en est autrement lorsqu'il s'agit d'établir des enfants d'un premier lit (art. 1555). L'affection du mari pour ses propres enfants est, dit-on, une garantie qu'il ne refusera pas son autorisation mal à propos. Cette disposition peut être critiquée jusqu'à un certain point; aussi faut-il l'entendre restrictivement. Il y a d'ailleurs une autre raison de la renfermer strictement dans ses termes, car c'est une exception à la règle de l'art. 219, et l'on sait que les exceptions sont *strictissimæ interpretationes*. La justice peut donc, dans tous les autres régimes, et même dans le régime dotal quant aux paraphernaux, autoriser la femme à donner ses biens pour l'établissement des enfants communs.

2° Lorsque, n'étant point séparée de biens, elle veut accepter la charge d'exécutrice testamentaire (art. 1029). La raison en est que l'exécuteur testamentaire étant imposé aux héritiers et non choisi par eux, doit leur offrir une garantie sérieuse et efficace. Or la loi n'a pas considéré la femme comme telle lorsque le mari a la jouissance de ses biens, jouissance à laquelle l'autorisation de justice ne peut porter atteinte. Si la femme est séparée de biens, l'autorisation de la justice suffit, au contraire, pour habiliter la femme à s'obliger d'une manière complète, puisque le mari n'ayant pas la jouissance des biens de la femme, il ne peut-être question de la lui enlever. Dès lors la femme offre autant de garantie aux héritiers que toute autre personne.

Tout ce que l'on dit de la femme séparée de biens, il faut l'appliquer à la femme qui se trouve dans une position analogue à la séparation de biens, c'est-à-dire à la femme, mariée sous n'importe quel régime, quant aux biens dont elle aurait la jouissance, à la seule condition que cette jouissance soit suffisante pour la garantie des parties intéressées. Demolombe, IV, 227. Troplong, *Donations*, IV, 2015. Cette addition aux termes de l'art. 1029 résulte essentiellement de l'esprit dans lequel il a été conçu.

3° Pour compromettre. La femme ne peut compromettre que si elle y est autorisée par son mari. Cela résulte de l'art. 83, n° 6 du Code de Procédure combiné avec l'art. 1004 du même Code, puisqu'on ne peut compromettre sur les causes communicables au ministère public, et que les causes des femmes non autorisées de leurs maris sont toujours communicables.

4° Enfin *pour faire le commerce*. C'est une question fort controversée encore aujourd'hui ; toutefois je n'hésite point à me prononcer d'une manière absolue pour l'impossibilité de suppléer à l'autorisation du mari lorsqu'il s'agit d'habiliter la femme à devenir marchande publique. Les textes du Code Napoléon (art. 220) et du Code de Commerce (art. 4 et 5) me paraissent l'établir très-fortement ; et, si l'on a cherché à mettre en avant des opinions contraires, qui sont fort loin d'ailleurs d'être d'accord entre elles, ce n'est point qu'on ait trouvé quelque texte qui pût servir de fondement à ces diverses théories, c'est uniquement parce qu'on a vu des inconvénients à ce que la justice ne pût en aucun cas autoriser la femme à faire le commerce. Quelques-uns de ces inconvéniens sont graves, je l'avoue, mais il y en aurait aussi de fort grands à ce que la femme pût devenir, sans la volonté ou même contre le gré de son mari, passible de la contrainte par corps, de la mise en faillite; bien plus, dans le cas de banqueroute, d'une peine afflictive et infamante qui l'enlèverait à la puissance maritale et à ses enfants, par cela seul qu'elle aurait commis une fraude qui ne lui eût fait encourir aucune pénalité si elle n'eût point été commerçante.

Il y a donc des inconvénients de part et d'autre. Mais, lors même qu'il y en aurait de plus graves encore à ce que la justice ne pût pas autoriser, et qu'il n'y en aurait aucun à ce qu'elle le pût, on serait encore obligé de reconnaître que la loi s'y oppose absolument : *dura lex, sed lex.* Tout ce que l'on pourrait faire, ce serait d'exprimer ses regrets, et de s'adresser à qui de droit pour faire réformer sur ce point la législation. De toutes les distinctions qu'on a proposées, plusieurs sont raisonnables en elles-mêmes, mais elles sont toutes arbitraires et inconciliables avec les textes. V. en ce sens, Bravard-Veyrières, *Manuel du droit commercial*, p. 21 à 23. Demolombe, IV, 248. V. en sens contraire, Rolland de Villargues, *Rép. du not.* v° *Autorisation pour faire le commerce*, n° 16 ; et avec des distinctions,

Duranton, II, 478, et Marcadé, sur l'art. 220, n° 1.
Un arrêt de la cour de Paris, 24 octobre 1844, Sir.,
44, 2, 581, est souvent cité comme ayant jugé que
la justice peut autoriser la femme à faire le commerce. Mais il s'agissait dans l'espèce de le *continuer* et non de le *commencer*. Ce qui ne m'empêche
point de désapprouver en principe la solution de
cet arrêt.

Car je n'admettrais même pas comme règle que la
justice pût autoriser la femme à continuer le commerce dans le cas où le mari viendrait à révoquer
le consentement qu'il avait d'abord donné. Cpr. Demolombe, IV, 324. Il est vrai que M. Regnault avait
proposé au Conseil d'État une rédaction ainsi conçue : « Le mari peut, en tout temps, faire cesser le
commerce de sa femme, sauf à elle à réclamer devant les tribunaux pour se faire autoriser, s'il y a
lieu, à le continuer. » Locré, *Lég.* t. XVII, p. 157.
Il est encore vrai que cette rédaction exprimait l'opinion du plus grand nombre des membres du Conseil. Mais, en définitive, elle n'a point passé dans la
loi, où l'on ne trouve même rien qui y fasse allusion. La justice ne peut donc autoriser la femme à
continuer le commerce indéfiniment ou pendant de
longues années. Tout ce qu'on peut admettre, c'est
que, si le mari veut brusquement et intempestivement faire cesser le commerce de sa femme, la justice peut intervenir, en ce sens seulement qu'elle retardera l'exécution de cette volonté, par exemple,
autorisera la femme à terminer des opérations commencées. On comprend, en effet, qu'une brusque
cessation de son commerce serait quelquefois de na-

ture à lui occasionner un préjudice considérable. Voilà tout le rôle qu'il est permis d'attribuer ici à la justice, dans le silence ou plutôt malgré le texte formel de la loi (art. 4, Code Com.). C'est seulement de ce tempérament qu'on peut dire qu'il concilie tous les droits et tous les intérêts. C'est aussi la seule intention que l'on puisse d'une manière assurée reconnaître aux rédacteurs du Code de Commerce, d'après la lecture du procès-verbal de la séance du 3 janvier 1807. Locré, t. XVII, p. 150 à 157.

§ 21. DE LA COMPÉTENCE DU TRIBUNAL QUI DOIT ACCORDER L'AUTORISATION.

La compétence du tribunal varie selon l'autorisation qu'il s'agit d'obtenir :

I. *a*) S'agit-il, soit d'une autorisation pour *contracter*, soit d'une autorisation pour *plaider comme demanderesse*, le tribunal compétent est, en général, le tribunal civil d'arrondissement du domicile commun des époux. (Art. 219 et arg. de cet art. Le domicile du mari est aussi le domicile de la femme, aux termes de l'art. 108.) L'art. 219 ne désigne expressément ce tribunal que relativement à l'autorisation de contracter, de *passer un acte*. Mais on est unanime pour étendre sa disposition au cas où la femme sollicite l'autorisation de plaider comme demanderesse. Il est impossible d'en indiquer raisonnablement un autre, ce tribunal étant à la fois celui de la femme et celui du mari. Demolombe, IV, 254.

Si les époux sont séparés de corps, la femme peut

avoir un domicile distinct de celui du mari. Telle est du moins l'opinion généralement reçue. V. en ce sens Valette sur Proudhon, t. I, p. 244, note *b*. Aubry et Rau, d'après Zachariæ (3ᵉ édit.), t. I, § 143, note 5. V. en sens contraire, Zachariæ, et Merlin, *Rép*. vᵒ *Domicile*, § 5, nᵒ 1, qui avait d'abord soutenu l'opinion opposée. Si le domicile de la femme est alors situé dans un autre arrondissement que celui du mari, à quel tribunal faut-il s'adresser, on ne peut plus appliquer l'art. 219, il n'y a plus de domicile commun? C'est au tribunal du domicile de la femme et non à celui du domicile du mari. Cela ne souffre aucune difficulté dans les cas où la justice autorise sans entendre le mari (art. 221, 222 et 224, ce dernier douteux). Lors même que le mari doit être au préalable consulté (art. 219, Nap., et 862, Proc.), cette solution semble bien raisonnable, car le fond de l'affaire n'est pas un procès entre les époux, mais un acte de la juridiction gracieuse ou volontaire sollicité par la femme. V. en ce sens, M. Valette, *Explication sommaire du liv. Iᵉʳ du Code Nap*. p. 122. Lyon, 4 juin 1841. Sir., 41, 2, 612. Peut-être objectera-t-on qu'on ne peut forcer le mari à se déplacer. Toujours est-il que si, en fait, le mari avait consenti à se déplacer, l'autorisation donnée par le tribunal du domicile de la femme serait à l'abri de toute attaque.

b) Lorsque la femme veut plaider comme demanderesse en appel devant la Cour Impériale, qui l'autorisera? La Cour ou le Tribunal civil d'arrondissement? La Cour seule doit être regardée comme compétente. De deux choses l'une : ou le jugement, dont la femme veut appeler, émane du tribunal même du domicile commun, ou il émane d'un autre tribunal. Dans le premier cas, il serait vraiment bizarre et inconvenant de demander à des juges l'autorisation de faire réformer leur propre décision. Dans le second cas, il y aurait une sorte de contrôle à exercer sur le jugement dont l'appel est proposé, contrôle dont une juridiction égale ne saurait être investie dans le silence de la loi. Il ne reste donc d'autre compétence que celle de la cour devant laquelle l'instance d'appel sera engagée. V. en ce sens, Carré, 2910. Demolombe, IV, 262. Req. rej., 2 août 1853. Sir., 55, 1, 211. V. aussi le *Rapport* du conseiller Mestadier, Sir., 43, 1, 248. La Cour de Cassation n'avait point alors tranché la question parce que c'était inutile dans l'espèce. V. en sens contraire, Lyon, 7 janvier 1848. Sir., 50, 2, 464. Bordeaux, 4 avril 1849. Sir., 50, 2, 463, 3 mars 1851. Sir., 51, 2, 424, et 24 mai 1851. Sir., 51, 2, 707. Ce que je viens de dire ne préjuge point d'ailleurs la question très-controversée de savoir si la femme autorisée à plaider en première instance est ou non par cela même autorisée à plaider en appel. (V. *infra*, § 25.)

c. Lorsque la femme se pourvoit en cassation, il faut décider de même que la Cour de Cassation est seule compétente pour autoriser la femme à plaider devant elle, et cela pour les mêmes raisons. Demolombe, IV, 263. V. cep. Civ. rej., 27 mai 1846. Sir., 46, 1, 747.

II. Supposons maintenant qu'il s'agit pour la femme *d'ester en jugement comme défenderesse.*

Aucune disposition législative n'a statué sur ce cas. Le silence de la loi est heureusement facile à suppléer ici. Un principe bien simple se présente de lui-même : c'est qu'il appartient d'autoriser la femme au tribunal saisi de l'affaire, quel qu'il soit, ou plus généralement à la juridiction devant laquelle la femme est appelée pour se défendre. Par application de ce principe, l'autorisation sera donnée tantôt :

Par un Tribunal civil quelconque ;

Par un Tribunal de commerce, Merlin, *Rép.* t. XVI, v° *Aut. maritale*, sect. 8, n° 7. Demolombe, IV, 266. Civ. cass., 17 août 1813. Sir., 13, 1, 444 ;

Par le Juge de paix , siégeant, bien entendu , comme juge et non comme conciliateur. Chauveau, 2910 ter ;

Par la Cour Impériale ;

Enfin par la Cour de Cassation.

<h2>§ 22. DE LA PROCÉDURE EN AUTORISATION.</h2>

Un titre fort court, il se compose de quatre articles (861-864), est spécialement consacré à notre matière, au Code de Procédure. Aussi que de points laissés sans solution par la loi !

1. La procédure en autorisation est une procédure tout exceptionnelle. La publicité de l'audience pourrait avoir de graves inconvénients. La qualité des parties et la nature des débats la rendraient fâcheuse. Trop souvent les explications des époux ne seront point amicales. Aussi *tout* se passera-t-il dans la chambre du conseil. Art. 861 du Code de Procédure.

2. *Tout,* c'est-à-dire non-seulement l'audition des époux, mais encore la plaidoirie des avocats, s'il y en a; le rapport du juge commis (art. 863 et 864); les conclusions du ministère public (art. 862); et le jugement lui-même. Telle est du moins la saine interprétation de la loi et son véritable esprit. Mais je dois dire que ces divers points ne sont pas universellement admis par tous les auteurs, et que la pratique n'est pas partout uniforme. La dernière solution surtout, celle qui consiste à dire que le jugement lui-même doit être rendu dans la chambre du conseil, est très-vivement combattue. V. dans le sens que je crois seul plausible: Merlin, *Rép.* t. XVI, *Additions,* v° *Autoris. maritale,* sect. 8, n° 2 *bis.* Carré et Chauveau, 2923. Demolombe, IV, 256. Riom. 29 janvier 1829. Sir., 29, 2, 342 Bordeaux, 27 janvier 1834. Sir., 34, 2, 283. V. en ce sens contraire: 1° Marcadé, sur l'art. 219, n° 2. De Belleyme, *Ordonnances de référés,* t. I, p. 427. Nîmes, 9 janvier 1828. Sir., 28, 2, 222. Req. rej., 10 février 1851, Sir., 51, 1, 202, qui veulent que les conclusions mêmes du ministère public soient prises à l'audience publique; ce qui me paraît entièrement inadmissible; et 2° Berriat-Saint-Prix, t. II, p. 667. Orléans, 9 mai 1849. Sir., 49, 2, 715. Poitiers, 18 avril 1850. Sir., 50, 2, 445. Civ. cass. 5 juin 1850. Sir., 50, 1, 616. Req. rej., 1er mars 1858. Sir., 58, 1, 452, qui reconnaissent que tout doit se passer en chambre du conseil, à l'exception du jugement seul.

3. Le ministère des avoués n'est point obligatoire. Mais ce serait aller trop loin que d'empêcher les époux de se faire assister, dans la chambre du con-

seil, d'un avoué ou d'un avocat. Autre chose est ne point exiger, autre chose est interdire. Demolombe, IV, 265. Carré et Chauveau, 2922. Civ. rej., 21 janvier 1846. Sir., 46, 1, 263.

4. La procédure exceptionnelle qui est requise en première instance doit également être suivie en appel. Les motifs sont essentiellement les mêmes, et d'ailleurs les textes, loin de s'y opposer, y conduisent naturellement. Art. 861 et 470 du Code de Procédure. Demolombe, IV, 261. Paris, 5 décembre 1840. Sir., 41, 2, 473. Civ. rej., 21 janvier 1846. Sir., 46, 1, 263. Lyon, 7 mai 1847. Sir., 48, 2, 98. Orléans, 19 mai 1849 et Poitiers, 18 avril 1850; Sir., 50, 2, 455. V. en sens contraire, req. rej., 23 août 1826. Sir., 27, 1, 152.

5. Les principaux actes de la procédure en autorisation sont :

Sommation par la femme au mari d'avoir à l'autoriser (861, Proc.).

Requête de la femme au président à fin d'assigner le mari (même article).

Ordonnance en réponse permettant l'assignation (même article).

Assignation du mari à la chambre du conseil (même article).

Audition des époux et de ceux qui peuvent les assigner (862, Proc.).

Rapport d'un juge dans le cas d'absence ou d'interdiction (863 et 864, Proc.).

Conclusions du ministère public (862).

Et jugement (862).

6. Cette marche, prescrite par le Code de Procé-

dure, ne s'applique, à prendre les textes à la lettre, qu'au cas où la femme demande l'autorisation d'ester en jugement comme demanderesse. Quand il s'agirait pour elle de contracter, l'art. 219 du çode Nap. lui permettrait de citer directement son mari, sans aucune sommation, requête ni ordonnance préalables. Mais comme il n'y a vraiment pas de raison de différence entre les deux cas, et que la marche de 861 Proc. est plus révérentielle que la marche de 219 Nap., on s'accorde généralement à regarder l'art. 219 du Code Napoléon comme modifié sous ce rapport par l'art. 861 du Code de Procédure, qui lui est postérieur. Proudhon et Valette, t. I, p. 469 et note *a*. Demolombe, IV, 250. Marcadé, sur l'art. 219, n° 2. V. cep. en sens contraire, Carré et Chauveau, 2917.

7. Le mari, quand il est mineur, doit-il recevoir une sommation et être appelé en la chambre du conseil? La loi, qui le prescrit ainsi lorsque, majeur, il refuse son consentement (861 proc.), est muette sur tous les autres cas. Toullier, II, 653, dit que le mari mineur *doit* être consulté. Sans doute il sera souvent convenable et utile de l'appeler. Le tribunal peut l'entendre, mais la loi ne l'exige pas, et l'on ne saurait déclarer irrégulière une procédure où il n'aurait été ni entendu ni appelé. Carré, 2925. Rolland de Villargues, *Rép. du not.* v° *Autoris. maritale*, n° 174. Demolombe, IV, 253.

Lorsque le mari est pourvu d'un conseil judiciaire, doit-on lui faire une sommation et le citer en la chambre du conseil pour entendre ses observations ? Quant à la sommation, on ne peut raisonnablement lui en faire aucune, car la sommation a pour but de mettre le mari en demeure de donner son autorisation; et le mari pourvu d'un conseil judiciaire est précisément incapable de l'accorder, du moins quant aux actes qu'il ne peut faire sans l'assistance de son conseil. (V. § 19 ci-dessus.) Relativement à la comparution en la chambre du conseil, je répéterai ce que je viens de dire à l'égard du mari mineur. Le tribunal peut l'entendre s'il le juge à propos, mais il n'y est point obligé. Il suffit que la femme joigne à sa requête le jugement qui a nommé le conseil judiciaire à son mari, comme elle doit y joindre le jugement d'interdition, aux termes de l'art. 86 Proc.

9. Lorsque la femme est défenderesse, l'autorisation dont elle a besoin n'est presque qu'une simple formalité que la justice supplée quand le mari la refuse. M. Berlier le disait déjà, dans son *Exposé des motifs*. Locré, *Lég.* t. XXIII, p. 151, n° 12. Le tiers qui poursuit la femme assigne le mari conjointement avec elle à l'effet de l'autoriser. On décide généralement qu'il ne lui suffit pas d'assigner la femme en la requérant de se faire autoriser. Merlin, *Rép.* t. XVI, *Additions*, v° *Autoris. maritale*, sect. 3, § 4. Carré et Chauveau, 2911. Demolombe, IV, 267-268. Civ. cass., 29 mars 1808. Sir., 8, 1, 213. Civ., 7 octobre 1811. Sir., 12, 1, 10. Civ., 25 mars 1812. Sir., 12, 1, 317. Orléans, 5 mars 1849. Sir., 49, 2, 638. Req. rej., 10 mars 1858. Sir., 58, 1, 449. Toutefois n'allons pas trop loin. Il ne faut pas conclure de là que l'assignation donnée à la femme seule ne puisse jamais produire aucun effet. Il peut être encore temps pour le demandeur de mettre plus

tard le mari en cause. C'est un point sur lequel je reviendrai au § 23. Si le mari assigné conjointement avec la femme à l'effet de l'autoriser, refuse son autorisation ou fait défaut, le tribunal accorde l'autorisation sur les conclusions du demandeur. Pas n'est besoin de sommation, de requête, ni en un mot d'instance, de débat particulier et préalable. C'est ce qui fait si bien comprendre que le tribunal compétent, pour autoriser, ne saurait être un autre que celui devant lequel la femme est appelée.

§ 23. Application a l'autorisation de justice des principes qui régissent l'autorisation du mari.

L'autorisation du mari peut être expresse ou tacite; elle doit être spéciale; elle ne saurait être donnée après coup; enfin, le mari est libre de la refuser ou de ne l'accorder que sous certaines conditions.

1. L'autorisation de la justice doit-elle nécessairement être expresse? On décide généralement que oui; ce qui ne peut souffrir aucune difficulté quand l'autorisation qu'il s'agit d'accorder est de passer un acte ou d'introduire une demande en justice. Mais il me semble trop rigoureux de dire que l'autorisation de la justice doive être toujours et nécessairement expresse, lorsqu'elle a pour objet d'habiliter la femme à plaider comme défenderesse. Sans doute on ne peut qu'approuver ce qui se fait habituellement dans la pratique : l'adversaire de la femme prend des conclusions tendant à ce que la justice autorise la femme, à défaut du mari; et le tribunal, dans son

jugement, déclare accorder cette autorisation. Cette marche est assurément la plus simple et la plus sûre ; mais, dans le cas où elle n'aura point été suivie, s'ensuivra-t-il nécessairement que l'autorisation ne pourra jamais être considérée comme ayant été accordée? Je ne le pense pas : aucun texte ne le prescrit ainsi. Ce qu'il faut, c'est que l'attention du tribunal ait été spécialement appelée sur la question d'autorisation. Il est bien évident que l'autorisation ne saurait résulter de cela seul que les juges ont laissé plaider la femme; mais c'est aller trop loin que de dire que jamais l'autorisation de la justice ne peut être tacite et virtuelle. La question doit être résolue suivant les circonstances. C'est avec raison, ce me semble, que la cour de cassation n'a point admis le pourvoi dirigé contre un arrêt de la cour de Besançon, qui avait regardé la femme comme suffisamment autorisée, bien que le tribunal n'eût pas dit expressément qu'il *autorisait*. Req. rej., 21 février 1853. Sir., 53, 1, 569. *V.* en sens contraire : Demolombe, IV, 268.

2. L'autorisation de la justice doit être spéciale, aussi bien que celle du mari. Elle doit donc être donnée, pour chaque acte, pour chaque procès, *en connaissance de cause* : telle est la formule la plus exacte et celle dont se sert la loi elle-même (art. 222). Il est hors de doute que la justice pourrait, comme le mari lui-même, autoriser la femme pour plusieurs actes à la fois, sans que l'autorisation cessât d'être spéciale, pourvu que les conséquences de l'autorisation eussent été suffisamment appréciées. Civ. cass., 30 juin 1841. Sir., 41, 1, 647.

3. L'autorisation de la justice doit être, comme celle du mari, antérieure ou concomitante ; elle ne peut être donnée après coup. En d'autres termes, la justice ne peut pas autoriser la femme à ratifier de manière à ce que cette ratification enlève au mari lui-même son action en nullité. Il est de principe que la ratification ne peut avoir lieu au préjudice du droit des tiers (art. 1338). C'est également une règle incontestée que l'autorisation de la justice n'est pas, en général, opposable au mari. Demolombe, IV, 318 et 319. L'autorité maritale recevrait un grave échec si la femme pouvait, à l'insu et contre le gré de son mari, faire seule des actes que la justice validerait après coup. Si le mari refuse à tort son autorisation, la loi ne laisse pas la femme victime d'un abus aussi intolérable : elle peut s'adresser à la justice, mais avant et non après. Toulouse, 18 août 1827. Sir., 29, 2, 237. Civ. cass., 15 juin 1842. Sir., 42, 1, 838. M. Demolombe, IV, 272 et 273, se déclare porté à proposer une doctrine contraire, que, toutefois, le savant professeur n'ose point avancer résolûment.

4. De même que le mari, la justice peut refuser à la femme l'autorisation qu'elle lui demande. Il lui appartient d'apprécier si l'acte que la femme se propose de faire ne serait pas contraire à ses intérêts bien entendus. D'ailleurs, une autorisation forcée ne serait pas une véritable autorisation. Req. rej., 10 février 1851. Sir., 51, 1, 202. La femme sollicitait, dans l'espèce, l'autorisation de demander la nullité de son mariage. (Cpr. § 6 *supra*.)

Si l'autorisation est refusée par le tribunal, la femme a le droit d'appeler, quoique la loi ne le dise pas formellement. Cette faculté est de droit commun; il faudrait qu'un texte l'interdît pour que la femme en fût privée. De son côté, le mari peut appeler également, s'il trouve que le tribunal a mal à propos accordé l'autorisation. Dalloz., *Alphab.* t. X, v° *Mariage*, p. 146, n° 4. Demolombe, IV, 260.

Le tribunal est même libre de refuser à la femme l'autorisation de plaider comme défenderesse. C'est un point qui ne me paraît pas susceptible de controverse sérieuse, bien que le contraire semble proposé dans le *Rép. du not.* de M. Rolland de Villargues, v° *Autorisation maritale*, n° 165. Que ce soit seulement une discussion contradictoire qui puisse, en général, montrer si la résistance de la femme était bien ou mal fondée, je suis loin de le contester; mais ce n'est pas à dire que, selon les circonstances, le tribunal ne pourrait, et même ne devrait pas, se livrer à un examen spécial sur la question de l'autorisation, et la refuser en connaissance de cause. Ce refus aurait pour unique conséquence d'amener contre la femme une condamnation par défaut; ce qui est quelquefois préférable à une condamnation contradictoire. Demolombe IV, 269.

5. Le mari, puisqu'il peut refuser, peut, à plus forte raison, n'accorder son autorisation qu'à certaines conditions et sous certaines réserves; par exemple, fixer le taux de l'intérêt auquel la femme pourra emprunter; ordonner l'emploi d'un prix de vente, etc... La justice le peut également. Il ne faut pas dire que, par là, elle impose à la femme des conditions qui ne sont point écrites dans la loi; que la capacité des personnes ne saurait être modifiée par

des entraves arbitraires. Elle n'impose pas de conditions, à vrai dire ; elle refuse son consentement, si
mieux n'aime la femme suivre telle ou telle voie
qu'elle indique. Elle aurait pu faire plus : refuser
absolument. Comme le dit M. Demolombe, IV, 258,
« l'autorisation, dans les termes où elle est accordée,
est à prendre ou à laisser. »

CHAPITRE IV

De l'interprétation et des effets de l'autorisation.

§ 24. GÉNÉRALITÉS.

La règle générale d'interprétation à suivre, c'est que l'autorisation s'applique uniquement à l'acte pour lequel elle est accordée, sans qu'on puisse l'étendre à aucun autre. Cette règle doit recevoir son application, aussi bien quand l'autorisation est donnée par la justice que lorsqu'elle émane du mari lui-même ; et lorsqu'elle est donnée pour ester en jugement, aussi bien que lorsqu'elle est donnée pour contracter ou passer un acte. Il ne faut cependant point l'exagérer et la prendre ridiculement à la lettre. Alors même que les termes de l'autorisation ne s'expliquent pas sur quelques points, il est permis d'y suppléer, s'il est évident que ces points sont compris dans le pouvoir donné à la femme Cela peut résulter des circonstances mêmes du fait, de la nature de l'acte dont il s'agit, enfin de ce principe vulgaire d'interprétation : *Qui veut la fin veut les moyens*.

C'est ainsi, d'un côté, que l'autorisation de vendre n'emporte pas autorisation d'emprunter, et que, réciproquement, celle d'emprunter n'entraîne point celle de vendre.

Tandis que, d'un autre côté, l'autorisation habilite la femme pour les accessoires de l'acte auquel elle s'applique. Par exemple, la femme autorisée à procéder au partage et à la liquidation d'une succession est, par cela seul, autorisée à former des actions ayant pour objet la délivrance de sa portion afférente, ainsi qu'à défendre à des actions intentées contre elle pour s'opposer à cette délivrance. Poitiers, 28 février 1834. Sir., 34, 2, 168.

Quant à la question de savoir si l'autorisation de vendre emporte celle de toucher le prix de la vente, ce n'est point proprement une question d'autorisation, mais bien une question de mandat. Demolombe, IV, 279.

L'application de ces idées ne présente guère de difficultés relativement à l'autorisation de contracter. Il en est autrement quant à l'autorisation de plaider. La poursuite d'un procès se compose, en effet, d'une foule d'actes successifs et de nature diverse. C'est un point qui mérite d'être traité dans un paragraphe spécial. L'interprétation de l'autorisation de faire le commerce ou, en général, d'exercer une profession quelconque, même non commerciale, demande aussi une attention particulière.

L'incapacité de la femme mariée ne consistant qu'en un besoin d'autorisation, l'effet de l'autorisation une fois accordée est de rendre la femme aussi capable que si elle n'était point mariée. Il n'y a pas lieu, sous le rapport de sa capacité, de distinguer si l'autorisation lui a été donnée par son mari ou par la justice. La distinction entre ces deux espèces d'autorisations ne présente d'intérêt qu'en ce qui concerne le mari et les effets que l'autorisation peut avoir contre lui. On a cependant prétendu que l'autorisation du mari ne suffit pas, et qu'il faut, en outre, celle de la justice, lorsque la femme s'oblige envers un tiers dans l'intérêt de son mari, et lorsqu'elle contracte directement avec son mari lui-même. J'examinerai et je réfuterai cette doctrine au § 28.

Le mari peut en principe révoquer l'autorisation qu'il a donnée ; j'indiquerai toutefois au § 29 certaines restrictions qu'il faut apporter à cette faculté.

§ 25. INTERPRÉTATION DE L'AUTORISATION D'ESTER EN JUGEMENT.

Quelle est précisément l'étendue de l'autorisation d'ester en jugement? C'est une question à laquelle on ne peut répondre en deux mots : elle présente un grand nombre d'hypothèses diverses sur lesquelles règnent beaucoup d'incertitudes et de contradictions. Je vais examiner les principales solutions qui ont été données, en les présentant dans l'ordre même où la marche d'un procès peut en faire rencontrer l'application.

1. L'autorisation de former une demande en justice emporte celle de comparaître préalablement au bureau de conciliation. *Qui veut la fin veut les moyens.* Civ. Cass., 3 mai 1808. Sir., 8, 1, 310. Cette proposition en elle-même ne saurait faire l'objet d'un doute. Mais son application est contestée, car il existe, entre les auteurs qui ont écrit sur la procé-

dure, une controverse sur le point de savoir si les causes des femmes non autorisées sont ou ne sont pas dispensées du préliminaire de conciliation. Les uns soutiennent qu'elles en sont dispensées. V., entre autres, Chauveau, 207. Les autres prétendent qu'elles y sont soumises. Carré, 207. Dalloz, *Alph.* t. III, v° *Conciliation*, p. 719. En pratique, l'usage général est que les femmes mariées citent et sont citées en conciliation conjointement avec leurs maris.

2. L'autorisation de comparaître en conciliation comprend-elle l'autorisation de former la demande en justice ? Cette question est l'inverse de la précédente. M. Demolombe, IV, 291, répond que oui, tout en reconnaissant qu'il serait plus sûr d'obtenir une nouvelle autorisation. Ce dernier parti me paraît non-seulement le plus sûr, mais encore le seul juridiquement admissible, car la tentative de conciliation diffère profondément d'une instance proprement dite, et par son caractère et par ses conséquences.

3. L'autorisation de plaider ne comprend pas celle de transiger. La transaction n'est point un acte de procédure, c'est un contrat qui emporte renonciation à des droits et prétentions telles quelles ; c'est une aliénation. Demolombe, IV, 280. Civ. cass., 3 mai 1808, précité. Sir., 8, 1, 310. Si donc la femme autorisée à plaider est, comme je viens de le voir, autorisée à comparaître en conciliation, ce n'est qu'à la condition de ne pas se concilier.

4. La femme autorisée à ester en jugement est-elle autorisée à faire des aveux judiciaires dans le cours du procès ? Une réponse absolue, soit dans un sens, soit dans l'autre, ne saurait résoudre cette

question d'une manière satisfaisante. Il faut user de distinction. L'aveu fait sans autorisation nouvelle et spéciale est valable s'il est fait par la femme en réponse à une question du juge dans un interrogatoire sur faits et articles, ou lors d'une comparution des parties en personne. Civ. rej., 22 avril 1828. Sir., 28, 1, 208. Cet aveu n'est point valable, il ne saurait être opposé à la femme, s'il avait eu lieu d'une manière spontanée et sans avoir été provoqué par l'interpellation du juge. Aubry et Rau (3ᵉ édit.), t. VI, § 751, note 12. Cpr. Demolombe, IV, 284.

5. Est-elle autorisée à déférer le serment litis-décisoire? Il faut sans hésiter répondre que non. La capacité de déférer ce serment n'appartient qu'à ceux qui ont la capacité de transiger. Tout le monde reconnaît que la délation d'un serment décisoire est une sorte de transaction, *speciem transactionis continet*, c'est un *maximum remedium* dont l'effet, comme le dit Gaïus, est de faire décider le procès *ex pactione ipsorum litigatorum*. L. 1 et 2. *Dig. De Jurejurando*. 12, 2. Or nous savons que l'autorisation de plaider ne comprend pas celle de transiger. Demolombe, IV, 282.

6. A prêter ce serment lorsqu'il lui est déféré ou à le référer? Bien que cette question présente un peu plus de difficulté que la précédente (Demolombe, IV, 283), elle doit être résolue de la même manière. Les raisons qui empêchent que le serment puisse être déféré s'opposent avec la même force à ce qu'il puisse être prêté ou référé. Il forme toujours transaction, contrat que la femme est aussi incapable d'accepter que de proposer.

7. Il en est autrement du serment supplétif ou supplétoire, que le juge peut déférer d'office à la femme mariée, sans aucune autorisation nouvelle. C'est un véritable moyen de preuve, et d'ailleurs il ne dessaisit nullement la justice. Demolombe, IV, 283.

8. L'autorisation de plaider n'entraîne point celle d'acquiescer ni de se désister. Loin de plaider, la femme terminerait par là le procès, au moyen d'une convention. Il faut donc une autorisation nouvelle. Demolombe, IV, 281. Civ. Cass., 15 juillet 1807. Dalloz, *Alph.* t. X, v° *Mariage*, p. 127 (3). Req. rej., 12 février 1828. Sir., 28, 1, 356.

9. L'autorisation de procéder à une instance en licitation emporte celle de provoquer une surenchère, seul moyen, quand l'adjudicataire ne remplit pas ses obligations, d'arriver à une adjudication définitive. Civ. rej., 20 juillet 1835. Sir., 35, 1, 610.

10. L'autorisation de plaider entraîne celle de poursuivre l'exécution du jugement à intervenir sur le procès.

On doit envisager le but final de l'affaire pour laquelle l'autorisation a été donnée. Or le but final de tout procès est l'obtention d'un jugement, et non pas d'un jugement à l'état de lettre morte, mais d'un jugement suivi d'exécution.

C'est par application de ce principe que la femme, autorisée à poursuivre sa séparation de biens, est considérée comme virtuellement autorisée à poursuivre le remboursement de sa dot et la liquidation de ses reprises. Nîmes, 12 juillet 1831. Sir., 31, 2, 220. Req. rej., 11 avril 1842, Sir., 42, 1, 315.

C'est à l'aide de ce même principe que je vais

examiner et résoudre la question controversée de savoir si la femme séparée de biens peut, sans autorisation spéciale, former une surenchère. Une distinction naturelle se présente d'elle-même. La femme ne peut pas surenchérir si la surenchère n'est pas faite par elle en exécution du jugement de séparation de biens. Elle le peut, au contraire, en tant qu'elle surenchérit comme poursuivant l'exécution de ce jugement. Habilitée à poursuivre le remboursement de ses reprises, elle doit pouvoir saisir les immeubles de son mari, en provoquer l'adjudication et être exposée à en rester adjudicataire sur sa mise à prix. La logique exige qu'elle puisse également, si le premier adjudicataire ne remplit pas ses obligations, poursuivre le but qu'elle se propose, à savoir l'adjudication définitive, en formant une surenchère, seul moyen d'y arriver. Et ce moyen doit être pris avec célérité. Il lui serait quelquefois impossible, s'il fallait absolument une nouvelle et spéciale autorisation. La cour de Grenoble a émis à tort des propositions contraires dans les premiers motifs d'un arrêt du 30 août 1850, Sir., 51, 2, 625. Toutefois sa décision est, au fond, bien rendue ; car, dans l'espèce, la surenchère formée par la femme séparée de biens, n'était point formée en exécution du jugement de séparation. Dès lors elle ne pouvait être faite sans une autorisation spéciale ; elle est, en effet, de sa nature, en dehors de la capacité de la femme mariée. Cpr. Toullier, XIII, 107. Troplong, *Hypothèques*, IV, 952. Demolombe, IV, 292. Civ. rej., 14 juin 1824. Sir., 24, 1, 321. (Cet arrêt, qui prononce la nullité de la surenchère, rentre tout à fait dans ma distinction; l'espèce sur laquelle il statuait présentait une surenchère qui ne pouvait pas être considérée comme un acte d'exécution du jugement de séparation.) Orléans, 24 mars 1831. Sir., 31, 2, 155. Bourges, 23 février 1840. Sir., 43 1, 465.

11. L'autorisation d'ester en jugement comprend-elle l'autorisation de suivre tous les degrés de juridiction et d'employer toutes les voies de recours, relativement à l'affaire dans laquelle elle a été donnée.

Écartons d'abord deux cas, qui ne présentent pas de difficulté : 1° celui où l'autorisation est formellement limitée à tel degré de juridiction, à telle voie de recours; 2° celui où, tout au contraire, elle est expressément donnée pour épuiser la lutte jusqu'au bout, par tous les degrés de juridiction et par toutes les voies. Il est certain qu'une pareille autorisation peut être valablement accordée, sans pécher nécessairement contre le principe de la spécialité. Demolombe, IV, 285. D'un autre côté, il n'est pas douteux que l'autorisation ne saurait avoir cet effet, si d'ailleurs elle était générale. Ce défaut se rencontrait dans l'espèce sur laquelle a statué un arrêt de la Cour de Cassation du 2 août 1820, Sir., 21, 2, 35. La femme était autorisée *à défendre sur toutes prétentions et à suivre toutes demandes*. La nullité pour défaut de spécialité aurait dû être prononcée. La Cour ne le fit point : et, ce qui est plus surprenant, son arrêt est rapporté sans aucune observation, soit dans le recueil Sirey (*loc. cit.*), soit dans le recueil Dalloz (*Alphab.*, t. IX, p. 276), et invoqué, sans réflexion également, par M. Demolombe (*loc. cit.*).

En dehors de ces deux hypothèses, où l'autorisation s'explique catégoriquement, que faut-il décider lorsque la femme est, sans plus, autorisée *à ester en jugement*, ou *à plaider*, ou *à suivre et procéder sur telle affaire*, ou *à former telle demande*, toutes expressions équivalentes? Quels degrés de juridiction peut-elle parcourir? Quelles voies de recours peut-elle employer? C'est un point sur lequel règne une grande incertitude dans la jurisprudence et dans la doctrine. Plusieurs distinctions et sous-distinctions ont été proposées. On peut trouver, dans les opinions qui ont été émises, de bons éléments de solutions; mais aucune ne me satisfait complétement. Voici trois règles qui me paraissent répondre à toutes les difficultés de la manière la plus simple et en même temps la plus conforme aux principes :

1re Règle : L'autorisation d'ester en jugement comprend celle de faire valoir ses droits par tous les moyens *ordinaires* que la loi fournit aux plaideurs.

2e Règle : Elle n'emporte pas celle de recourir à des voies *extraordinaires*.

3e Règle : L'autorisation doit être interprétée de la même manière, soit qu'elle émane du mari, soit qu'elle émane de la justice, à moins que le tribunal n'ait autorisé la femme qu'incidemment à l'instance dont il était saisi.

a. Je dis d'abord que la femme autorisée à plaider est, par cela seul, autorisée à faire valoir ses droits par les moyens *ordinaires*. Elle peut, en conséquence, interjeter appel et défendre comme intimée, ainsi que former opposition soit à un jugement, soit à un arrêt rendu contre elle par défaut. Le mari a dû prévoir en autorisant les suites naturelles et ordinaires de tout procès. Il pouvait limiter son autorisation à la première instance, et il ne l'a pas fait. Cette règle ne peut d'ailleurs présenter que des avantages, sans avoir de sérieux inconvénients, car le mari peut révoquer son autorisation, s'il le juge à propos, tandis qu'il y aurait des lenteurs et des frais à multiplier les autorisations.

On a fait ici deux objections, qui ne sont guère embarrassantes. On a dit d'abord : il est constant (je l'ai reconnu moi-même, § 6, *in fine*, *supra*) que la femme qui vient à se marier après le jugement de première instance ne peut pas figurer en appel sans y être autorisée spécialement. On tire de là cette conclusion qu'il doit en être de même de celle qui est déjà mariée lors de la première instance. Cette objection repose sur une confusion manifeste, entre la question de savoir : pour quels actes l'autorisation est nécessaire, et celle de savoir : comment il faut interpréter l'autorisation une fois donnée.

La seconde objection est tirée de ce qui se passe relativement aux Communes. Elles aussi, doivent être autorisées pour plaider. Mais, quand elles ont été jugées en première instance, on distingue relativement à l'appel. Une nouvelle autorisation leur est nécessaire pour l'interjeter, mais non pour y défendre. *Loi du* 18 *juillet* 1837, *art.* 49. Étendant cette distinction aux femmes mariées, on dit : elles peuvent bien, sans une autorisation nouvelle, défendre en appel, et même en cassation, le jugement ou l'arrêt qu'elles ont obtenu, mais elles ne peuvent former eiles-mêmes l'appel ou le pourvoi. Quoique cette distinction ne soit pas déraisonnable en elle-même, elle ne saurait être admise ici, par la raison qu'elle ne repose sur aucun texte, ni sur aucun principe général.

La deuxième règle n'est que la conséquence de la première. La femme ne peut, sans une nouvelle autorisation, recourir à des voies extraordinaires que le mari n'avait pas en vue, on peut très-bien le concevoir, lorsqu'il a accordé l'autorisation de plaider. C'est ainsi qu'une nouvelle autorisation est indispensable pour : le pourvoi en cassation, la tierce opposition, la requête civile et la prise à partie.

Le troisième règle est que l'autorisation de la justice ne doit pas être interprétée d'une autre manière que celle du mari. Tout le monde reconnaît qu'en ce qui concerne la femme, elle produit le même effet, lorsqu'elle est accordée pour contracter. Il n'y a aucune raison sérieuse de distinguer l'autorisation de plaider de toute autre autorisation, si ce n'est dans un cas unique : celui, ai-je dit, où la femme défenderesse n'est autorisée par le tribunal qu'incidemment à l'instance dont il est saisi. Le principal motif pour lequel on doit interpréter alors d'une manière restrictive l'autorisation qu'il accorde, c'est qu'il la donne habituellement sans examen sérieux, et comme une simple régularisation de procédure. On peut aussi penser qu'il n'a pas eu en vue une instance nouvelle, par laquelle la femme attaquerait le jugement qu'il allait rendre. Lorsqu'au contraire son attention a été tout particulièrement appelée sur la question d'autorisation, lorsque les formes des art. 861 et suiv. du Code de Procédure ont été observées, il n'existe aucune raison de distinguer entre l'autorisation du mari et celle de la justice.

Le système que je viens d'exposer diffère plus ou moins des diverses opinions qui ont été émises à cet égard. Il est d'ailleurs parfaitement conciliable avec les autorités suivantes : Poitiers, 21 mars 1827. Sir., 26, 2, 22. Montpellier, 6 mars 1828. Sir., 29, 2, 18. Bourges, 27 novembre 1829. Sir., 30, 2, 171. Riom, 20 mai 1839. Sir., 39, 2, 513. Civ. cass., 5 août 1840. Sir., 40, 1, 768. Il est, sauf un point, le même que celui de M. Demolombe, IV, 287 à 290. Le savant professeur pense que le pourvoi en cassation lui-même peut être formé sans une nouvelle autorisation. Il conseille toutefois de ne point suivre, en pratique, cette manière de voir, et il ajoute que pour la tierce opposition, la requête civile et la prise à partie, une autorisation nouvelle est certainement nécessaire. Je le crois également, et j'avoue que je ne vois point de raison pour distinguer ces trois moyens, du pourvoi en cassation, qui est lui-même aussi une voie de recours extraordinaire. V. comme décidant que la femme ne peut point figurer en appel sans autorisation nouvelle et spéciale: Duranton, II, 459. Aix, 3 mai 1827. Sir., 28, 2, 346. Civ., cass. 24 février 1841. Sir., 41, 1, 315. Civ., cass., 4 mars 1845. Sir., 45, 1, 356. Civ., cass., 15 déc. 1847. Sir., 49, 1, 293. Rouen, 29 février 1856. Sir., 57, 2, 734. Civ., cass., 18 août 1857. Sir., 59, 1, 253.

§ 26. INTERPRÉTATION DE L'AUTORISATION DE FAIRE LE COMMERCE OU D'EXERCER UNE PROFESSION NON COMMERCIALE.

I. L'autorisation de faire le commerce est celle qui reçoit l'interprétation la plus étendue. Elle forme une exception considérable au principe de la spécialité (§ 17, *supra*): La femme marchande publique peut, en vertu de cette autorisation générale, s'obliger, aliéner, hypothéquer ses biens, et généralement faire tous les actes relatifs à son commerce, excepté la poursuite d'un procès. Art. 215, 220 du Code Nap., 5 et 7 du Code de Commerce.

La femme commerçante peut s'obliger, non *par des actes commerciaux*, mais *pour ce qui concerne son négoce*. Ces deux formules sont fort différentes; car un acte peut très-bien n'être pas un acte commercial (par exemple, un emprunt par-devant notaires), et cependant être fait valablement par la femme, s'il concerne son commerce. De même elle peut faire faire des travaux d'appropriation, d'entretien, de réparation et même d'embellissements. Quant à des constructions nouvelles, on ne peut répondre d'une manière absolue: c'est une question de fait. Demolombe, IV, 295 et 296.

L'autorisation de faire le commerce emporte celle de transiger sur les affaires relatives à ce négoce. Mais elle ne comprend ni celle de compromettre, ni celle de contracter une société commerciale, ni celle de cautionner la dette commerciale d'un tiers, alors même que ce tiers serait associé d'intérêts avec la femme. Demolombe, IV, 297-299. Pardessus, t. I, n° 62, 66 et 71. V. cependant en sens contraire, Massé, *Droit commercial*, t. III, n°s 95 et 175, relativement à la société,'et Merlin, *Rép.* t. I, v° *Autorisat. marit.* sect. 7, n° 6, relativement au cautionnement.

La femme marchande publique demeure incapable de faire, sans autorisation, tout ce qui est étranger à son négoce. Arg. des art. 220 Nap., et 5 Co. De là une difficulté qui a beaucoup occupé les auteurs et sur laquelle ils sont loin d'être d'accord. Dans le doute sur le point de savoir si tel acte est ou non relatif au commerce de la femme, que faut-il présumer? qu'il concerne ce négoce ou qu'il y est étranger? en d'autres termes, à qui à faire la preuve ? Est-ce celui qui attaque l'acte passé par la femme qui doit prouver que cet acte est, en réalité, étranger au commerce de la femme? Est-ce, au contraire, à celui qui en soutient la validité à prouver qu'il concerne effectivement ce commerce? Il me paraît très-difficile de donner une solution absolue dont je sois pleinement satisfait. De toutes les distinctions et sous-distinctions que l'on a émises, je n'en vois point de solidement établie, et à laquelle ne puissent être opposées de très-fortes objections. La seule réponse que je croie devoir faire, c'est que tout dépend des circonstances. Il appartenait aux juges de chaque procès d'apprécier la bonne foi et la prudence des tiers, la nature et l'importance de l'opération, la situation où se trouvait la femme, et l'extension plus ou moins grande de son commerce. Je ne voudrais point soutenir, par exemple, qu'une déclaration ou énonciation dans l'acte, portant que l'opération est relative au commerce de la femme, devrait invinciblement faire tenir cette opération pour bonne et valable. Mais je ne prétendrais pas non plus qu'une opération dût être annulée par cela seul que cette énonciation ne s'y rencontrerait point. Enfin je ne voudrais pas dire davantage qu'un acte est étranger au commerce de la femme, par cela seul qu'il est de sa nature peu usité dans les opérations commerciales. Que l'acte soit toujours présumé relatif au commerce de la femme, ou qu'il y soit au contraire toujours présumé étranger, c'est ce qui me paraît encore plus inadmissible. Voilà, pourra-t-on me dire, des réponses qui ne sont guère catégoriques. Je l'avoue, et je regrette que la loi ne me fournisse pas les éléments d'une solution plus positive. Cpr. en sens divers : Toullier, XII, 248-252. Duranton, II, 483, et *Traité des contrats*, I, 237 et 238. Pardessus, *Droit commercial*, I, 62 et 71. Valette, sur Proudhon, t. I, p. 460, note *a*, n° 2. Demolombe, IV, 300-302. Marcadé, sur l'art. 220, n° 3. Massé, *Droit commercial*, n° 93 et 175.

II. Il peut se faire que le mari, au lieu d'autoriser sa femme à faire le commerce, l'ait autorisée à exercer une profession quelconque non commerciale. Cette autorisation doit, quant à son interprétation, se rapprocher de l'autorisation de faire le commerce, en ce sens que la femme peut faire seule, et sans une nouvelle autorisation, les divers actes qui constituent l'exercice même de la profession dont il s'agit.

Il en est ainsi, par exemple, de l'autorisation accordée à une femme par son mari d'être maîtresse de chant ou professeur de musique. Sans aucun doute, ces deux professions ne sont commerciales ni l'une ni l'autre. Un arrêt de la Cour de Paris semble, à première vue, les avoir cependant considérées comme telles ; mais, en y regardant de plus près, on peut très-bien ne pas voir dans cet arrêt une pareille doctrine, qui serait d'ailleurs tout à fait inadmissible. Il contient seulement deux décisions : 1° L'organisation d'un concert rentre dans la profession de maîtresse de chant, et peut être entreprise sans nouvelle autorisation, alors même que le concert est donné sous forme de spectacle public. 2° Cette organisation sous forme de spectacle public peut être considérée comme un acte de commerce. Cette dernière solution ne rentre pas dans mon sujet (elle est d'ailleurs à l'abri de toute critique. V. art. 632, al. 3 du Code de Commerce). Mais il en est autrement de la première, que je ne saurais approuver. L'autorisation d'être maîtresse de chant (ou professeur de musique) emporte sans doute l'autorisation de donner un concert ; mais elle n'entraîne point celle d'organiser le concert sous forme de spectacle public, ce qui rendrait la femme passible de la contrainte par corps. V. l'arrêt de la Cour de Paris du 3 juillet 1857, et les *observations* de M. Devilleneuve sur cet arrêt, Sir., 58, 2, 193.

§ 27. EFFETS DE L'AUTORISATION EN CE QUI CONCERNE LA FEMME.

L'incapacité de la femme mariée consiste uniquement en ce qu'une autorisation lui est nécessaire dans un grand nombre d'actes de la vie civile. Cette incapacité disparaît entièrement par l'effet de l'autorisation, de telle sorte que la femme devient aussi capable que si elle n'était point mariée. Voici trois applications remarquables de ce principe :

1° La femme autorisée par son mari peut s'obliger envers un tiers, dans l'intérêt de son mari lui-même.

2° Elle peut également contracter avec son mari, directement et dans une affaire où les deux époux figuraient seuls comme parties. Ces deux propositions, qui me paraissent certaines, ont cependant soulevé des difficultés telles, que je leur consacrerai spécialement le paragraphe qui va suivre.

3° La femme ne peut attaquer l'acte qu'elle a passé en vertu de l'autorisation, sous prétexte que cette autorisation lui aurait été donnée contrairement à ses intérêts, et qu'i aurait mieux valu pour elle ne point faire l'acte qu'elle a consenti. On comprend aisément tout le danger qu'il y aurait à s'engager dans une voie pareille. La femme ne devrait pas être reçue à faire entendre des allégations de ce genre, alors même que le mari l'avait autorisée de mauvaise foi. Sans doute il remplirait bien mal son devoir de protecteur de la femme et de gardien des intérêts de la famille. Sa conduite pourrait même tomber sous l'application de l'art. 1382 et le faire déclarer responsable envers la femme. Mais l'acte passé par celle-ci devrait être maintenu à l'égard des tiers. Demolombe, IV, 275.

Toutefois je n'irais pas jusqu'à dire que l'autorisation serait à l'abri de toute attaque, si le mari l'avait donnée en colludant avec ceux qui contractaient avec la femme. Ce n'est pas assez de le rendre alors responsable aux termes de l'art. 1382 :

sans doute il le sera. Mais, de plus, l'acte de la femme pourra être annulé à l'encontre des tiers complices de la fraude, dont la position ne mérite aucun intérêt.

En ce qui concerne la capacité personnelle de la femme mariée, l'autorisation de la justice produit les mêmes effets que celle du mari lui-même. C'est seulement en ce qui concerne le mari et les conséquences que l'autorisation peut avoir à son égard, qu'il y a lieu de distinguer entre ces deux espèces d'autorisations. Il est de principe que l'autorisation de justice ne peut point préjudicier au mari. Quant à l'application de ce principe et aux exceptions qu'il comporte, et surtout quant aux effets, par rapport au mari de l'autorisation qu'il accorde lui-même, ce sont des questions de régime et de contrat de mariage, qu'il ne rentre point dans mon sujet d'examiner.

§ 28. DU CAS OU LA FEMME S'OBLIGE ENVERS UN TIERS DANS L'INTÉRÊT DE SON MARI

Et de celui où elle contracte directement avec son mari lui-même.

Dès que le mari, capable de donner son autorisation, l'accorde effectivement, le vœu de la loi est entièrement rempli; on n'a pas besoin de l'autorisation de la justice. La femme autorisée par son mari est donc capable de s'obliger envers un tiers dans l'intérêt de son mari lui-même. Elle peut aussi contracter directement avec lui. Cela résulte avec évidence des trois propositions suivantes, qui sont fondées sur les textes mêmes : 1° L'incapacité de la femme mariée consiste uniquement dans la nécessité d'obtenir une autorisation. Art. 215, 217, 1123 et 1124. 2° La loi confère, en première ligne, au mari le droit d'accorder cette autorisation, mêmes articles 215 et 217. 3° Ce n'est que sur le refus du mari, ou lorsqu'il se trouve dans l'impossibilité d'autoriser sa femme, que la loi appelle la justice à donner à celle-ci l'autorisation dont elle a besoin. Art. 218, 221, 222 et 224.

On a cependant contesté que la femme pût, avec la seule autorisation de son mari, contracter directement avec lui et s'obliger envers un tiers dans son intérêt. On a soutenu, dans les premiers temps qui ont suivi la promulgation du Code (que l'autorisation de la justice était indispensable pour ces deux cas. V. en ce sens, Turin, 17 décembre 1808. Dalloz, *Alphab.* t. X, v° *Mariage*, p. 136. Cette opinion est tout à fait abandonnée aujourd'hui, quant à l'un d'eux. On s'accorde à reconnaître que la femme peut très-bien, avec la seule obligation de son mari, s'obliger envers un tiers, alors même que le mari serait personnellement intéressé à ce qu'elle contractât cette obligation. V. Gênes, 30 août 1811. Sir., 12, 2, 181. Colmar, 8 décembre 1812. Sir., 13, 2, 224. Bordeaux, 2 août 1813. Sir., 15, 2, 106. Civ. rej. 8 novembre 1814. Sir., 15, 1, 113. Notre droit diffère donc profondément sous ce rapport du droit romain, où le sénatus-consulte Velléien et surtout la Novelle 134, ch. 8, rendraient inefficace l'obligation de la femme pour son mari.

Mais quelques auteurs soutiennent encore que

l'autorisation du mari ne suffit pas pour rendre la femme capable de contracter directement avec lui. V. Duranton, II, 471 et 473. Vazeille, II, 306 et 354. Dalloz, *Alphab.* t. X, v° *Mariage*, p. 135. Besançon, 27 janvier 1807. Dalloz, *Alphab.* t. X, p. 132. Civ. cass., 13 octobre 1812. Sir., 13, 1, 143. V. aussi req. rej., 14 février 1810. Sir. 10, 1, 189. La distinction entre ces deux cas ne peut pas se soutenir. M. Dalloz lui-même, tout en la proposant, avoue qu'elle est arbitraire et que les textes s'y opposent. Toutes les raisons que l'on donne pour établir que la femme peut s'obliger envers un tiers dans l'intérêt de son mari condamnent manifestement ce système, car elles établissent avec tout autant de force que la femme peut également contracter directement avec son mari lui-même. On dit, en effet, qu'il est impossible de trouver nulle part dans nos Codes une disposition qui fasse allusion à la nécessité d'une autorisation de justice, lorsque la femme passe, avec des tiers, des actes où son mari se trouve intéressé. On reconnaît que les art. 1427 et 1558 ne peuvent point servir de base à l'opinion qui voudrait le soutenir. On montre enfin que dans certaines dispositions, par exemple dans l'art. 1431, la loi suppose que la femme s'oblige envers un tiers dans l'intérêt de son mari, sans donner aucunement à soupçonner que la justice intervienne. Les mêmes, exactement les mêmes raisons démontrent que la femme peut aussi contracter directement avec son mari lui-même. On ne saurait, en effet, pas plus pour ce cas que pour le précédent, trouver une disposition d'après laquelle l'autorisation du mari lais-

serait à désirer après elle l'autorisation de la justice.
Les articles 1427 et 1558 sont ici encore plus étrangers. Enfin le Code renferme aussi des dispositions
où il suppose que la femme contracte directement
avec son mari, tel est l'art. 1595, qui permet aux
époux de passer entre eux le contrat de vente, dans
certains cas exceptionnels, mais sans donner le moins
du monde à soupçonner aucune intervention de la
justice. V. en ce sens, Delvincourt, t. I, note 5 de
la page 73, p. 395. Toullier, XII, 41. Marcadé, sur
l'art. 224, n° 2. Demolombe, IV, 231 à 243. Cet auteur donne, à ce sujet, des développements considérables sur la théorie générale des contrats entre
époux. Paris, 2 décembre 1820; Dalloz, *Périod.* 23,
2, 170. Nîmes, 9 février 1842. Sir., 46, 1, 604.
Grenoble, 11 mars 1851. Sir., 51, 2, 627. Bordeaux, 29 avril 1856. Sir., 57, 2, 54.

On a quelquefois invoqué, à l'appui de l'opinion
contraire, la maxime : *Nemo potest esse auctor in
rem suam.* C'est faire une pétition de principe et
pas autre chose. Car il s'agit précisément de savoir
si cette maxime doit ici être appliquée. Or il résulte
des textes mêmes que notre législation ne l'applique
pas aux rapports du mari avec sa femme.

Je suppose, bien entendu, lorsque je dis que la
femme peut contracter directement avec son mari,
sous la seule autorisation de ce dernier, que le contrat
n'est point interdit aux époux par la loi elle-même.
Tels sont · les ventes, en principe, art. 1595; tous les
contrats qui contiendraient une dérogation aux conventions du contrat de mariage, art. 1395; et ceux
qui déguiseraient une donation irrévocable, art. 1096.

Il existe un seul cas où le mari ne pourrait pas autoriser sa femme à contracter avec lui, et cela tient à d'autres principes qu'à ceux de l'autorisation maritale. C'est le cas où la femme est mineure, alors que l'affaire dont il s'agit est une de celles pour lesquelles le mineur émancipé a besoin de l'assistance de son curateur. Le mari curateur de sa femme mineure ne peut pas l'assister en cas pareil. Mais il faut bien distinguer cette hypothèse de celles que je viens d'examiner. Ce n'est point alors le mari qui est incapable d'autoriser la femme, c'est le curateur qui ne peut autoriser la mineure émancipée. Cela revient à dire, en un mot, que la maxime *Nemo potest esse auctor in rem suam* n'est pas applicable au mari dans ses rapports avec sa femme, tandis qu'elle est applicable aux curateurs dans leurs rapports avec les mineurs émancipés qu'ils sont chargés d'assister. Cpr. Demolombe, IV, 236, *in fine*.

§ **29**. DE LA RÉVOCATION DE L'AUTORISATION.

Le mari, qui peut refuser son autorisation, peut également, lorsqu'il le juge à propos, révoquer l'autorisation qu'il aurait déjà donnée. Si la femme en est mécontente, elle a le droit de s'adresser à la justice, pour faire déclarer cette révocation injuste et mal fondée, de la même manière qu'elle peut le faire, en cas de refus.

1. Il ne faut pas que la révocation ait lieu intempestivement, c'est-à-dire à une époque où ce retrait d'autorisation pourrait causer à la femme un préjudice plus ou moins considérable. Les questions

d'opportunité sont des questions de fait que les tribunaux apprécieront. Demolombe, IV, 323.

Je rappelle ici que la justice peut bien, lorsque le mari révoque intempestivement l'autorisation de faire le commerce, autoriser la femme à mener à bonne fin des opérations commencées, mais qu'elle ne pourrait pas autoriser la femme à continuer le commerce, malgré l'opposition du mari, pendant des années, à plus forte raison pendant toute sa vie. Cpr. le § 20 ci-dessus.

2. La révocation de l'autorisation ne peut avoir d'effet que pour l'avenir : elle ne saurait rétroagir sur le passé. Si la femme ne s'était point encore servie de l'autorisation, la révocation produira un effet complet. Mais, si elle en avait déjà fait usage, tous les actes qu'elle aura passés sur la foi de cette autorisation devront être maintenus. Bien plus, ceux même qu'elle aurait passés depuis le retrait de l'autorisation demeureront inattaquables si les tiers avec qui elle a traité n'ont point eu connaissance de la révocation. Demolombe, IV, 326.

3. Lors même que l'autorisation aurait été donnée par la justice, le mari pourrait encore arriver à la faire révoquer. Mais ce ne sera point alors de sa propre autorité. Il devra s'adresser à la justice, à l'effet de la faire revenir sur son propre jugement. Aucun texte ne prévoyant ce cas, qui se présentera d'ailleurs fort rarement, il paraît convenable d'appliquer ici par analogie les dispositions des art. 861 et suivants du Code de Procédure. Demolombe, IV, 325.

4. Le mari peut-il révoquer l'autorisation qu'il a

donnée dans le contrat de mariage lui-même ? Il faut résoudre cette question par une distinction. S'il a donné à la femme l'autorisation d'administrer tout ou partie de ses biens personnels, il ne peut la révoquer. Cette autorisation place les époux dans une situation qui se rapproche plus ou moins de la séparation de biens : elle constitue, par conséquent, une convention matrimoniale proprement dite, et, comme telle, elle doit rester immuable pendant toute la durée du mariage. (Art. 1395.) Lorsqu'il s'agit, au contraire, de toute autre autorisation, le mari peut la révoquer, sous les réserves qui résultent des trois observations précédentes. La circonstance, qu'elle se trouve contenue dans le contrat de mariage lui-même, est indifférente ; aux termes de l'art. 1388, les époux ne peuvent déroger aux droits qui découlent de la puissance maritale, parmi lesquels le droit d'autorisation se trouve compris. Demolombe, IV, 324.

CHAPITRE V

Des effets du défaut d'autorisation.

§ 30. GÉNÉRALITÉS.

La sanction de toutes les règles que nous avons exposées sur l'incapacité de la femme mariée consiste en ce que les actes faits par la femme sans l'autorisation de son mari ou de la justice, dans les cas où cette autorisation était nécessaire, sont frappés de nullité.

Le caractère de cette nullité n'est plus dans notre droit actuel, ce qu'il était généralement dans l'ancien droit français; elle pouvait être invoquée par tous ceux qui avaient intérêt à s'en prévaloir, et elle n'était pas susceptible de se couvrir : ce que l'on exprimait en disant qu'elle était *absolue* et *perpétuelle.* Pothier, *Puissance du mari*, n°s 5, 74 et 78. Il en est tout autrement sous l'empire du Code Napoléon. La nullité résultant du défaut d'autorisation n'est plus que *relative*; cela veut dire qu'elle ne peut plus être proposée que par certaines personnes à qui la loi a spécialement donné qualité à cet effet. De plus elle est *susceptible de se couvrir* par la ratification ou confirmation expresse ou tacite. Art. 225, 1125 al. 2, 1304 et 1338. (Cpr. les §§ 31, 32 et 36 *infra.*)

L'acte passé par la femme non autorisée n'est donc point inexistant. Il subsiste jusqu'à ce qu'il ait été annulé par la justice sur la demande formée à cet effet par une personne ayant qualité pour se prévaloir de la nullité.

L'application du principe de la nullité des actes faits par la femme sans autorisation donne lieu, en matière judiciaire, à certaines règles spéciales que j'exposerai au § 33.

Les tiers qui ont traité avec la femme ne peuvent pas proposer la nullité résultant de ce que celle-ci n'a point été autorisée. Mais ils sont en droit de prendre certaines précautions. Je m'occuperai particulièrement de leur position au § 34.

Quoique la nullité soit la sanction, incontestable en principe, du défaut d'autorisation, il est cependant certains cas où l'acte fait par la femme mariée ne pourra pas être attaqué, bien qu'aucune autorisation ne soit intervenue. Ces cas feront l'objet du § 35.

§ 31. PAR QUI PEUT ÊTRE OPPOSÉE LA NULLITÉ RÉSULTANT DU DÉFAUT D'AUTORISATION.

La nullité résultant du défaut d'autorisation ne peut plus être invoquée par quiconque a intérêt à s'en prévaloir. L'art. 1125, al. 2, porte en effet que *les personnes capables de s'engager ne peuvent opposer l'incapacité de la femme mariée avec qui elles ont contracté.* Le maintien ou l'anéantissement du contrat est donc entièremeut à la discrétion de la femme. Cela ne signifie pas, bien entendu, que dans une vente, par exemple, la femme pourrait demander le prix; tout en se refusant à livrer la chose. Cela veut dire seulement qu'il dépend de la femme qu'il y ait vente ou non. — Puisque la nullité ne peut être invoquée par tous ceux qu'elle intéresse, il importe de déterminer exactement par qui elle peut être proposée. Je parlerai d'abord des personnes à qui la loi donne, en termes exprès, qualité à cet effet, dans l'art. 225. Puis j'examinerai s'il ne faut point, en vertu d'autres dispositions du Code, reconnaître encore ce droit à certaines personnes non indiquées dans cet article.

I. L'art. 225 donne le droit d'opposer la nullité résultant du défaut d'autorisation à quatre personnes ou classes de personnes, savoir : à la femme, au mari, aux héritiers de la femme et aux héritiers du mari.

a. De la femme. Elle peut, comme en général tout incapable, se prévaloir elle-même de sa propre incapacité. Son droit à opposer la nullité se justifie très-aisément dans l'opinion de ceux qui pensent que l'intérêt personnel et individuel de la femme est un des fondements de l'incapacité de la femme mariée. Il se comprend aussi très-bien dans le système d'après lequel cette incapacité est seulement établie au profit des intérêts matrimoniaux, car ces intérêts collectifs la concernent bien évidemment ; ce sont aussi les siens. Mais il est inexplicable dans l'opinion de ceux qui prétendent que l'incapacité de la femme mariée n'a pas d'autre fondement que la puissance maritale et le respect dû par la femme à son mari. C'est une des raisons les plus puissantes de rejeter cette opinion. Je rappelle ici que, pour moi, l'incapacité de la femme mariée me paraît établie tout à la fois, dans l'intérêt de la puissance maritale, dans l'intérêt personnel de la femme et dans l'intérêt collectif du mariage lui-même. (Cpr. § 3 *supra.*)

b. Du mari. Son autorité a été méconnue, il ne faut pas qu'elle l'ait été impunément. Aussi a-t-il le droit de faire tomber l'acte de sa femme, alors même qu'il n'en résulterait pour celle-ci que des avantages. On peut donc dire que si, d'un côté, l'intérêt pécuniaire de la femme l'emporte sur celui du tiers avec qui elle a contracté, d'un autre côté, l'intérêt moral du mari l'emporte sur l'intérêt pécuniaire de la femme.

Indépendamment de cet intérêt moral, le mari a un intérêt pécuniaire incontestable, savoir, l'intérêt collectif du mariage, dont il est le représentant et le gardien.

A-t-il aussi un intérêt pécuniaire individuel, distinct des intérêts matrimoniaux? Il semble bien que non; les actes passés par sa femme sans autorisation ne lui sont point opposables, puisque ceux même qui sont faits avec la seule autorisation de justice ne peuvent, en général, porter aucune atteinte à ses droits. Il faut cependant reconnaître que la loi suppose au mari un intérêt propre et individuel; car elle transmet son action à ses héritiers, qui ne le représentent ni sous le rapport de son intérêt moral, ni sous celui des intérêts matrimoniaux. Mais il est très-difficile de trouver un cas où le mari ait un semblable intérêt à se prévaloir de la nullité qui nous occupe. On a cité, comme un de ces cas, celui de la renonciation, faite sans autorisation par une femme commune, à une succession mobilière qui devait tomber dans la communauté. Marcadé, sur l'art. 225, n° 3. Mais on peut, jusqu'à un certain point, contester la valeur de cet exemple. Demolombe, IV, 341, *in fine.*

c. Des héritiers de la femme. Leur droit est simple et évident; leur intérêt, toujours pécuniaire. Ils prennent dans la sucession de leur auteur l'action en nullité qui lui compétait, comme ils y prennent tous les autres biens qui s'y trouvent compris.

d. Des héritiers du mari. Il est difficile de s'expliquer comment les héritiers du mari peuvent avoir, en cette qualité, le droit d'opposer la nullité résultant du défaut d'autorisation, puisqu'on ne peut imaginer de cas où le mari ait, à se prévaloir de cette nullité, un intérêt propre et distinct des intérêts matrimoniaux. Cet intérêt est cependant la condition nécessaire pour que les héritiers du mari puissent exercer l'action qui leur est donnée. Quoi qu'il en soit, si jamais cette condition venait à se réaliser, si jamais il arrivait que l'intérêt des héritiers du mari apparût, ils auraient certainement qualité pour agir. La loi est formelle. Je ne suivrai point l'exemple de plusieurs auteurs qui, désespérant de trouver un cas où leur action fût recevable, ont corrigé le texte de l'art. 225, sous le prétexte que ces mots, *leurs héritiers*, n'y étaient placés que par suite d'une erreur de rédaction.

II. Si l'on ne devait interpréter chaque article qu'isolément et abstraction faite de toutes autres dispositions législatives, nul doute qu'en vertu de l'art.

225 la nullité résultant du défaut d'autorisation ne pourrait jamais être invoquée par qui que ce fût, autre que la femme, le mari et leurs héritiers. Mais il faut tenir compte des diverses dispositions législatives pour les éclairer les unes par les autres. Le rapprochement entre les différents textes m'a conduit aux solutions suivantes, que je développerai dans ce paragraphe et dans le paragraphe 32.

La nullité résultant du défaut d'autorisation peut être invoquée par les *créanciers de la femme* et par *les créanciers du mari*. Elle ne peut l'être ni par le *donateur*, ni par *la caution*, ni par *le tiers détenteur* d'un immeuble hypothéqué par la femme sans autorisation, ni par *l'acquéreur ou l'adjudicataire* sur lequel la femme non autorisée a formé une surenchère. Toutes ces solutions sont plus ou moins vivement controversées. La première rentre seule dans le cadre de ce paragraphe.

a. Des créanciers de la femme. Leur droit à opposer la nullité, bien qu'il ait été contesté, me semble évident. Il faudrait, pour l'écarter, prouver que le droit qui appartient à la femme de se prévaloir de la nullité est un droit exclusivement attaché à sa personne : ce qui est impossible. Dès lors on rentre dans l'application du principe général posé par l'art. 1166. Cette action en nullité est pour la femme un bien ; or tous ses biens sont le gage de ses créanciers. (Art. 2092.) Si l'art. 225 dit que *la nullité ne peut être opposée que par la femme, le mari et leurs héritiers*, sans ajouter, *et leurs créanciers*, ce n'est point pour exclure ces derniers, auxquels on ne songeait point, mais pour déroger aux principes de l'ancien droit, présents à l'esprit de tout le monde, et d'après lesquels la nullité pouvait être rétorquée contre la femme, c'est-à-dire opposée par ceux avec qui elle avait contracté. Cpr. art. 1125. al. 2.

Mais, dit-on, il peut y avoir pour la femme une question de conscience à ne pas attaquer son engagement, question dont ses créanciers ne doivent point être juges. Cette objection n'est pas concluante : car c'est aussi une question de conscience que d'invoquer la prescription, et cependant les créanciers peuvent l'opposer contrairement à la volonté de leur débiteur. (Art. 2225.) V. Proudhon, *Usufruit*, t. V, n° 2347. Merlin, *Questions*, v° *Hypothèque*, § 4, n° 5. *Additions*, t. VI, p. 378. Duranton, II, 512; X, 561; et XII, 569. Dalloz, *Alphab.*, v° *Mariage*, t. X, p. 150, n° 5. Rolland de Villargues, *Rép. du du not.*, v° *Autorisat. marit.*, n° 216. Marcadé, sur l'art. 225, n° 4. Demolombe, IV, 342. Aubry et Rau, d'après Zachariæ (3ᵉ édit.), t. III, § 312, note 36. Civ. Cass., 10 mai 1853. Sir., 53, 1, 572. V. en sens contraire, Toullier, VII, 566. Angers, 1ᵉʳ août 1810. Sir., 14, 2, 144. Grenoble, 2 août 1827. Sir., 28, 2, 186.

Je ne saurais toutefois approuver entièrement certaines raisons apportées par quelques-uns des auteurs que je viens de citer à l'appui du droit des créanciers, notamment celle qui consiste à se fonder sur ce que l'action en nullité de la femme est transmissible à ses héritiers et susceptible d'être cédée par elle. En effet, un droit peut être transmissible et cessible sans être nécessairement pour cela susceptible d'être exercé par les créanciers. Aubry et Rau, *op. et loc. citt.*, § 312, note 13.

b. Des créanciers du mari. Tout ce que je viens de dire des créanciers de la femme est également vrai, en droit, des créanciers du mari. Aussi suis-je surpris que M. Demolombe, IV, 342, *in fine*, ait fait, entre ces deux classes de créanciers, une distinction qui ne peut se soutenir. Seulement, en fait, les créanciers du mari pourront très-rarement, pour ne pas dire jamais, exercer cette action, puisqu'on ne peut guère trouver de cas où le mari ait à proposer la nullité un intérêt personnel distinct des intérêts matrimoniaux. En un mot ils doivent être mis sur la même ligne que les héritiers. Si jamais on rencontre un cas où les héritiers du mari puissent, en cette qualité, exercer l'action en nullité, il est certain que les créanciers du mari auront aussi le même droit.

§ 32. PAR QUI LÀ NULLITÉ RÉSULTANT DU DÉFAUT D'AUTORI-
SATION NE PEUT PAS ÊTRE INVOQUÉE

et spécialement du donateur.

Aucune personne ne peut se prévaloir de la nullité résultant du défaut d'autorisation, en dehors de celles que je viens d'énumérer au paragraphe précédent. Cette proposition générale demande des développements plus ou moins étendus, relativement à quelques-unes de ses applications, sur lesquelles il peut s'élever des doutes plus ou moins graves.

A. Le DONATEUR n'a point qualité pour invoquer la nullité d'une donation entre-vifs acceptée par la femme sans aucune autorisation.

Ce point est encore aujourd'hui l'objet d'une très-

vive controverse, qui dure depuis de longues années. D'imposantes autorités se sont prononcées
dans les deux sens, et je dois reconnaître que des
raisons fort sérieuses ont été alléguées de part et
d'autre. Un examen attentif des diverses opinions,
et surtout des textes sur lesquels roule la discussion, m'a conduit à cette conviction : que notre loi ne
confère point au donateur le droit d'opposer la nullité de la donation acceptée par la femme non autorisée.

Il est incontestable qu'en principe l'incapacité de
la femme mariée ne peut être opposée que par la
femme, par le mari et par leurs héritiers. (Art. 225.)
Toute la question se réduit à savoir si la loi a dérogé
à ce principe général, en ce qui concerne la donation entre-vifs. Il faut répondre que non : 1° par la
raison que cette exception ne résulte pas des principes généraux admis par le Code Napoléon en matière de donations; et 2° par cette autre raison
qu'elle ne résulte pas non plus des divers textes où
l'on a cru l'y voir. Je vais démontrer successivement
l'exactitude de ces deux propositions. Il en résultera
manifestement que l'art. 225 doit être appliqué à la
donation comme à tout autre acte, et, par conséquent, que la nullité résultant du défaut d'autorisation ne saurait être invoquée par le donateur lui-
même.

1° Je dis d'abord que cette exception ne résulte
pas des principes généraux du Code en matière de
donations entre-vifs. On l'a cependant soutenu de
la manière suivante :

a.) Les actes pour lesquels la loi exige une solennité exacte, requièrent par cela même une habilité parfaite dans toutes les personnes qui y figurent. — C'est ainsi que s'exprimait autrefois Ricard, *Donations*, 1ʳᵉ partie, n° 845 et suiv., et M. Delvincourt (t. Iᵉʳ, note 1ʳᵉ, de la p. 240, p. 753), part de là pour établir le système de la nullité absolue. Mais c'est une proposition qui ne peut pas se défendre, car elle prouverait trop. Il en résulterait que si le débiteur d'une femme mariée lui consentait une hypothèque conventionnelle sans qu'elle fût autorisée, la constitution d'hypothèque requérant une solennité exacte, la nullité de cette hypothèque pourrait être invoquée par le débiteur lui-même, ce que personne n'admet.

b.) Il est de l'essence des donations d'être fermes et stables, d'être irrévocables. — C'est encore une des idées mises en avant par Ricard, et des auteurs postérieurs au Code Napoléon n'ont point hésité à la reproduire, soit en termes exprès, soit au moins implicitement et dans les conséquences que Ricard en tirait. Tels sont : Merlin, *Répertoire*, *Additions*, t. XVI, p. 204, vᵒ *Donations*, sect. 4, n° 4. Rolland de Villargues, *Rép. du not.*, vᵒ *Acceptation de donation*, n° 50. Troplong, *Donations* t. III, n° 1119.

Cette raison ne supporte pas l'examen. Sans doute, les donations doivent être fermes et stables ; mais cette considération s'applique avec autant de force à tous les contrats indistinctement, à la vente, à l'échange, aux transactions, ce qui n'empêche pas qu'il existe, dans le droit, des nullités relatives. « Et quant au principe de l'irrévocabilité, spécialement établi par la loi en matière de donations entre-vifs, il concerne bien moins le donataire que le donateur. » Telles sont les propres expressions de MM. Aubry et Rau, qui admettent cependant, mais pour d'autres motifs, le système de la nullité absolue, t. V, § 652, note 11.

c.) Une troisième manière d'argumenter en faveur de ce système, des règles des donations entre-vifs, a été de dire : les règles prescrites relativement à l'acceptation des donations, tiennent toutes à la forme de l'acte. Ce qui le prouve, c'est l'intitulé même de la section sous laquelle elles se trouvent placées. L'acceptation n'étant point régulière, la forme n'est point accomplie. Or, on sait que la donation est un acte solennel, qui n'existe, à l'égard de qui que ce soit, que par l'accomplissement des formes prescrites. — C'est ainsi que raisonnent Proudhon, t. 1er, p. 475, approuvé par Merlin, *loc. cit.*, et par Rolland de Villargues, *loc. cit.*, n° 48. Cpr. aussi en ce sens, Dalloz, *Alphab.*, v° *Dispositions entre-vifs et test.*, t. V, p. 512, n° 34 et p. 514, n° 40. Massé et Vergé, sur Zachariæ, § 425, note 12, t. III, p. 60. Cette argumentation tombe entièrement à faux : on confond deux choses bien distinctes et régies dans tout le droit par des principes séparés, savoir la forme et la capacité. Sans doute l'acceptation est de l'essence des donations. C'en est une forme, je le veux, et si cette forme manque, la donation n'existe pour personne. Mais ici nous avons la forme, puisque nous supposons que la femme a accepté. Savoir si cette acceptation a été faite par une personne ayant qualité à cet effet, c'est une tout autre question, de capacité évidemment, et non de forme.

Partir de ce que des dispositions de capacité se trouvent placées dans une section intitulée : *De la forme des donations entre-vifs*, pour en conclure que ces dispositions changent de nature et qu'elles deviennent des dispositions de forme, ce n'est vraiment pas un argument sérieux et digne des grands jurisconsultes qui l'ont proposé. Ce qui montre bien qu'il n'y a aucun compte à tenir de cette rubrique, c'est que la question même qui nous occupe traite *de la détermination des biens que peut comprendre la donation* (art. 943), et *des conditions auxquelles elle peut être faite* (art. 944), ainsi que *de la stipulation du droit de retour* (art. 951 et 952), dispositions que jamais personne, en dépit de la rubrique, n'osera appeler des *dispositions de forme!* En résumé, LE DÉFAUT D'ACCEPTATION EST UN VICE DE FORME; mais LE DÉFAUT D'AUTORISATION EST UN VICE DE CAPACITÉ.

Aucune exception au principe de l'art. 225 ne résulte donc des règles générales établies en matière de donations entre-vifs.

2° Il n'en résulte non plus aucune des divers textes que l'on a invoqués en ce sens. Ces textes sont au nombre de quatre : ce sont les articles 934, 938, 942 et 1339.

a.) L'art. 934 a fourni deux arguments. L'un, tiré de ses premiers mots : *La femme mariée ne pourra accepter.....* L'autre, tiré de ses expressions finales : *conformément à ce qui est prescrit par les art.* 217 et 219.

On a dit, en se fondant sur les mots *ne pourra*, que de pareils termes emportent toujours prohibition expresse entraînant une nullité de plein droit;

que, pour emprunter le langage assez barbare de la Glose, *Important vim præcisam et excludunt potentiam juris et facti.* V. en ce sens Grenier, *Donations*, t. 1er, n° 61, qui propose cet argument à propos de l'art. 463 et de la question analogue que présente l'acceptation faite par un mineur, en ajoutant d'ailleurs que toutes ses explications s'appliquent parfaitement à l'art. 934. C'est un argument dont la plupart des partisans de la nullité absolue font eux-mêmes assez bon marché. Il suffit, pour le détruire radicalement, de se reporter à deux articles qui se trouvent précisément dans notre matière. L'art. 217 nous dit que la femme *ne peut* donner, aliéner.... et l'art. 225 nous avertit que l'inobservation de cette règle engendre une nullité purement relative.

Le deuxième argument qu'a fourni l'art. 934, consiste à dire que cet article renvoie bien aux art. 217 et 219, mais qu'il ne renvoie pas à l'art. 225, et par conséquent qu'il y apporte une dérogation. Cet argument a été justement négligé par le plus grand nombre des partisans de la nullité absolue.

Il est cependant proposé par Merlin et Dalloz, *loc. cit.*, et il se retrouve dans un des motifs de l'arrêt de cassation du 14 juillet 1856. Outre qu'il est d'un ordre assez peu relevé, il se réfute aisément. L'article 934 renvoie à l'art. 217, par corrélation à ces mots : *consentement du mari*, et à l'art. 219, par corrélation à ceux-ci : *autorisation de la justice.* Chercher à ce renvoi une portée plus étendue, c'est en forcer la signification naturelle. L'art. 905 renvoie exactement dans les mêmes termes aux art. 217 et 219, et il ne renvoie pas à l'art. 225. Pour être logique, on devrait conclure qu'il contient également une dérogation à ce dernier article, et que, par conséquent, si la femme fait une donation avec charges sans y être autorisée, le donataire pourra proposer lui-même la nullité de la donation, pour se soustraire à ses charges, malgré la volonté de la donatrice. Opinion complétement insoutenable.

b) S'il y a, dans tout le Code, un seul article qui puisse fournir au système de la nullité absolue, un argument vraiment sérieux, c'est l'art. 938. Voici comment ont raisonné un grand nombre d'auteurs : *La donation, dûment acceptée, sera parfaite par le seul consentement des parties,* telle est la disposition de l'art. 938. Cela signifie, en d'autres termes, et par un argument *à contrario,* dont je ne chercherai en aucune façon à contester la valeur, cela signifie que la donation *indûment* acceptée reste *imparfaite,* malgré le consentement des parties ; or, par une donation *dûment acceptée,* les rédacteurs de l'art. 938 ont évidemment entendu parler d'une donation *acceptée* conformément aux règles qui précèdent immédiatement, c'est-à-dire, pour le cas qui nous occupe, *par la femme autorisée,* conformément à l'art. 934. D'où il suit que la donation acceptée par la femme non autorisée est indûment acceptée, qu'elle est donc imparfaite, et, par conséquent, que le donateur n'est point engagé. V. en ce sens, Merlin, Dalloz, Troplong, Aubry et Rau, Massé et Vergé, *locc. citt.* Cette argumentation me paraissait d'abord tellement forte que, tout convaincu que j'étais, d'une part, de l'inexactitude de toutes les autres raisons mises en avant pour établir la nullité absolue, et, d'autre part, de la justesse des réponses faites à ces raisons par les partisans de la nullité relative, je me proposais néanmoins de m'arrêter, en définitive et bien à regret, à la nullité absolue, comme au seul parti possible en présence de l'art. 938. Mais un examen plus attentif m'a fait reconnaître que cet article laisse entière la question qui nous occupe. En effet, il en résulte bien que *la donation acceptée par la femme non autorisée est une donation imparfaite*. Mais cet article ne nous dit pas que le donateur pourra se prévaloir de cette imperfection, alors même qu'elle tiendrait à un vice, qui, purement relatif en principe, deviendrait ici absolu par une exception toute particulière. *Il ne nous dit pas que l'acceptation qui ne lierait pas le donataire ne saurait engager le donateur*. La seule proposition qui ressorte avec certitude de l'art. 938, c'est celle-ci : la donation est imparfaite à l'égard de la femme. Partir de là pour conclure qu'elle est imparfaite aussi à l'égard du donateur, c'est résoudre la question par la question, c'est faire une véritable pétition de principe; car c'est là précisément ce qu'il faudrait prouver, et ce que je contesterai jusqu'à ce qu'on me l'ait démontré.

La proposition qui serait en effet décisive si elle se trouvait dans le texte même de l'art. 938, cette proposition, que « l'acceptation qui ne lierait pas le donateur ne saurait engager le donataire », nous la rencontrons très-nettement formulée dans le *Rapport de Jaubert au Tribunat*. Locré, *Lég.* t. XI, p. 456, *in fine*. Mais le sentiment personnel d'un rapporteur, quelque manifeste d'ailleurs qu'il apparaisse, ne peut, à lui seul, faire admettre une exception considérable à un principe aussi nettement écrit dans la loi que celui de l'art. 225.

Quant à la *discussion au Conseil d'État*, dont quelques personnes ont voulu se prévaloir, elle ne fournit aucun élément de solution pour la question de savoir si la nullité qui nous occupe est absolue ou relative. Les art. 38 et 42 du *Projet*, correspondant aux art. 934 et 938 du *Code*, ont été tous deux adoptés sans observation. Locré, *Lég.*, t. XI, p. 206, n° 16 et p. 209, n° 20.

Les deux arguments de texte qui me restent à renverser ne m'embarrasseront pas longtemps.

c) L'art. 942 suppose qu'il n'y a point eu d'acceptation du tout, tandis que nous nous occupons d'une hypothèse où une acceptation a été faite au contraire, seulement elle a été faite par un incapable.

d) Quant à l'art. 1339, l'argument qu'on en a tiré s'évanouit complétement, une fois qu'on a démontré, ou plutôt fait observer, car il n'y a point de véritable démonstration à faire, que le défaut d'autorisation ne soulève et ne peut soulever qu'une question de capacité, mais qu'il n'engendre en aucune façon un vice de forme.

V. dans le sens de la nullité relative, c'est-à-dire comme refusant au donateur le droit d'opposer la nullité : Toullier, II, 661 et V, 193. Duranton. VIII, 435. Valette sur Proudhon, t. II, p. 479 à 481, en note. Dalloz, *Jur. Gén. Rec. Alphab.* v° *Mariage*, t. X, p. 151, n° 10. Armand Dalloz, *Diction. Gén.*, t. II, v° *Donation*, n°ˢ 174 et 175. Marcadé, sur l'art. 935, n° 5. Demolombe, IV, 348. Mourlon,

Répét. écrit. t. II, p. 289. Alger, 3 1 juillet 1854. Sir., 54, 2, 748. — V. en sens contraire, Proudhon, t. I, p. 474. Delvincourt, sur les art. 934 et 935. Merlin, *Répert. Additions.* v° *Donation*, sect. 4. n° 4, XVI, p. 204. Grenier, *Donations*, t. I, n° 61. Bugnet sur Pothier, t. II, p. 30, note 6, sur le n° 52 des *Obligations.* Dalloz, *Jur. Gén. Rec. Alphab.* v° *Dispositions entre-vifs et testamentaires*, t. V, p. 512, n° 34. Rolland de Villargues, *Rép. du Not.* v° *Acceptation de donation*, n° 50. Troplong, *Donations*, t. III, n° 1119. Massé et Vergé sur Zachariæ, t. III, § 425, note 12. Aubry et Rau, d'après Zachariæ (3ᵉ édit.), t. V, § 652, note 11. Toulouse, 27 janvier 1830. Sir., 30, 2, 242. Limoges, 15 avril 1836. Sir., 36, 2, 241. Civ. cass. 14 juillet 1856. Sir., 56, 1, 641. Aix, 19 novembre 1857. Sir., 58, 2, 437.

B. La caution qui a garanti l'obligation contractée sans autorisation par une femme mariée ne peut pas invoquer la nullité résultant du défaut d'autorisation. Bien loin d'avoir un texte qui fasse exception en sa faveur à la règle de l'art. 225, les art. 2012, al. 2, et 2036, al. 2, supposent qu'on peut cautionner une obligation, *encore qu'elle pût être annulée par une exception purement personnelle à l'obligé.* Ce qui est précisément le cas d'une obligation contractée par une femme non autorisée. Duranton, II, 510. Demolombe, IV, 343. Aubry et Rau, 3ᵉ édit., t. III, § 424, note 6. Paris, 24 juillet 1819. Sir., 20, 2, 145.

On peut seulement se demander si la caution devrait être engagée dans le cas où elle n'aurait point connu l'incapacité de la femme. C'est, dit M. Demolombe, une question de fait, à résoudre d'après les circonstances.

C. Le tiers détenteur d'un immeuble hypothéqué par la femme sans autorisation ne peut pas opposer la nullité de cette hypothèque. D'un côté, les art. 225 et 1125, al. 2, s'opposent à ce que cette faculté lui soit reconnue, et, d'un autre côté, il ne saurait fonder son droit sur aucun texte, à la différence des créanciers qui ont pour eux l'art. 1166. Demolombe, IV, 350. Lyon, 27 mars 1832. Sir., 33, 2, 282.

D. Les tiers ne peuvent pas invoquer la nullité résultant du défaut d'autorisation, alors même qu'ils n'ont pas personnellement contracté avec la femme. Il n'y a aucun argument *a contrario* à tirer de ce que l'art. 1125, al. 2, parle seulement de ceux *qui ont contracté* avec elle. D'ailleurs, le principe de la nullité relative n'est pas uniquement écrit dans cet article. Il est posé dans l'art. 225, dont il est impossible de restreindre ia portée aux contrats proprement dits.

Il faut ranger parmi les tiers qui n'ont point personnellement contracté avec la femme *l'acquéreur ou adjudicataire* au préjudice duquel la femme non autorisée a formé une *surenchère*. Cela peut paraître d'abord assez difficile à admettre, mais on est contraint de le reconnaître. Des auteurs et des arrêts se sont cependant prononcés en sens contraire. Duranton, XX, 403. Troplong, *Hypothèques*, IV, 954. Grenoble, 30 août 1850. Sir., 51, 2, 225. Cpr. Dijon, 12 décembre 1821 et Civ. rej., 14 juin 1824. Sir., 24, 1, 321. Ces deux derniers arrêts peuvent bien être invoqués dans ce sens, puisqu'ils ont admis un acheteur à proposer la nullité de la surenchère. Toutefois leurs motifs ne portent que sur deux ordres d'idées, savoir : 1° que la surenchère, étant plus qu'un acte conservatoire, ne peut être faite par la femme sans autorisation ; 2° que l'autorisation du mari arriverait trop tard si elle n'était donnée qu'après l'expiration du délai dans lequel la surenchère doit être formée. Deux points que je ne conteste en aucune façon. Tout ce qui en résulte, c'est que la surenchère est entachée de nullité. Mais par qui cette nullité peut-elle être proposée? C'est une autre question. Or, les raisons qu'on a mises en avant, bien qu'elles ne soient pas dépourvues de valeur, ne sont point de nature à faire introduire ici une exception à la règle écrite dans l'art. 225. D'où il suit que la nullité ne peut être invoquée par l'acquéreur ou adjudicataire sur lequel la femme a surenchéri sans autorisation. Demolombe, IV, 350. Grenoble, 11 juin 1825. Sir., 26, 2, 226. Civ. rej., 11 juin 1843. Sir., 43, 1, 465.

§ 33. RÈGLES PROPRES AUX MATIÈRES JUDICIAIRES.

Nous examinerons successivement le sort : 1° des assignations données aux tiers par la femme non autorisée ; 2° des assignations données par les tiers à la femme non autorisée ; 3° enfin des jugements ou arrêts intervenus contre la femme non autorisée ou à sonprofit.

1° *Des assignations données aux tiers par la femme.* L'assignation donnée par la femme non autorisée n'est pas toujours et nécessairement nulle en elle-même. Ce qui est également vrai de l'acte d'appel et du pourvoi en cassation. Tous ces actes pourront produire leur effet si l'autorisation de plaider est ultérieurement accordée à la femme, pourvu que ce soit avant le jugement. Il en serait ainsi lors même que l'autorisation ne serait accordée qu'après l'expiration des délais dans lesquels ces diverses assignations devraient être données. Demolombe, IV, 351. Civ., 22 octobre 1807. Sir., 8, 1, 127. Bourges, 27 novembre 1829. Sir., 30, 2, 171. Civ., cass., 21 novembre 1843. Sir., 1, 235. Civ., cass., 15 décembre 1847. Sir., 49, 1, 293.

Toutefois, comme celui contre lequel la femme introduit son action peut craindre que cette autorisation ne soit jamais accordée, il n'est point obligé d'accepter la lutte dans une position aussi inégale. Il a le choix entre trois partis. S'il veut faire vider le débat, il peut appeler le mari en cause et exiger que l'autorisation soit donnée à la femme. Si, au contraire, il ne tient pas à terminer la contestation, il peut opposer une sorte d'exception dilatoire et refuser de plaider tant que la femme ne sera pas autorisée. Jusque-là, les juges doivent surseoir de statuer. Merlin, *Rép. Additions.* v° *Autorisation maritale*, sect. 3, § 4, t. XVI, p. 89. Duranton, II, 464. Demolombe, IV, 351. Civ., 22 octobre 1807. Sir., 8, 1, 127. Civ., cass., 21 novembre 1832. Sir., 33, 1, 401. Civ., cass., 17 janvier 1838. Sir., 38, 1638. Civ., cass., 11 août 1838. Sir., 40, 1, 858. Enfin, si l'adversaire de la femme consent à plaider, il est hors de doute qu'il ne peut se fonder sur le défaut d'autorisation pour demander la nul-

lité de quoi que ce soit. Art. 225. Civ., cass.,
17 janvier 1838. Sir., 38, 1, 638.

2° *Des assignations données par les tiers à la femme.* Ce que le demandeur a certainement de mieux à faire dans cette hypothèse, c'est d'assigner, conjointement avec la femme, le mari lui-même à l'effet d'autoriser. Et c'est ce qui se fait habituellement dans la pratique. Mais il ne s'ensuit pas qu'une assignation donnée à la femme seule soit toujours et nécessairement nulle et sans effet. Il est hors de doute que la procédure peut être régularisée par une assignation donnée ultérieurement au mari ou par une autorisation qui serait accordée à la femme. Req. rej., 5 août 1812. Dalloz, *Alphab.* v° *Exploit.*, t. VII, p. 716, rapporté par Sirey, 13, 1, 8, à la date du 5 avril.

Il n'y a de difficulté possible que sur un point que voici : je suppose que l'assignation doive être donnée à la femme dans un délai fatal, comme un acte d'appel, un pourvoi en cassation. Elle l'a bien été dans le délai voulu, mais à la femme seule, et sans aucune mise en cause du mari. Il s'agit de savoir si cette omission peut être réparée par une assignation donnée au mari ou par une autorisation obtenue, — après l'expiration du délai fatal. De nombreuses décisions ont été rendues sur ce point par la jurisprudence ; elle paraît se fixer dans le sens de la négative, que Merlin professait déjà. *Rép.* v° *Autorisation maritale*, sect. 3, § 4. *Additions*, t. XVI, p. 91. Civ., 14 juillet 1819. Sir., 19, 1, 407. Civ., cass., 17 novembre 1823. Sir., 24, 1, 66. Aix, 3 mai 1827. Sir., 28, 2, 346. Agen, 5 janvier 1832.

Sir., 34, 2, 237. Nîmes, 16 janvier 1832. Sir., 33, 2, 61. Civ., cass., 15 mars 1837. Sir., 37, 1, 340. Req., rej., 5 mai 1858. Sir., 59, 1, 41. Cette doctrine doit être rejetée. Je viens de voir que, lorsqu'une assignation, qui devait être donnée par la femme dans un délai fatal, avait été effectivement donnée par elle, mais sans aucune autorisation, on ne faisait aucun doute de regarder cette assignation comme suffisamment régularisée par une autorisation intervenant même après l'expiration du délai. Or il n'existe aucune bonne raison de distinguer entre le cas où la femme assigne et celui où elle est assignée. Demolombe, IV, 852. Paris, 13 août 1823. Sir., 25, 2, 111.

3° *Des jugements ou arrêts rendus contre la femme non autorisée ou à son profit.* Ces jugements ne peuvent certainement pas être attaqués, pour défaut d'autorisation, par la partie adverse de la femme. Celle-ci peut, au contraire, les attaquer ainsi que le mari lui-même; mais par quelle voie? Ce ne peut être, comme en matière extrajudiciaire, par voie d'action principale en nullité. Le législateur a établi divers moyens de faire tomber les jugements ou arrêts, parmi lesquels cette voie ne se trouve point comprise. Telle est l'idée que l'on exprime par ce brocard : *Voies de nullité n'ont lieu en France contre les jugements.* Civ. cass., 7 octobre 1812. Sir., 13, 1, 82. La femme doit attaquer les décisions rendues contre elle par les voies légitimes d'opposition, d'appel ou de cassation. Mais il faut que les jugements ou arrêts lui soient signifiés pour qu'elle soit en demeure de les attaquer. Or, à quelles conditions cette signification peut-elle lui être faite ? Il est généralement admis que cette signification, pour produire son effet, doit être faite non-seulement à la femme, mais encore au mari. Dalloz, *Alphab.*, v° *Mariage*, t. X, p. 152, n° 12, *in fine*. Rolland de Villargues, *Rép. du Not.* v° *Autorisation maritale*, n° 214. Il me semble, néanmoins, qu'on pourrait, jusqu'à un certain point, critiquer cette manière de voir.

On a discuté la question de savoir si la requête civile était ouverte à la femme. L'affirmative a été adoptée par Merlin, *Répert.* v° *Autorisation maritale*, sect. 3, § 4, t. XVI, p. 92. Duranton, II, 468, et Demolombe, IV, 355, qui se fondent sur l'art. 480, n° 2, du Code de Procédure. La négative me paraît plus exacte ; car l'autorisation ne constitue pas une condition de forme, ce qui serait nécessaire pour que l'art. 480, n° 2, pût être appliqué, mais bien une condition de capacité. Aubry et Rau, sur Zachariæ (2ᵉ éd.), t. III, p. 343, note 81.

Le mari a, en particulier, une voie de recours qui lui est propre ; je veux parler de la tierce opposition, par laquelle il peut repousser toute décision judiciaire rendue contre sa femme non autorisée, s'il arrivait qu'elle préjudiciât à ses droits. Art. 474 du Code de Procédure. Civ. cass., 9 janvier 1822. Sir., 22, 1, 156, Montpellier, 27 avril 1831. Sir., 32, 2, 77.

§ 34. DE LA POSITION DES TIERS QUI ONT CONTRACTÉ AVEC LA FEMME.

Ces tiers se trouvent envers la femme non autorisée dans une position inégale : l'opération qu'ils ont conclue avec elle est boiteuse. Ils sont, en principe, aussi fortement engagés envers la femme que s'ils avaient contracté avec une personne capable. Tandis que la femme est ou n'est pas engagée envers eux selon son intérêt et même selon son caprice. Telle est l'idée qu'expriment les mots de nullité relative.

Lorsque, sur la demande de la femme, devenue veuve ou dûment autorisée, l'acte qu'elle a passé sans autorisation a été annulé, la même inégalité de position se retrouve encore. La femme reprend tout ce qu'elle a payé ou livré, tandis qu'elle ne restitue pas tout ce qu'elle a pu recevoir de son côté. Elle ne restitue que ce que le tiers prouve avoir tourné à son profit (art. 1241, 1312), par exemple, avoir servi à la réparation de ses biens ou à l'extinction de ses dettes légitimes. La femme est alors obligée à la restitution, par application de cette idée que *personne ne doit s'enrichir aux dépens d'autrui*. Au contraire, lorsqu'elle a follement dissipé ce qu'elle a reçu, elle n'est point enrichie, partant, elle n'a rien à restituer. Ces principes ne sauraient souffrir de difficulté. Il en est autrement des deux questions suivantes, dont la seconde surtout est assez délicate.

1° Le tiers, engagé sans doute, si la femme le veut, peut-il au moins refuser d'exécuter, s'il a juste raison de craindre que cette exécution ne soit pour lui périlleuse? Il faut sans hésiter répondre affirmativement, car il ne demande en aucune façon la nullité du contrat. Il le tient pour bon si la femme le veut, pour nul si tel est son bon plaisir. Il est prêt à exécuter : seulement, il veut être sûr que cette exécution ne sera pas un piége pour lui. Sa prétention est juste et honnête, et aucun texte ne s'y oppose. Il y aurait, au contraire, injustice et déloyauté de la part de la femme à demander, par exemple, un prix de vente, pour le dissiper d'abord, puis faire annuler son contrat et reprendre sa chose sans rien avoir à restituer. Sans doute, si l'acheteur a déjà payé, c'est un malheur pour lui; mais si, prévoyant le danger qui le menace, il veut le conjurer, il en a le droit. Il faut, bien entendu, pour qu'il puisse être écouté, qu'il y ait danger pour lui à exécuter. Si donc cette exécution lui est demandée par la femme devenue veuve ou par la femme encore mariée, mais dûment autorisée, il ne peut rien opposer à cette demande, par l'excellente raison qu'il ne court aucun danger, le contrat devenant obligatoire pour la femme elle-même, par suite de la confirmation tacite qui résulte de l'exécution volontaire. Art. 1338, al. 2. Il ne saurait donc se refuser à l'exécution de l'acte qu'autant qu'elle lui est demandée de manière qu'elle ne couvre pas la nullité. Demolombe, IV, 345. Mourlon, *Répét.*, t. I, p. 404, note 2.

2° Le tiers, après avoir exécuté, peut-il, pour sortir d'incertitude, prendre les devants et intenter une action contre la femme, le mari ou leurs représentants, pour les mettre en demeure de prendre un parti et de choisir dès à présent entre la nullité ou la validité? Cette question est plus difficile à résoudre que la précédente : elle se rattache à une théorie générale et encore peu éclairée, à la théorie des actions dites *provocatoires* ou *ad futurum*. V., sur ces actions en général, Aubry et Rau, d'après Zachariæ,

3ᵉ édit., t. VI, § 746, note 4, et les *Observations* de M. Devilleneuve, Sir., 50, 2, 1. Tout en reconnaissant que ces sortes d'actions doivent être admises pour certains cas et dans certaines limites, il me paraît impossible de recevoir ici une action de ce genre, malgré les raisons proposées par M. Demolombe, IV, 346-347. Bien qu'en elles-mêmes très-dignes d'attention, ces raisons ne sont pas de nature à permettre au tiers d'abréger le délai que la loi elle-même a donné à la femme pour réfléchir. Les moyens par lesquels peut se couvrir la nullité résultant du défaut d'autorisation, sont limitativement indiqués par la loi (Cpr. le § 36 *infrà*) ; la ratification forcée ne s'y trouve point comprise. Or, le résultat d'une action *provocatoire* ou *ad futurum* dans notre matière ne serait pas autre chose qu'une *ratification forcée*. On propose, si la femme refuse de faire aucun choix, — et en vertu de quelle loi l'y contraindrait-on ? — on propose que le demandeur fasse fixer par le juge un certain délai, d'un mois par exemple, ou de deux mois, ou tel autre qu'il jugera raisonnable, de telle sorte que, faute par la femme de se prononcer dans ce délai, elle se verra imposer un perpétuel silence. Cette doctrine me paraît tout à fait inadmissible en présence de l'art. 1304, qui donne à la femme un délai, non pas d'un mois, ni de deux, ni aucun autre qui soit laissé à l'arbitrage de qui que ce soit, mais bien un délai de dix années, à partir de la dissolution du mariage ; délai dont il faut bien se résigner à attendre l'expiration, puisque tel est celui que le législateur a trouvé convenable.

§ 35. DANS QUEL CAS IL N'Y A PAS NULLITÉ MALGRÉ LE DÉFAUT D'AUTORISATION.

En règle générale, le défaut d'autorisation de la femme mariée emporte nullité. Voici cependant quelques hypothèses exceptionnelles où, malgré le défaut d'autorisation dans un cas où elle était requise, il n'y aura pas plus de nullité que si la femme n'avait pas été mariée ou avait obtenu l'autorisation nécessaire :

1° Lorsque la femme a employé des manœuvres frauduleuses pour faire croire à celui avec qui elle contractait qu'elle n'était point en puissance de mari. Par exemple, elle lui a présenté un faux acte d'autorisation, ou bien un faux acte de décès du mari, ou encore elle s'est attribué à elle-même un faux nom. Peu importe d'ailleurs comment la loi pénale qualifie l'acte de la femme, peu importe même qu'il rentre ou non dans la sphère du droit criminel. Plusieurs auteurs professent qu'en cas pareil la femme n'est point admise à se prévaloir du défaut d'autorisation. Arg. de l'article 1310. Duranton, II, 494. Demolombe, IV, 328. V. aussi req. rej., 15 juin 1824. Dalloz, *Alphab.*, t. X, p. 138. Il en est d'autres selon qui le contrat doit être annulé, sauf à la femme à réparer, conformément à l'article 1382, le dommage qu'elle aura pu causer par son délit. Vazeille, II, 314. Rolland de Villargues, *Rép. du Not.* V. *Autorisation maritale*, n° 201 et 202. Cpr. Toullier, II, 624. Bien que cette dernière opinion puisse se soutenir, je préfère celle qui refuse à la femme de se prévaloir en cas pareil du défaut d'autorisation. Je trouve décisives les deux raisons qu'en donne M. Demolombe : 1° que son dol doit élever contre elle une fin de non-recevoir, et 2° que la réparation la plus exacte de ce dol est le maintien de l'engagement lui-même.

On ne parle pas du mari : pour moi, je distinguerais en ce qui le concerne, et je dirais au contraire qu'il peut faire prononcer la nullité de l'acte fait par la femme au mépris de son autorité, nonobstant les manœuvres frauduleuses de celle-ci, à supposer, bien entendu, qu'il y soit resté étranger. Il le pourrait, tant dans l'intérêt moral de la puissance maritale, qu'au profit des intérêts matrimoniaux, s'il arrivait qu'il fût avantageux de rescinder le contrat tout en payant des dommages-intérêts.

Il est hors de doute que si la femme, sans commettre proprement un dol, prenait dans l'acte la qualification de fille ou de veuve, une pareille déclaration ne suffirait pas pour l'empêcher d'invoquer la nullité résultant du défaut d'autorisation, pas plus . que l'énonciation, qui se trouverait à tort dans l'acte, que la femme est autorisée à le passer. Autrement il dépendrait de la femme de se donner la capacité qui lui manque. C'est aux tiers à s'assurer de la capacité de celle avec qui ils contractent, à ne point se contenter de déclaration ou d'énonciation en l'air, à exiger des actes de décès du mari ou autres pièces justificatives des faits allégués. Duranton, II, 462 et 495. Rolland de Villargues, *Rép. du Not.*, v° *Autorisation maritale*, n°ˢ 198 et 200. Demolombe, IV, 327. Paris, 9 thermidor au XII. Sir., 7, 2, 790. Civ. cass.,

15 novembre 1836. Sir., 36, 1, 909. Dijon, 1er juin 1854. Sir., 54, 2, 204. Alger, 24 juin 1855. Sir., 56, 2, 164.

2° Quand les tiers sont dans une erreur excusable d'avoir cru que la femme avec qui ils contractaient n'était point mariée. Ce cas diffère du précédent en ce que je suppose que la femme ne pratique aucune manœuvre, ne commet aucun dol proprement dit ; elle néglige seulement d'avertir les tiers. Certains auteurs exigent que ceux avec qui traite la femme aient été à cet égard dans une erreur *invincible*. V. en ce sens, Zachariæ (deuxième édition), t. III, p. 347, note 91. D'autres, au contraire, posent en principe qu'il suffit que l'erreur des tiers soit l'erreur *commune,* généralement répandue dans le public. Ils se fondent sur la célèbre loi *Barbarius Philippus*, l. 3 au Dig. *de Officio prætoris*, et invoquent la maxime qu'on en a tirée, *error communis facit jus*. Toullier, II, 623. Duranton, II, 495. Demolombe, IV, 332. Je ne saurais adopter ni l'une ni l'autre de ces deux manières de voir. La première est trop rigoureuse pour les tiers, et la seconde ne l'est pas assez. La meilleure formule me paraît être de dire que leur erreur doit être *excusable*. Voici les principales circonstances où les tribunaux pourront la juger telle :

a. Lorsque le mariage a été tenu secret par les époux. Req. rej., 30 août 1808. Sir., 9, 1, 43.

b. Quand le mariage, célébré en pays étranger, n'a pas été transcrit en France, conformément à l'article 171 du Code Napoléon.

c. Lorsque la femme est généralement regardée comme fille dans le pays où elle se trouve ; mais beaucoup plus difficilement, quand elle passe pour veuve, par la raison que, dans ce dernier cas, les tiers pouvaient exiger un acte de décès du mari ou autre certificat en bonne forme constatant sa mort ; faute de quoi ils devaient refuser de traiter avec la femme jusqu'à ce qu'elle fût autorisée par la justice. Rolland de Villargues, *Rép. du not.* v° *Autorisation maritale*, n° 203.

d. Enfin, si l'autorisation avait été révoquée, mais sans que la connaissance de cette révocation fût parvenue aux tiers, ce serait encore une circonstance de nature à empêcher qu'on leur opposât la nullité résultant du défaut d'autorisation. Cpr. Demolombe, IV, 326.

§ 36. COMMENT PEUT SE COUVRIR LA NULLITÉ RÉSULTANT DU DÉFAUT D'AUTORISATION.

C'est ici une des grandes différences qui existent, dans notre matière, entre le droit actuel et l'ancien droit français, où la nullité résultant du défaut d'autorisation n'était pas susceptible de se couvrir. On voit cependant nos anciens auteurs parler quelquefois de cas où la femme ratifie. Il ne faut pas se méprendre sur la valeur de ces expressions ; cette ratification ne ressemblait pas à celle dont nous parlons aujourd'hui. Elle n'avait point d'effet rétroactif : ce n'était pas autre chose qu'un nouveau contrat. D'après le Code Napoléon, au contraire, la ratification ou confirmation rend l'obligation à laquelle elle s'applique aussi valable que si, dès l'origine, elle n'eût été infectée d'aucun vice. Elle emporte, aux termes de l'article 1338, al. 3, renonciation aux moyens et exceptions que l'on pourrait proposer.

La nullité de l'acte juridique, passé par la femme non autorisée, peut se couvrir de deux manières : par la confirmation ou ratification expresse, — article 1338, al. 1er, et par la confirmation ou ratification tacite, articles 1304 et 1338, al. 2.

La confirmation expresse peut être faite, soit pendant le mariage, soit après la dissolution du mariage. Pendant le mariage, elle peut émaner de la femme ou du mari.

Si elle émane de la femme, il faut, bien entendu, que ce soit de la femme régulièrement autorisée, sans quoi la même incapacité qui s'oppose à la validité de l'acte s'oppose également à la validité de la confirmation. Lorsque la femme est autorisée à confirmer par le mari lui-même, la ratification émane alors à la fois de la femme et du mari : l'acte devient valable *erga omnes*. Le vice résultant du défaut primitif d'autorisation est complétement effacé. Quand la femme n'est autorisée à confirmer que par la justice, la ratification, valable quant à la femme, n'est point opposable au mari. L'action en nullité qui compète à chacun des époux a une existence propre et indépendante.

Réciproquement, lorsque la ratification émane du mari seul qui la donne sans le concours de la femme, la nullité n'est couverte qu'à l'égard du mari, et non à l'égard de la femme. Telle est, du moins, l'opinion à laquelle je m'arrête sur ce point, qui est d'ailleurs l'objet de vives controverses. V., au § 18 *supra*, l'examen détaillé de cette question et l'indication des principales autorités dans les deux sens.

Après la dissolution du mariage, la ratification peut être donnée par la femme seule ou par ses héritiers, ainsi que par le mari et par les héritiers de ce dernier, à supposer que ces derniers se trouvent dans le cas de se prévaloir de la nullité. Toutes ces ratifications n'ont d'effet qu'à l'encontre de ceux de qui elles émanent. Personne ne soutient qu'alors la ratification du mari soit opposable à la femme.

La confirmation tacite résulte, soit de l'exécution volontaire, soit de l'expiration du délai de dix ans. (Articles 1338, al. 2, et 1304.) Je me bornerai à présenter ici les idées générales, comme je viens de le faire relativement à la confirmation expresse, sans entrer dans tous les développements de la matière, sans me livrer à un examen complet et détaillé, qui suffirait à lui seul pour faire l'objet d'une thèse. Je signalerai principalement ce que présente de particulier la nullité tenant à l'incapacité de la femme mariée.

L'exécution volontaire couvre cette nullité, soit qu'elle émane de la femme, soit qu'elle émane du mari. Mais il faut reproduire ici les distinctions que je viens d'établir, selon que l'exécution est faite par la femme seule ou par la femme autorisée, ou enfin par le mari seul, et selon qu'elle a lieu pendant ou après le mariage.

Il est généralement reçu que, lorsque c'est l'autorisation de contracter qui a fait défaut, la nullité ne peut pas être proposée pour la première fois devant la Cour de Cassation : Req. rej., 4 avril 1853. Sir.,

53, 1, 480. Req. rej., 4 août 1856. Sir., 58, 1, 684 ; mais qu'il en est autrement de la nullité résultant du défaut de l'autorisation d'ester en jugement : Civ. cass., 15 décembre 1847. Sir., 49, 1, 293. Civ. cass., 18 août 1857. Sir., 59, 1, 253.

L'expiration du délai de dix ans emporte extinction de l'action en nullité. Quel est le point de départ de ce délai ? L'article 1304 porte que : « *pour les actes passés par les femmes mariées non autorisées, ce temps ne court que du jour de la dissolution du mariage.* » On peut se demander si la prescription est suspendue pendant le mariage non-seulement au profit de la femme, mais encore au profit du mari. La question est controversée. Il résulte de l'esprit dans lequel est conçu l'article 1304 que la prescription de l'action en nullité est seulement suspendue contre la personne qui n'est pas libre d'agir, mais qu'elle commence à courir aussitôt que l'action peut être par elle librement exercée. Or la femme seule est empêchée d'agir librement pendant le mariage. Quant au mari, il peut parfaitement exercer son action en nullité dès qu'il a eu connaissance de l'acte. La prescription doit donc s'accomplir contre lui d'après les règles ordinaires. D'où il suit que son action en nullité est éteinte s'il ne l'a pas exercée dans les dix ans à partir du jour où il a eu connaissance du contrat fait par sa femme ; ce qui ne portera aucune atteinte au droit que la femme a de son côté d'opposer la nullité, car l'action de la femme peut parfaitement survivre à celle du mari.

La confirmation a, par sa nature même, un effet rétroactif à l'époque à laquelle le contrat a été passé.

Cet ancien contrat conserve sa force du jour de sa date, et non du jour de la confirmation. Telle est la conséquence nécessaire de l'article 1338, al. 3, où il est, d'un autre côté, apporté une juste restriction à ce principe, savoir, que la rétroactivité ne peut pas nuire au droit des tiers.

De quels tiers s'agit-il ici? Ce sont seulement ceux à qui la femme aurait cédé son action en nullité, soit expressément, soit tacitement, comme, par exemple, en leur consentant, antérieurement à la ratification, des droits de propriété, de servitude, d'hypothèque, incompatibles avec ceux qui résulteraient de l'acte ratifié. Mais il ne faut pas, pour l'application de l'article 1338 *in fine*, comprendre sous la dénomination de tiers les créanciers chirographaires qui prétendraient exercer l'action en nullité aux termes de l'article 1166. La ratification qui est intervenue leur est opposable, à moins qu'ils ne soutiennent qu'elle est faite en fraude de leurs droits, cas auquel ils sont protégés par l'article 1167. Req. rej., 17 août 1853. Sir., 55, 1, 811. Cpr. req. rej., 8 mai 1854. Sir., 54, 1, 684.

POSITIONS

———

DROIT ROMAIN

I. Il faut concilier la loi 5 et la loi 32, § 2, au Digeste, *ad senatus-consultum Velleianum*, en admettant que Pomponius, dans ce dernier texte, suppose une intercession préexistante. (§ 13)

II. La loi 13 au Code, *ad senatus-consultum Vell.*, ne s'oppose point à ce que la femme, qui emprunte de l'argent pour son mari, puisse invoquer le sénatus-consulte contre le créancier, lorsque celui-ci n'ignore pas que la femme emprunte pour autrui. (§ 14)

III. C'est à tort que l'on a refusé de voir une intercession dans l'espèce de la loi 19, § 4, au Digeste, *ad senatus-consultum Velleianum*. (§ 15)

IV. La femme ne peut plus invoquer le sénatus-consulte Velléien dès qu'elle a reçu quelque chose pour intercéder, sans qu'il y ait à distinguer si elle a reçu peu ou beaucoup. C'est à tort que des auteurs ont proposé des distinctions, sur lesquelles ils ne sont d'ailleurs point d'accord entre eux. (§ 16)

V. Lorsque la femme intercède, *animo donandi,*

il importe de distinguer si son intercession est privative ou si elle est cumulative. Quand son intercession est privative, la femme ne peut pas invoquer le sénatus-consulte. Lorsqu'elle est cumulative, elle peut, au contraire opposer *l'exceptio senatus-consulti Velleiani.* (§ 17)

VI. La femme peut renoncer au sénatus-consulte Velléien. (§ 20)

VII. L'action restitutoire donnée au créancier ne présuppose pas une *in integrum restitutio* qui aurait été préalablement accordée par application de la *clausula generalis.* (§ 26)

VIII. L'action restitutoire n'est pas donnée contre les tiers détenteurs des objets hypothéqués par l'ancien débiteur; il n'en est pas besoin, l'ancienne action hypothécaire n'ayant pas cessé de subsister. (§ 28)

IX. Les derniers mots de la loi 24, § 3, au Digeste, *ad senatus-consultum Velleianum*, peuvent être compris sans qu'il soit nécessaire de faire aucune correction au texte. (§ 29)

X. La formalité d'un acte public, introduite par Justinien dans la loi 23, § 2, au Code *ad senatus-consultum Velleianum*, est nécessaire, non-seulement dans les cas où la femme peut invoquer avec succès le sénatus-consulte, mais encore dans les cas exceptionnels où elle est efficacement obligée par son intercession. (§ 31)

XI. Il ne faut pas excepter de cette règle les intercessions, *pro libertate* et *pro dote.* (§ 31)

XII. Mais il ne faut pas y comprendre les intercessions par lesquelles la femme gère sa propre affaire, ni les intercessions privatives où elle agit *animo donandi*. (§ 31)

XIII. La formalité d'un acte public n'est pas non plus exigée dans les opérations qui ne deviennent des intercessions que par la collusion du créancier. (§ 31)

XIV. La renonciation que ferait la femme à se prévaloir de la loi 23, § 2, au Code, ne saurait avoir pour effet de rendre obligatoire une intercession dépourvue de formes. (§ 31)

XV. La nullité prononcée par la Novelle 134 atteint même les intercessions privatives faites *animo donandi* et celles où la femme a reçu quelque chose pour intercéder. (§ 32)

XVI. Mais elle ne s'étend pas aux intercessions qui ne deviennent telles que par la collusion du créancier. (§ 32)

XVII. Dans les cas où la Novelle ne s'applique pas parce que l'affaire est conclue dans l'intérêt de la femme, la formalité d'un acte public n'est point exigée. (§ 32)

XVIII. La renonciation, que ferait la femme au bénéfice de l'Authentique *si qua mulier*, ne saurait avoir pour effet de rendre valable son intercession pour son mari. (§ 32)

XIX. L'intercession d'une veuve pour les dettes de son mari prédécédé ne tombe pas sous l'application de la Novelle 134. (§ 32)

XX. Mais cette intercession reste d'ailleurs soumise à l'observation des formalités prescrites dans la loi 23, § 2, au Code. (§ 32)

DROIT FRANÇAIS.

DROIT CIVIL.

XXI. L'incapacité de la femme mariée est établie :
1° dans l'intérêt de la puissance maritale ; 2° dans
l'intérêt personnel de la femme ; 3° dans l'intérêt
collectif de l'union conjugale. (§ 3)

XXII. L'autorisation est nécessaire à la femme
pour ester en jugement, alors même qu'elle demande
la nullité de son propre mariage. (§ 6)

XXIII. La femme mariée n'a pas besoin d'autorisation pour ester en jugement, lorsqu'elle est poursuivie, par la partie civile seulement, il est vrai,
mais devant un tribunal correctionnel ou de police.
(§ 11)

XXIV. Elle n'en a pas non plus besoin pour accepter, dans les cas prévus par l'art. 935, la donation entre-vifs faite à ses enfants et petits-enfants.
(§ 11)

XXV. La femme séparée de biens peut, sans autorisation, acquérir même des immeubles, si cette
acquisition n'a lieu que pour le placement de fonds
actuellement disponibles. (§ 12)

XXVI. Elle peut transiger, mais non compromettre sur les difficultés relatives à l'administration
de ses biens et à son mobilier. (§ 12)

XXVII. La femme séparée de biens ne peut pas
sans autorisation s'obliger jusqu'à concurrence de
son mobilier pour une cause étrangère à l'administration de ses biens. (§ 12)

XXVIII. Elle ne peut aliéner son mobilier sans autorisation qu'autant que l'aliénation qu'elle en ferait est exigée par les besoins de cette administration. (§ 12)

XXIX. L'art. 217 ne s'oppose pas d'une manière absolue à ce que l'autorisation du mari soit verbale ; il empêche seulement qu'on reçoive la preuve testimoniale ou celle qui résulte de simples présomptions de l'homme. (§ 14)

XXX. L'autorisation tacite peut s'induire d'autres circonstances que du concours du mari dans l'acte. (§ 15)

XXXI. Le principe de la spécialité de l'autorisation s'oppose à ce que la femme puisse donner à son mari lui-même un mandat général et illimité, à l'effet d'aliéner ou hypothéquer ses immeubles ainsi que de l'obliger indéfiniment. (§ 16)

XXXII Mais il ne s'oppose point à ce que le mari donne à sa femme le mandat le plus général de l'obliger indéfiniment, d'aliéner et d'hypothéquer soit ses immeubles, soit ceux de la communauté. (§ 16)

XXXIII. L'autorisation du mari ne saurait être postérieure. En d'autres termes, la ratification donnée par le mari seul ne couvre la nullité qu'à son égard, et non à l'égard de la femme. (§ 18)

XXXIV. La justice peut, selon les circonstances, autoriser la femme, alors même que le mari est simplement non présent. (§ 19)

XXXV. La dégradation civique encourue par le mari n'emporte point déchéance de son droit d'autorisation. (§ 19)

XXXVI. L'autorisation de la justice est nécessaire

lorsque le mari est pourvu d'un conseil judiciaire, dans le cas où l'acte que la femme doit faire est un de ceux pour lesquels l'assistance de son conseil est nécessaire au mari. (§ 19)

XXXVII. C'est la Cour Impériale ou la Cour de Cassation, et non le Tribunal civil d'arrondissement, qui doit accorder à la femme l'autorisation de plaider comme demanderesse en appel ou en cassation. (§ 21)

XXXVIII. La procédure en matière d'autorisation de femme mariée doit se passer tout entière dans la chambre du conseil, sans en excepter ni les conclusions du ministère public ni les jugements ou arrêts eux-mêmes. (§ 22)

XXXIX. La femme autorisée à plaider en séparation de biens est par cela seul autorisée à faire les actes nécessaires à l'exécution du jugement de séparation, ce qui comprend entre autres, la faculté de surenchérir sur un des immeubles de son mari. (§ 25)

XL. L'autorisation de plaider emporte celle de faire valoir ses droits par les moyens ordinaires, tels que l'opposition et l'appel, mais non par les voies extraordinaires, tels que le pourvoi en cassation et la requête civile. (§ 25)

XLI. L'autorisation du mari suffit, sans qu'il soit besoin de l'intervention de la justice, pour habiliter la femme soit à s'obliger envers un tiers dans l'intérêt de son mari, soit à contracter directement avec lui. (§ 28)

XLII. L'action en nullité de la femme et du mari peut être exercée par leurs créanciers. (§ 31)

XLIII. Le donateur n'a point qualité pour se prévaloir de la nullité de la donation entre-vifs acceptée , par la femme sans autorisation. (§ 32)

XLIV. L'acquéreur ou l'adjudicataire, sur lequel la femme a surenchéri sans autorisation, n'est point recevable à proposer la nullité de cette surenchère. (§ 32)

XLV. Le tiers qui a traité avec la femme non autorisée, s'il ne peut se dégager de son obligation, peut, du moins, refuser d'exécuter, s'il a juste raison de craindre que cette exécution soit pour lui périlleuse. (§ 34)

XLVI. Mais il ne peut, après avoir exécuté, intenter contre la femme, le mari ou leurs représentants, une action provocatoire, à l'effet de les contraindre à choisir immédiatement entre la validité ou la nullité. (§ 34)

DROIT COMMERCIAL.

XLVII. La justice ne peut, en aucun cas, autoriser la femme à faire le commerce. (§ 20)

XLVIII. Elle ne peut pas non plus l'autoriser à le continuer, lorsque le mari vient à révoquer l'autorisation qu'il avait d'abord accordée. (§ 20)

DROIT CRIMINEL.

XLIX. Bien que la dégradation civique soit une peine infamante, elle n'entraîne cependant point déchéance du droit d'autorisation maritale. (§ 19)

L. L'accusé d'un meurtre ayant été acquitté peut être poursuivi pour cause d'homicide par imprudence résultant du même fait.

DROIT DES GENS.

LI. La femme étrangère n'a pas besoin d'autorisation pour ester en jugement ou contracter, si cette autorisation ne lui est pas nécessaire d'après la loi de son pays. (§ 4)

LII. On ne saurait justifier en raison la disposition du Code Napoléon suivant laquelle les actes reçus par des fonctionnaires étrangers ne peuvent pas conférer en France d'hypothèque conventionnelle.

HISTOIRE DU DROIT.

LIII Depuis le sénatus-consulte Velléien jusqu'à la Novelle 134 (pendant environ cinq cents ans), il n'a existé aucun droit spécial relativement aux intercessions des femmes pour leurs maris. (§ 32)

LIV. Le premier germe de la censive apparaît, dès avant la chute de l'empire romain, dans les *Patrocinia vicorum*.

LV. Les *Établissements de saint Louis* sont l'œuvre privée d'un jurisconsulte, et non l'œuvre officielle d'un législateur.

Vu par le président de la thèse :
E. BONNIER.

Vu par le doyen :
C. A. PELLAT.

Permis d'imprimer,
Le vice-recteur :
ARTAUD

TABLE DES MATIÈRES

DEUXIÈME PARTIE.

DROIT FRANÇAIS.

DE L'INCAPACITÉ DE LA FEMME MARIÉE.

FIN DE LA TABLE DES MATIÈRES.